Berthold Viertel — Studienausgabe in vier Bänden.
Band 3

Berthold Viertel

Das graue Tuch

Gedichte

Herausgegeben von Konstantin Kaiser

Antifaschistische Literatur und Exilliteratur —
Studien und Texte 9

Herausgegeben vom Verein zur Förderung und Erforschung
der antifaschistischen Literatur, A-1020 Wien, Engerthstr. 204/14
Redaktion: Siglinde Bolbecher, Konstantin Kaiser

BERTHOLD VIERTEL

DAS GRAUE TUCH

GEDICHTE

Studienausgabe Band 3

Herausgegeben von Konstantin Kaiser
Mit einem Nachwort von Eberhard Frey

Gedruckt mit Unterstützung des Kulturamts der Stadt Wien, des Bundes-
ministeriums für Wissenschaft und Forschung und des Bundesminis-
teriums für Unterricht und Kunst

CIP-Kurztitelaufnahme der Deutschen Bibliothek

Viertel, Berthold:
Studienausgabe: in vier Bänden / Berthold Viertel. Hrsg. vom Verein zur
Förderung und Erforschung der Antifaschistischen Literatur. – Wien: Verl.
für Gesellschaftskritik
NE: Viertel, Berthold: [Sammlung]

Bd. 3. Das graue Tuch: Gedichte /
hrsg. von Konstantin Kaiser und mit einem Nachw. von Eberhard Frey. –
1994
(Antifaschistische Literatur und Exilliteratur ; Bd. 9)
ISBN 3-85115-174-7
NE: GT

ISBN 3-85115-174-7

© 1994. Verlag für Gesellschaftskritik Ges.m.b.H. & Co. KG
A-1070 Wien, Kaiserstraße 91. Alle Rechte vorbehalten
Reihenkonzept: Astrid Gmeiner
Umschlaggestaltung: Katharina Uschan
Druck: MANZsche Buchdruckerei Stein & Co.

INHALT

Auswanderer

In diesem Augenblick

In schlafloser Nacht

Gestern und morgen

SCHLAFLOSIGKEIT
Gedichte 1939 bis 1945   305

DER LEBENSLAUF

Gefährten im Exil   335

Die Wiederkehr · Nichts schlimmer · Ruhiger Schlaf · Die Kinder ·
Der Heimgekehrte · Judengrab · Grabspruch · Lerchentod · 1950 ·
Schöngegend · A.E. · Kindergebet · Wien, episch · Sumpf des
Vergessens · Straßenecke in Wien · Wiener Pflaster · Erinnerung,
die Spinne

ANHANG

Berthold Viertel (Wien, 28. 6. 1885 – Wien, 24. 9. 1953), geboren als Kind jüdischer Eltern, die aus Galizien kamen, flüchtete 1903 mit Karl, dem Sohn des Sozialisten Victor Adler, aus der Mittelschule nach Paris, studierte dann in Wien, begann mit Gedichten in Karl Kraus' „Die Fackel", wurde 1912 Dramaturg und Regisseur der „Freien Volksbühne" in Wien. 1914–17 Militärdienst, danach Theaterkritiker in Prag und 1918–21 Regisseur in Dresden (Durchsetzung des Expressionismus). 1923/24 Mitbegründer des freien Ensembles „Die Truppe" in Berlin, 1926/27 als Regisseur in Düsseldorf. Ab 1922 Filmarbeiten („Nora", „Die Geschichte eines Zehnmarkscheins"), 1928 Übersiedlung nach Hollywood (Fox Film, Paramount). 1932 erste Rückkehr nach Europa – im Jänner 1933 erlebte er den Machtantritt Hitlers in Berlin. Emigration über Prag, Wien, Paris nach London, wo er 1934–36 für Gaumont British seine drei letzten Filme drehte. Ab 1937 (bis 1947) nur gelegentliche Regiearbeiten, intensive Arbeit für die Exilzeitschriften „Das Neue Tagebuch", „Die neue Weltbühne", „Austro American Tribune". Ab 1939 in New York und Santa Monica, Mitbegründer der „Tribüne für freie deutsche Literatur und Kunst" und des „Aurora Verlags". 1947 zweite Rückkehr nach Europa, 1947/48 Radioregie bei der BBC in London, 1948–53 Inszenierungen u.a. am Zürcher Schauspielhaus, am Burg- und Akademietheater in Wien und beim Berliner Ensemble Brechts. Übersetzung der Dramen Tennessee Williams' und Arbeit an der Autobiographie.
Werke: Die Spur (Gedichte, 1913), Karl Kraus. Ein Charakter und die Zeit (Essay, 1921), Die Bahn (Gedichte, 1921), Die schöne Seele (Komödie, 1925), Das Gnadenbrot (Erzählung, 1927), Fürchte dich nicht! (Gedichte, 1941), Der Lebenslauf (Gedichte, 1946); Dichtungen und Dokumente (Gedichte, Prosa, autobiographische Fragmente, 1956), Schriften zum Theater (Essays, 1970), Die Überwindung des Übermenschen (Essays, 1989), Kindheit eines Cherub (autobiographische Fragmente, 1991).

Konstantin Kaiser lebt als freischaffender Literaturwissenschaftler und Schriftsteller in Wien.
Eberhard Frey ist Professor für deutsche Literatur an der Brandeis University in Waltham, Massachusetts.

Berthold Viertel in Vermont, 40er Jahre

DIE SPUR

Widmung
(für Grete V.)

Nachts gestern von dir heimgegangen.
Wie Schnee ist's unterm Mond gelegen.
Da fühlt ich wiederum den Segen
Der weißen Nacht mit heißen Wangen.

Das tief Vertraute hat gesprochen,
Es lindert sich die starre Kehle.
Da war mit einemmal der Seele
Der arg verjährte Star gestochen.

O Gott, wie ist's? Darf ich denn wieder
Mein längst verbotnes Herz auskramen?
Du Freundliche, in deinem Namen:
Ich lege Wehr und Würde nieder.

Darf ich die keusche Kinderfrage
In dein geneigtes Ohr dir flüstern?
Ich rette Gold aus dem Verdüstern.
Da nimm die Lilien früher Tage!

Der Ort

Einst – Kindheit, Fieber oder Traum,
Ich wachte kaum, ich dachte kaum –
Lag eine Wiese da.
Der Wald wuchs dunkel hinter ihr,
Ein unbeschreitbares Revier,
Wo Angst und Tod geschah.

Die Wiese hielt mich eingefaßt,
Sie, Eiland, Wiese, Wiege, Rast,
Wie ruhig schlug mein Blut.
Auch nicht in meiner Mutter Schoß
Hab ich so groß, so grenzenlos,
So ungekränkt geruht.

Der Himmel flog, ein blauer Rauch,
Von Licht durchatmet, jeder Strauch
Vom Atem eingewiegt,
Der schön und selig, ein Gefühl,
Leicht wie ein Spiel, wie Höhe kühl
Zu Gottes Gipfel stieg.

Ich war ein Schein in allem Schein,
Der widerschien – ich strahlte rein
Und freute mich darin.
Ich, Himmel, Sonne hingen wir
Und flogen wir und gingen wir
Herüber und dahin.

Man muß nicht Wege suchen, sie
Verführen und sie führen nie
Zu dem entzückten Ort.
Ich weiß, ich war – und weiß jetzt kaum,
Ob Kindheitswunsch, ob Fiebertraum –
Einmal geladen dort.

Der kranke Knabe

Ich trag den Schmerz nicht,
Weil ich nicht kann.
Was willst du, Mutter?
Sieh mich nicht an!

Ich mag dich nicht, Mutter,
Weil du nichts weißt,
Nicht wegstreicheln kannst,
Was den Kopf mir zerreißt.

Nicht wegnehmen kannst
Mit der großen Hand
Von der Stirn das Feuer –
Sie ist innen verbrannt!

Wie arg es ist, Mutter!
Sieh mir nicht zu
Und hab mich nicht lieb –
Nein, Mutter, gib Ruh!

Der Gut-Wetter-Wind

Der Gut-Wetter-Wind hat manches zu tun,
Was er lieben müßte, wenn er's verstünde.
Er jagt vielleicht nur, um dann zu ruhn,
Aber dennoch hilft er so manchem Kinde.

Farbige Schleifen hat er zu drehn
Um Holzstäbe, welche die Kinder halten.
Kein braver Wind sollte weiter wehn,
Ohne gern dieses Amtes zu walten.

Papierdrachen aber müssen den Wind
Überlisten, bekämpfen – Triumph des Schwebens!
Da freilich erleidet so manches Kind
Die Niederlage himmlischen Strebens.

Ob das auch kümmert jeden Wind?
Er weht vielleicht nur, um Wellen zu machen,
Um Wolken zu treiben, welche sind
Sein Spiel, sein Sport, sein Triumph, seine Drachen.

Schulstunde

Wenn so an einem Wintermorgen
Im Schulzimmer die Lampen brannten,
Die Seele dämmerte geborgen,
Das Lineal legte Sekanten

Durch meines Zirkels gute Kreise,
Und man bewies etwas an ihnen,
Der Herr Professor schien sehr weise,
Die Schüler machten brave Mienen:

Dann war es so weltabgewandt,
Das Paradies des Objektiven.
Sogar der Lehrer saß gebannt,
Vielleicht, daß auch die Bücher schliefen.

Das war ein freies Nichtstun – wie
Ewig dem Katalog entronnen.
Der Lampen milde Apathie
Nährte der Faulheit süße Wonnen,

Indes die Träume, die sonst gerne
Schmerzhaft im Herzen suchen gingen,
Jetzt schwach nur brausend, wie von ferne,
Verschmolzen mit der Lampen Singen.

Vanitas

Geweint hat schon das Kind,
Verlassen in der Leere
Der Tage, die unfruchtbar sind.
Bald trug ich diese Schwere!

Nachts schrie ich nach dem Traum,
In wacher Not verloren,
Im wüstenweiten Raum.
Und jede Stunde totgeboren!

Ich biß ins Bett, die Finsternis
Mit Fäusten schlagend,
Tobender Neuling – ich zerriß
Mein Knabenhemd, nach Leben, Leben klagend.

Wer hat uns Leben aufgedrungen,
Es ewig zu begehren?
Wenn nur nicht diese Dämmerungen,
Die hoffnungslosen Morgenröten wären!

Heilige Gruppe

Der Gärtner, der den Graukopf zu den Beeten neigt –
Wie sanft kann seine harte Hand betreuen –,
Das Enkelkind, das blonde Locken neigt,
Und knabenhaft bestrebt ist, Sand zu streuen.

Beide versunken in ein schlichtes Dienen,
Beide vor Eifer fromm und zag,
Indes ein schöner Wochentag
Verklärend spielt auf ihren Mienen.

Seit jener Eine wuchs aus solchem Kreis,
Kann jeder blonde Knabe Wunder sein.
Bei hellem Tag zittert ein Heiligenschein
Über dem Kind und seinem Gärtnerfleiß.

Der schlafende Knabe

Mein jüngerer Bruder, du schläfst,
Du träumst.
Leis halt ich deine Hand
Und sinne deinen träumenden Wünschen nach.

Du Ungeduldiger!
Hast du noch nie ein Roß gedemütigt?
Ergab sich nie in deinen Armen
Zur Liebe eines Weibes Haß?
Die weichen, schmeichelnden Teppiche der Ehre,
Wo sind sie?
Und die Vezire, die zu Sklaven werden?

Ah, wo verbirgt sich jene Stunde,
Die ganz besiegte,
Da du nach keiner neuen mehr begehrst?

Ich sehe deine Nüstern zucken
Und eine ungebärdige Ader auf deiner Stirn.
Die Hand in meiner Hand wird muskelhart.
Du unerprobter Kämpfer!
Sieger im Traum!

Gebet

Und wenn ich bete, Gott, erhörst du mich?
Genügt es, daß ich wieder Beter werde?
Erleichterst du mir dann den Druck der Erde,
Der mir so selten von der Seele wich?

Ich bin dein treues Kind von Anbeginn
Und habe dich dereinst so gut verstanden.
Wohl ging ich Wege, die dich nicht mehr fanden,
Dir immer nach und wußte nicht, wohin.

Auf tiefes Dienen war ich stets bedacht,
Und lag nicht deine Huld auf meinem Dienen?
Jetzt freilich zürnen, Meister, deine Mienen,
Und über meinem Scheitel wächst die Nacht.

Daß ich so schwach bin, hab ich nicht gewußt,
Von aller Welten-Schwachheit so durchdrungen!
Willst du die Demut, ist dir's bald gelungen,
Schon atme ich mit halberstickter Brust.

Soll ich bezeugen, Ewiger, deine Macht?
Sollen auf freiem Markt die Wunden bluten?
Gezüchtigt von der Schärfe deiner Ruten
Und wehrlos als dein Opfer dargebracht?

Ich hoffe noch, auch wenn es Hoffart ist,
Daß du mir Gutes willst in deinen Plänen.
Und halte fest an meinem Kindersehnen
Und zehre noch an einer Gnadenfrist.

O öffne, Furchtbarer, dein Stahlvisier!
Nur einen Blick aus deutlichem Gesichte!
Wenn du mich retten willst, Vorsitzer im Gerichte!
Ich habe grenzenlose Angst vor dir!

Vorfrühling

Ein Himmel, der nicht weiß,
Ob er strahlen mag.
Erschauernd weht der Tag –
Und leis
Verwirrt er jeden Herzensschlag.

Einsiedler

Mir gehört der große Garten nicht,
Der sich weit ins Land hineinverflicht.
Mir gehört nur ein geborgnes Stück,
Rasenfleck, begrenztes Himmelsglück.

Wo herunter wie durch einen Schacht
Sterne nach mir zielen manche Nacht,
Und an schönem Tag ein wenig Blau
Lächelt meiner unverwandten Schau.

Doch durch diese Enge steigt und steigt
Mein Gebet, ob auch die Höhe schweigt,
Ob auch meinem Schrei, der niemals rastet,
Nie sich eine Antwort niedertastet.

Die Freude

Mir ist die Luft kein leicht erspieltes Gut,
Kein hitziger Zufall – denn mein dummes Blut
Muß erst die Freude lernen.
Mühselig lern ich tun, wie Freude tut.

Weit besser kann ich schon die Traurigkeit.
Ein wahrer Könner müßt ich sein im Leid
Und wie ein Meister spielend.
Leid war bei mir in aller Lebenszeit.

Doch wenn ein karges Frohsein mir gelingt,
Bin ich so stolz wie wer das Große zwingt,
Stolz wie ein Kind,
Das immerfort drei falsche Töne singt.

Die Nähe

Ich wage nicht Heimat zu sagen
Zu Tälern, in die meine Einsamkeit
Sich schmiegte, in ein Lieblingskleid,
Zu Bächen, so vertraut meinen hellsten Tagen.
Und wenn ich im Wald zu horchen begann,
Hielt ich immer beschämt den Atem an.

Ich bin nicht gut genug für all diese Nähe,
Die so lieblich ist und sich selbst so treu.
Die Berge waren längst, ich aber bin neu,
Sie haben ihren Ort, ich aber gehe
Und suche, weiß nicht einmal wen?
Wie sicher die Bäume in ihren Räumen stehn!

Vor dem Einschlafen
(nach schönen Tagen)

Bin wie voll von einem guten Schlafe,
Weil die Tage schön gewesen sind.
Und ich könnte beten wie das brave
Kind, das abends sich auf Gott besinnt.

Eine milde Lampe wollt ich haben,
Die hell bleiben dürfte diese Nacht.
Wollte mich in einem Bette laben,
Mir von milder Hand zurecht gemacht.

Alles wohlgetan, und ich entkleide
Mit den Kleidern mich von aller Welt,
Die mich jetzt mit keinem ihrer Eide
Länger drückt und angebunden hält.

In der Nacht

Ich tauche aus dem Schlaf hervor.
Wohin sich alles nur verlor?

Und über mir ein Traum zerrinnt.
Ich taste, wo die Welt beginnt.

Da plötzlich weiß ich's wie ein Leid:
Daß ich zurückblieb in der Zeit.

Die Stadt

Ein böses Werk betreiben diese Tage
Und treiben's hastig, ohne nur zu ruhn.
All mein um Menschen Werben, das ich wage,
Es endet wie gehässiges Tun.

Und alles Herz, das mir die Menschen reichten,
War übervoll mit Gift betaut.
Ich nenne dich die Hölle der Verseuchten,
Stadt, ohne Seele aufgebaut.

Könnt' ich entlaufen! Einen Acker haben,
Den nichts als Himmel überhängt.
Und dort nach meinem Herzen graben,
Das sich so tief hinabgesenkt.

Pferderennen

Still zieht mein Blick mit diesem Rudel Reiter
In grüner Ferne: das geschlossen dicht,
Wie spielend hinläuft, dort im Bogen weiter,
Dann näher kreist, nun in die Nähe bricht.

Da kommen sie, über den Mähnen liegend,
Sich, Mann und Tier, hinwerfend durch die Zeit,
Noch alle wollend, und noch keiner siegend –
Und plötzlich weiß mein Herz die Schnelligkeit.

Und jetzt: ein braunes mit befreitem Sprunge
Durchdringt das Rudel – ungehemmt davon!
Es hat den Sieg im übersichern Schwunge
Und trägt ihn weit vor allen schon.

Das Rudel ist entwirrt – ein Zweiter,
Ein Dritter reißt sich vom verstrickten Feld.
Im Fluge horcht zurück der erste Reiter,
Der schon sein Tier mit leichten Händen hält.

Szene
(Sonntagabend in der Großstadt)

Ein mächtiger Greis in glänzendem Zylinder
Trat plötzlich vor die Leute, Weiber, Kinder.
Betrunken baumelt er mit einem Stock,
Dran hängt Marie in blütenweißem Rock,
Die schlanke Himmelskönigin aus Flußpapier,
Die Wänglein süß wie Milch und Blut auch hier.
Die Leute lachten sehr: »Er kommt aus Mariazell,
Dort weht es heilig und die Luft ist hell.
Am Weg zum Altar stehn viel Schenken offen,
Da hat der gute Alte sich besoffen.«
Der Alte lächelt heimlich und verschwiegen,
Hat er doch Berg und Täler überstiegen.
Und immer neue dumme Neider kamen
Und höhnten laut – er aber sagte: Amen.

Einsam

Wenn der Tag zu Ende gebrannt ist,
Ist es schwer nach Hause zu gehn,
Wo viermal die starre Wand ist
Und die leeren Stühle stehn.

Besser sich mit den Verirrten
Laut vereint zum Weine finden!
Elend frech mit Gift bewirten,
Und ein Blinder führt den Blinden.

Freundin, Verlorne, ich könnte dich bitten,
Aber du wirst mich um Geld erhören.
Und wir eilen mit ungleichen Schritten,
Uns noch tiefer zu zerstören.

Wer hat den Mut, ohne Rausch, ohne Blende
Durch die leeren Pausen zu gehn
Und einsam der Tageswende
In die erlöschenden Augen zu sehn!

Begegnung

Als nachts um eins ein leiser Regen fiel,
Da traf ich in der Straße eine Kranke
Hintaumelnd, eine irre Dulderin,
Die, tastend nach dem letzten Ziel,
Wie ein verlöschender Gedanke
Schon in den Tod zu starren schien.

Und wie gerufen trat ich ihr ganz nah,
So daß ich jetzt ihr leeres Auge sah.

Da mußt ich sie mit einem Worte grüßen
Und sah sie schwanken auf den lahmen Füßen
Und sah sie lächeln schwer und kalt.
»Der Regen«, lallte sie, »wird sich beeilen,
Ich aber habe noch zwei böse Meilen.«
Wir nahmen Abschied ohne Aufenthalt.

Bauernpferde

Ich sehe oft die Bauernpferde,
Die nachts durch die Straßen zu Markte gehn.

Wenn sie angelangt sind und wartend stehn
Wie roh geformte Klumpen Erde,
Da ruht das Dunkel so schwer auf ihnen.
Aber wenn sie noch gehn und wandern,
Ihre Wagen führen, eins nach dem andern,
Sind sie stark in ihrem Dienen.

Wie manches allein geht, sorglos, fest,
Bedächtig ziehend an den Strängen,
Und seinen Kutscher schlafen läßt,
Während die Zügel unnütz hängen;
Und treulich ausmißt jeden Meter
Seines Wegs und auf der Hut ist,
Wie ein breiter Mann, der rauh und gut ist,
Und Xaver heißt oder Franz oder Peter.

Die Schlafende

Wenn ich ins Zimmer der Schwester gehe,
Oft, in mancher ruhigen Nacht,
Horchend an ihrem Bette stehe,
Leise, damit sie nicht erwacht,

Mich beuge über das Gottvertrauen
Ihres beschatteten Gesichts:
Dann fühle ich mit schwerem Grauen
Im Dunkel warten den Tod, das Nichts.

Ihres Ruhens liebe Gelassenheit
Gleicht dem noch kindlichen Spiel ihrer Seele,
Aber ich weiß, daß die Verlassenheit
Sie bald bedrohen wird an der Kehle.

Mich beugend über ihr Vertrauen,
Lauschend sanftem Atemzug,
Fühl ich mit immer tieferem Grauen:
Wie wird sie verwinden den großen Betrug,

Die schweren, die leeren, die zehrenden Stunden,
Ohnmacht, Ekel, Sinnlosigkeit
Und Verrat – die heillosen Wunden,
Geschlagen vom schweren Schwert der Zeit?

Und daß sie Weib ist, ihrer Schwachheit
Lebensbürde und Liebesnot?
Wie ist ihr Schlummer von aller Wachheit
Unrettbaren Gefahren bedroht!

Da bin ich versucht, sie aufzuschrecken,
Brutal, ob sie auch hart erwacht,
Ich möchte selbst sie grausam wecken
Und mit ihr wachen den Rest der Nacht.

Der Selbstmord

Das Gäßchen bog sich jäh und endete.
Ein Widerschein, der plötzlich blendete:
Das Meer an meine Schritte grenzte,
Das hier getrübte, dort beglänzte.
Wie ein ganz tiefer Atemzug
Hob es sich hin und kannte kein Genug –
Muß einen Schritt nur weitergehn:
Da nimmt es mich so, wie ich bin,
Öffnet sich still und nimmt mich hin,
Zieht mich hinein in die Gezeiten,
Mischt mich erledigend in sein Vergleiten,
Wie eine mütterlichste Mutter, die ihr Kind
Zurück ins Nichts, ins All gewinnt.

Ein Kuß

Eine Hure, die zur Nacht ich fand,
Beugte sich herab zu meiner Hand,
Als ich durch die leere Straße ging,
Eine Hure, die sich an mich hing,
Nahm die Hand, die ich nicht geben wollte
Und sie wegstieß und ihr grollte,
Beugte plötzlich sich, das arme Tier,
Hat geküßt die Hand im Handschuh mir.
Nicht um zu besänftigen meinen Willen,
Nein, die sonderbarste Gier zu stillen.
Nicht mehr bettelnd, schon hinweggewandt,
Schon entlaufend meiner fremden Hand.

Und da fühlte ich's wie einen Stich
In der tiefen Brust – das war nicht ich,
Den sie küßte, irrend und verwaist,
Nicht das Ich, das einen Namen heißt,
Sondern sie, die Namenlose, mich,
Einen Namenlosen, der jetzt glich
Allen Männern, die sie quälten,
Arme Seele küßte den Beseelten,
Küßte ungelohnt und ungestillt –
Menschenkind küßt Gottes Ebenbild.

O, nie war ein Kuß wie dieser Kuß,
Den ich allen weitergeben muß.

Der Morgen

Ich hing am Kreuz der Nacht und stöhnte schwer,
Mein Herz war matt und hoffnungsleer
Und Stirn und Gaumen ausgebrannt.

Da legt der Morgen seine Hand
Kühl, blaß und scheu
Mir über die versengte Stirn,
Und wie das Dunkel schwindet vom Gehirn,
Atme ich neu –

Und trinke weißes Licht und weiße Gnade
Und sinke losgelöst und sanft befreit
Auf das sich klärende Gestade,
Zu neuem Tage neu bereit.

Der Heller

Geld ist Staub in meiner Hand,
Den ich unbedacht vergeude.
Aber groß war meine Freude,
Als ich einen Heller fand.

Hatte alles aufgegeben,
Hunger mir am Marke fraß,
Und ich sah entnervt in das
Mitleidlose Großstadtleben.

Alle Taschen gut verschlossen,
Alle Seelen zugeknöpft.
Ich begriff, daß man geköpft
Werden kann um einen Groschen.

Ich begriff, daß sich ein toller
Kerl an wem vergreifen kann.
Dieser Ohnmacht Wut und Bann –
Nichts auf Erden grauenvoller!

O, wie muß der Arme hassen!
Fenster, die den geilen Duft
Dich Lebendigen in der Gruft
Wie zum Hohne ahnen lassen.

Lächelnde, kokette Frauen
Zeigen an dem Straßenkleid
Alle üppige Kostbarkeit,
Während dir die Sinne flauen.

Unbekümmert rollen Wagen,
Ohne dich zu kennen, hin,
Die zum Schmaus, zur Buhlerin
Oder ins Theater tragen.

Ich blieb stehn und ich lief schneller,
Starrte an und blickte weg.
Plötzlich lag vor mir im Dreck
Ein verlorner alter Heller.

Und mir war's, als ich mich bückte,
Wie ein Gruß des neuen Tags.
Und mein Herz ging bessern Schlags,
Als ich in der Hand ihn drückte.

Diesen Heller, der mir lachte,
Wertlos zwar, und doch ganz mein,
Ein Geschenk, das mir der Stein
Wie in lieber Absicht brachte.

Wie um mir die Nichtigkeit
Und des Zufalls Wurf zu zeigen.
Mensch, sei frech, mach dir zu eigen!
Dieser Griff hat mich befreit.

Die Heimkehrende

Alida, sagt ich ihr, ich habe dich
Sogleich erkannt – wo hast du nur gezaudert
Die viele Zeit? – Nun aber labe dich,
Hier Wein! Kühl deinen Mund, bevor er plaudert.

Wo irren deine Augen? Nimm das Haar
Fort aus der Stirn! – Nein, keine Frage!
Verjage endlich diese Schar
Mir fremder Tage!

Erwache mir! – Sei da!
Die ruhelosen Hände,
Vielleicht vergäßen sie, was ohne mich geschah,
Wenn erst mein Frieden zu dir fände.

Verfinsterung

Und während dieser Nordwind blies
Und unsre Stadt zum Norden machte,
Die letzte Sonne uns verließ
Und jeder Wunsch zu sterben dachte,

Und viel zu früh die Nacht begann,
Sehr anders als die andern Nächte,
Wie eine Nacht, die dauern kann,
Solange wer zu warten dächte,

Da stand ich auf dem alten Platz
Und sah die alte Kirche dauern
Und geizig Zeit wie einen Schatz
Anhäufen hinter ihren Mauern,

Und sah in dieser alten Stadt
Die Leute, die mir Greise schienen,
(Wie jedes Antlitz Falten hat,
Erstarrtes Nein in seinen Mienen,)

Und fühlte mich hier stehn und stehn
Und wurzeln wie der Dom, der graue,
Und konnte gar nicht mehr verstehn,
Daß wer noch neue Häuser baue.

Ob nicht die junge Frau, auf die
Ich warten wollte, wann nur? Heute?
Selbst alt geworden war und nie
Ein Weib mehr einen Mann erfreute!

Wie ist das sinnlos, hier zu stehn,
Als ob die Zeit ein Ende nähme,
Und zu erwarten irgendwen,
Zu glauben, daß er wirklich käme.

Spaziergang in der Nacht

Kühle, klare Nacht!
Welch ein kühnes Schreiten
Ist in mir erwacht –
Führt aus engen Zeiten
Froh mich in die weiten
Aufgeschlossnen Räume dieser Nacht.

Daß ich heimlos bin,
Was ich sonst beklage,
Was ich her und hin
Durch die niedern Tage
Keuchend, schleppend trage –
Heute fühl ich es mit neuem Sinn.

Wie der Schritt erfreut,
Wie ein Landweg! Wiesen
Sind die Plätze heut,
Und man geht in diesen
Straßen wie auf Kiesen,
Wie in Gärten, die der Mond betreut.

Löst sich nicht auch hier
Manche reine Quelle?
Offen liegt vor mir
All die fremde Schwelle.
Ist nicht ringsum helle
Heimat und befreundetes Revier!

Die Unerbittlichkeit

Als ich die Unerbittlichkeit verstand,
Ward mir das Blut wie Blei, wie aus Ton mein Fuß
Und ohne Muskel lahmte meine Hand,
Schweiß auf der Stirn, des Todes kalter Gruß.

Und das Herz selbst tat so erbärmlich weh
Vor lauter Gottverlassenheit.
Da sagte ich zu mir: »Mensch! Jetzt gesteh!
Jetzt wärest du zu jedem Schluß bereit.«

Jetzt, wo ich sanft in meinem Elend bin,
Weil aller Trotz wie Hauch in Lüften schwand,
Jetzt werft mich zu den Pestverseuchten hin
Und laßt allein verwelken diese Hand.

Einem edlen Jüngling

Du wirst wie wir alle am Zügel
Gängig werden,
Im Zotteltrab, ohne Flügel,
Gehn mit den Herden.

Du wirst mit dir verkehren
Karg und gewöhnlich,
Und ohne prinzliche Ehren,
Weltversöhnlich.

Du wirst deine Tage tragen
Ganz wie wir alle,
Mit Arbeit, mit Behagen,
Mit Herz und Galle.

Du wirst dich ärgern lernen
Und dich bescheiden,
Unter geduldigen Sternen
Menschlicher leiden.

Liebe

Dunkle Erdenwege, die der lichten,
Leichten Gefühle Schatten sind!
Liebe als Licht aus der Sonne rinnt
Und verfängt sich an kalten, dichten

Menschenleibern und Menschenseelen,
Und umwirbt sie, verklärt sie, vergöttert sie,
Und verdirbt sie, zerstört sie, zerschmettert sie –
Menschen, die sich küssen, sich quälen.

Die Spielende

Spiele nur, spiele nur weiter, ich will dich nicht stören,
Ich halte den Atem an und schau dir zu,
Spiele nur, Sorglose du,
Ich will mich nicht empören,
Wenn plötzlich mein Leben in deiner Hand
Ein wenig zu sterben beginnt – ich halte stand,
Ich Spielzeug –

Weiß ich auch mit meinem kalten, ohnmächtigen Wissen,
Daß dich das Spiel kaum freut, ja langweilt sogar,
Und fühl ich auch, wie so tief! Angst und Gefahr:
Es werde dir nicht entrissen,
Was du mit leichter Sicherheit dir gewonnen hast, Kind,
Wie grausam auch deine Finger sind,
Spiele –

Denn du lächelst, Sorglose, aus dir lächelt ein Schimmer
Des lieben, so unwirklichen, blinden
Lebens, das ich nicht finden,
Nicht sein, nicht haben kann – was auch immer
Jetzt in mir stirbt und sei es noch so reich,
Ich halte den Atem an und fühle bleich,
Daß du schön bist –

Ein Brief

Geliebter, deine Kühle
Weht aus der Ferne her.
Geliebter, und ich fühle,
Du liebst nicht mehr.

Geliebter, und die Züge
Deines Angesichts
Zerfließen, eine Lüge,
In ein Nichts.

Und ob ich mich auch quäle,
Ich weiß deinen Mund nicht mehr.
Geliebter, meine Seele
Wird wieder leer.

Abschied

Abschied ist Tod. Das weiß ein jedes Kind
Und läßt die Mutter aus dem Haus nicht fort.
Jemand reist ab. Mein Herz fühlt Meuchelmord.
So viele weiche Wärme mir entrinnt,

Daß ich wie ein Verblutender verbleiche.
Mir ist sehr kalt, ich friere tief – adieu!
Und alles Bleibende tut grausam weh,
Wie ausgerissene, verletzte Herzensweiche.

Soll ich nach Hause gehen, die Papiere
Am Schreibtisch ordnen, einen Stundenplan
Entwerfen, weitertun, mein Ziel bejahn?
Und überwinden, daß ich dich verliere?

Auch du

Auch du bist schon geprüft, auch dir ist eingegraben
Die Rune Welt, die wirre Hieroglyphe.
Du hast gelitten bis zur Tiefe,
Gekostet von den Honigwaben.

Du hast besessen und du warst zu eigen,
Geküßt hast du das Band, dich freigequält.
Du kennst die Schuld, die aus der Rinde schält
Das süß und bittre Wort, die Kunst zu schweigen.

Das alles war, wie mir, auch dir beschieden.
Jetzt aber sind wir beide neu gewandet,
Gestrandet und an seliger Bucht gelandet –
Und es ist wieder schön hienieden!

Schnee

Schnee war gestern plötzlich da – auf allen
Trüben Straßen, hell wie Unschuld, weiß,
Weich und wärmend, aus der Luft gefallen.
Und wir gingen – enger ward der Kreis,

Der uns heimlich aneinanderhält –
Mit gedämpftem Schritt, gedämpfter Seele,
Unverhofftes Lachen in der Kehle,
Durch des Schneefalls kindlich neue Welt.

Wir, die jetzt so ernste Frage quält,
Wurden schmiegsam, atemleicht, gelinder,
Lachten furchtlos, schneefroh, beinah Kinder –
O wie hat die kleine Freude uns gefehlt!

Bitte an die Geliebte

Laß uns wissend sein! Wir haben gelernt,
Was Menschen nähert, was entfernt.
Wir sind gealtert am Lächeln-Müssen,
Gestorben an erzwungenen Küssen.

Wieder auferstanden an befreiten
Heißen Unwillkürlichkeiten.
Gesundet an einem Atemzug,
Der ungehemmt hinübertrug.

Laß uns Horcher sein auf das Sich-Regen
Im dunklen Du! Nur nicht entgegen
Dem Eigensinn der Einsamkeiten!
Nur mit dem Kind in uns nicht streiten!

Ihr Freunde

Ihr Freunde, große Liebe
War euch von mir geweiht.
Ich ward zum Diebe
An eurer Freundlichkeit.

Mein Herz in Händen bringend,
Ungeheures Pfand,
So kam ich Freundschaft zwingend.
Und ging unerkannt.

Euch wie die Mörder hassen
Lehrtet ihr mich zum Dank,
Vergiftet und verlassen,
Nach Sanftmut krank.

Mit allem meinem Gute
Warft ihr dem Weib mich zu.
An der ich blüh und blute,
Sei gnädig du!

Unschuld

O die Unschuld des Genusses,
Wenn ich dich genieße,
Nimmermüde deines Kusses
Und der Atemsüße.

Jede Nacht bringt neue Spiele,
Spielglück ohne Ende.
Unsre Lippen wissen viele
Und die guten Hände.

Immer zarter, immer schöner,
Seit uns Lust verschönte.
Ich dein glücklicher Verwöhner,
Glücklich die Verwöhnte.

Die Insel

Sprich nicht von dieser Insel, wo wir uns trafen
In unsern Nächten.
Das Blut rauscht rings um sie.
Und keine Zeit geschah, Uranfang, Ende.
Was wir sonst sind, vergessen und verscheucht.
Nur diese Spiele, grausam wie Dämonen,
Marter nach einem Glück, das anders
Beseligt als das Brot, der Trunk,
Die sonst die Lippen sättigen.
Nein, ungesättigt
Tobten wir,
Bis schwer die Wimpern und die Lider schwer,
Das Haupt ermattet, sinkend, abgebrochne Blüte,
Der Tod kalt an die Stirnen tastend,
Das Innre ausgehöhlt, ein leeres Haus
Mit ausgehobnen Fenstern, ohne Dach.
O, das Korallenrot der Lippen
War mit rötrem Rot betaut
Von unsrer Zähne Mordgier.
Heilandsmale
Auf diesen kühlen Händen, die gefiebert
Im Suchen nach Entspannung, die nicht kam.
Nein, Ekel kam, der Würger,
Vom goldenen Tor der Lust uns scheuchend,
Daß wir wie Schatten flohn.
In unsern Adern
Ebbte die Lust zurück, zum dunklen Schacht.
Und nur ein Duft von ihr
Blieb dem Verschmachten.
Wie Irre hatten wir am harten Schloß gerüttelt,
Die Gnade aufzusprengen.
Aber nun, mit entnervten Knien,
Müd wie Gerichtete,
Schlichen wir einen bangen Weg zurück.

Und doch, du Köstliche, war nichts als Zärtlichkeit
In meinem grausam Sein.
Doch kniete ich huldigend
Den Marterberg empor,
Um nur den heißen süßen Hauch
Zu pflücken, wenn die Lippe dir erblaßt.
Um dir im Weh
Die bebende Melodik zu entlocken.
Um deinem Unbewußtsein nah zu sein,
Als könnt ich fast bis an den Tod gelangen,
Wo wir ganz nah sind.
Und doch war mir, du Köstliche,
Daß wir die Lust, Verschmachtende, verschmähten,
Ein bessres noch als Glück, ein tieferes
An-Wurzeln-Zerren, sie zu lockern, du!
Mir sind sie heilig
Diese Feste
Der Qual –
Wenn wir auch fürchterlich erwachen.
Sprich nie von dieser Insel,
Die nur wir,
Nur wenn wir Dämon sind, in uns betreten,
Das Blut rauscht rings um sie.
Was wir dort leben,
Hat keinerlei Bezug mit andrem Leben,
Nicht einmal unser Denken rühre dran
Und kein Erinnern.
Kein Name,
Der sonst gebraucht wird,
Wage sie zu nennen,
Kein kleines und kein großes Wort.
Nur Reue
Ist tief genug, hinabzutauchen,
Nur Angst so mächtig, um sie zu entdecken.
Sie, die verschollen ist,
Die dunkel-schöne,
Vom Blut geborgene.
Bis wieder wir,
Ganz unvermutet

Vom Dämon hingetragen,
An ihr Ufer stranden.
Du, Köstliche,
Erst dann schön wie ein Gift,
Und ich, der Trinker,
Giftbereit.

Für die Nacht

Gebet für dich: daß deine Wange
Sich möge weich ins Kissen schmiegen,
Und durch die bange Nacht, die lange,
Dein Atem sanft dich wiegen, wiegen.

Es halte dich dein warmes Leben
In seine milde Kraft verschlossen.
Erwachst du, sei's, als ob du eben
Im Traum das Seligste genossen.

Und wieder wirst du dann die Wange
Dort, wo sie lag, ins Kissen schmiegen.
Und wieder mag dein Atem lange
Dich flüsternd wiegen, wiegen, wiegen.

Der Berg

Wir gingen, meine zarte Frau und ich,
Den sichern Weg der großen Serpentine,
Die frech an dem gewaltigen Berg sich hochschwingt,
Mit seiner fürchterlichen Schichtung spielend.

Vorbei an greisen Felsenköpfen,
Gepreßten Klötzen, bösen Zacken
Und grimmigen Kronen.

Wo Wasser, Stein-Blut, aussickert,
Eisiges Blut.
Wo jeder Samen lautlos seufzend umkommt.

Wo hoch über allen Sommern
Schnee sich anhäuft,
Zu hell für Augen, die ans Tal gewöhnt sind
Und an die vielen Farben alle.
Schneeflug auf Schneeflug, Schneekorn dicht an Schneekorn.

Wo ein Schweigen tönt,
All unsere Musik, die hurtig plaudernde,
Mit frierender Monotonie belächelnd –
Als wäre ein Jahrtausend hier ein Takt.

Und wir auf unsrer sichern Serpentine,
»Spürst du es,« sagte ich,
»Wie nahe wir jetzt einem *Großen* sind!«
Die Frau lächelte
Zum Berge hin.

Da nahm der Berg mit einem wüsten Griff
Mir meine zarte Frau,
Riß sie mir weg und schwang sie, schwang sie,
Hoch, höher, hoch beim höchsten Schnee –
Und wollte sie fallen lassen,
Sie über Steine tanzen lassen, stürzen lassen
Rasenden Wurfs in eine Todesschlucht kopfunter.

Ganz leise schrie sie: »Ach!«
Ganz ohne Kraft.

Und ich, wahnsinnig,
Umschlang sie jetzt mit beiden Armen,
Allen Wunsch
In meine beiden Arme pressend.

Und küßte der Ohnmächtigen, der Geretteten,
Den Tropfen Blut weg, der an ihrer Nüster stand.

Gloria

O süßes Leben, du bist mein!
In deinem reinsten Licht zu sein,
Ihr Blut die Helden gaben,
Die sich geopfert haben.

Es starb für dich der treue Christ,
Dir jedes Lied erklungen ist.
Soll ich nicht hoffen, glauben?
Kein Schicksal wird mir's rauben.

Wohl war ich in der Mutter Lust,
Um ihren Schmerz hab ich gewußt.
Vom Lieben und vom Leiden
Mag ich mich nimmer scheiden.

Gegeben in die ewige Huld,
Gebunden durch die ewige Schuld,
Den ewigen Tod zu Füßen:
Will ich mein Leben grüßen.

FRAU IM TRAUM

Eine Gouvernante

Aus Frankreich bist ins leichte Wien gekommen,
das Lämpchen deiner Jugend ist hier still verglommen.
Vorbei schwankt fern das Leben bacchisch trunken,
du hast ihm vornehm abgewunken.

Du härmtest dich. In deiner Einsamkeit
ward herb dein Reiz und immer schlichter dein Kleid,
dein Auge blickte kühler und versonnen,
erfröstelnd schlugst du ab zum zweitenmal billige Wonnen.

Den Fremden weihtest du dein schmucklos Leben,
es hat nur zwei Bewundrer dir gegeben:
den alten Grafen, der die jetzigen Zeiten grimmig haßt,
und mich, ihren fremden, staunenden Gast.

Abend

Die Nebelwiesen waren licht wie Schnee,
Die Föhren aber dunkler noch als je.
Nur auf den Wiesen lag ein helles Licht,
Nur an den Föhren hing das Dunkel dicht.

Sonst war die Welt in Zwielicht leicht verwoben,
Die Widersprüche heimlich aufgehoben.
Und als ich meines stillen Weges kam,
Der Abend lautlos bei der Hand mich nahm.

Ich ließ mich führen ohne Widerstand.
Er hielt so warm und sicher meine Hand,
Wie einst mein Vater, wenn wir abends gingen,
Wir beide schweigend mit den stummen Dingen.

Rosenkranz

Nur einmal wieder früh
Zu Bette gehn –
Und ohne Müh,
Ganz ohne Müh
Die leere Stundenkette drehn –
Und wenn mich keiner hört,
Zu Gott, alsob ich ihn noch hätte, flehn.

Tod in Akten

Frühjahrswiesen hab' ich mit grellgrünen Tischen vertauscht;
Kleckse blinzeln tränenden Blüten Hohn.
Der ich, jugendlang harrend, Wälderstillen gelauscht,
Schreibe jetzt dicke Faszikel: Neumeyer contra Cohn.

Wie von grimmigen Gottes schmetternder Faust gefällt,
Sinken hin die sternestrebenden Bäume
Meiner Urwaldseele; seltene Tigerträume
Schleichen voll Todesahnung durch entwurzelte Welt.

Bald ist es ganz still. Der hohe Herr Rat
Lobt schon zuweilen des Träumers Werden.
Wer weiß: vielleicht spiele ich noch Skat
Und werde ihnen ein Wohlgefallen auf Erden.

Prag

Hier sprießen Kinderwägen im Lenz;
Beträchtliche Ammen lächeln hold.
Kommerzienräte mit Glatzen aus Gold
Sind wirksame Sonnenkonkurrenz.

Zwischen Kindern mit waldlosem Blick
Unter der dröhnenden Lanze des Lärmes
Verröchelte Gott. Sein Nachfolger Hermes
Ist Inhaber einer Konservenfabrik.

Der Pudel

Der Pudel, den man schor,
Kommt uns besonders vor,
Und wie ich näher schau,
Da ist der Pudel grau.

Es ekelt sich das Kind:
»Was ist das für ein Grind?«
Das ist des Alters Spur.
Streichle den Pudel nur!

Was braucht der Pudel noch?
Ein wenig Rücksicht doch,
Einen aufgeweichten Bissen
Und bis zuletzt sein Kissen.

Plänkler

Wir fangen hier noch einmal an,
Und hinter uns ist Pause.
Was einer sonst sich Ehr' gewann,
Das liegt im Schrank zu Hause.

Was einer sonst sich Schand' geholt,
Hat Platz nicht im Tornister,
Gemüt und Stiefel frisch besohlt –
Herrgott, ein neu Register!

Ich hab' einen Speicher Wut in mir,
Du russische Kanaille!
Ich hab' Schürfunken Glut in mir,
Du goldene Medaille.

Ich hab einen Punkt im Aug', der trifft.
Ich mag nicht länger quälen.
Mein Bajonett schreibt rote Schrift
In ihre schwarzen Seelen.

Jetzt grellt die Sonn' in ihr Gesicht,
Uns streichelt sie die Haare.
Jetzt du, Kroat, jetzt wackel nicht,
Jetzt los, Nachbar Magyare!

Und platzt die Granate überhaps
In meinen Schützengraben,
Will ich den letzten Zwetschkenschnaps
Noch ausgetrunken haben.

Die Frau
(Jeder an die Seine)

Wer hat denn je von uns gewußt,
Wie lieb er seine Liebe hat!
Nur als ein jeder fortgemußt,
War jedes Herz ein Nimmersatt.

Hab ich denn je die liebe Hand
In meine Hand genommen so!
Und war im weiten Menschenland
Ein Kuß so ganz, beklommen so!

Weiß denn, wer jetzt zu Hause blieb,
Kann er es ahnen überhaupt,
Wie wir, die Gott vom Hause trieb,
Uns sehnen nach dem einen Haupt!

Wir, täglich vor den Tod gestellt,
Wir, jeden Tag geboren neu,
Wo war Gefühl in aller Welt
So blutgetauft, so brennend treu!

So dicht gewebt wie dieses Band,
Das nach der einen Stadt zurück,
Dem einen Haus, der einen Hand
So stark uns zieht – o trautes Glück!

Und hat ein Zeuge sie gezählt,
Wie viele Männer in der Schlacht
Nur dies Gefühl zum Mann beseelt,
Nur dieses Glück gefährlich macht!

Kote 708

Soldaten! Österreicher! Kroaten und Madjaren!
Ihr Plänkler, Schwärme, eidverbürgte Scharen!
Ich sage euch die Situation!

Vor euch der wilde Serbe, eingegraben in Beton,
Die Drina hinter euch, Hochwasserfluten,
Vergurgelnd in *ein* Grab die Feigen und die Hochgemuten,
Gott über euch, der Vater, der König, der Empfang hält,
Er nimmt die Münze ewigen Lichts als Handgeld!
Ihr Leute, Kameraden, das ist die Situation!

Und sie bekreuzen sich und sprechen mit geradem Ton:
»Vorwärts! Napred! Elöre!«

Das tote Roß

Du totes Roß im Graben,
Das wir bestattet haben,
Wo ist dein Herr und Reiter jetzt?
Den du an heißen Tagen
Durch Feindesland getragen,
Eh dir das Blei die Flanke hat zerfetzt.

Ich sah einen Husaren
Mit blutverklebten Haaren
Und auf den beiden Augen blind.
Dem fehlt jetzt deine Mähne,
Wenn ihm die blinde Träne
Aus seinen leeren Augen rinnt.

Nachtmarsch

Das war ein freudlos stumpfer Wanderschritt
Nachts stummen Marsches durch das fremde Land.
Der Mond, der hinter die Gewölke glitt,
Reckt manchmal einen gelben bösen Rand.

Noch gestern keuchte hier der Widerstand
Und schrie die Flucht und warf den Gnadenstoß.
Der Feid zerrann – er ließ zurück sein Land,
Das aufgedeckte, bloß und waffenlos.

Der Horizont, ein kalter Eisenring,
Rankt die gefangene arme Fläche ein,
Die schneeig leichenfleckige. – Zerging
Der Gipfel Grenzentrotz? Sie kauern klein.

Die Pferde gleiten, stolpern, schnauben dumpf.
Aus einem Sumpf, der grün herübergraut,
Reißt sich empor ein schwarzer, scharfer Rumpf.
Reckt sich uns nach, versinkt und wiehert laut.

Nicht hingewandt, mein Tier, sei zäh zum Ziel!
Wer jetzt nicht weiter kann, bleibt so zurück,
Wie das zurückblieb – liegend, wo es fiel,
Ein nacktes Aas, ein hingeworfnes Stück.

Es hebt sich auf und stürzt auf das Genick,
Der Sumpf gluckt trüb – nun heißts Gedanken kaun
Und würgen an dem dürren Todesstrick
Vom Abendgrauen bis zum Morgengraun.

Feldfrühling 1916

Jetzt kommen die maroden Pferde auf die Trift.
Oh Kreatur! In Freiheit sanft zu grasen,
Primeln zu rupfen, junges Gras zu kauen
Und lastlos Tier sein, nach so vieler Lasten ungeheiltem Druck.

Daliegen stundenlang, Kopf auf dem Rasenbett,
Gar nichts mehr tragen, nicht einmal sich selbst,
Von guter Erde groß getragen werden
Und Sonne saugen! Gott, der Arzt,
Hat goldene Frühjahrssonnenbäder ordiniert.

Euch stören nicht die feierlichen Feldgeschütze,
Detonationen in das Nichts, verpuffte Kraft,
Euch Kräftesammler, Kräftesaugende!

Da humpelt ihr mit dem verbundenen Huf,
Den jeder Schritt sticht! – Aber auch die Sonne
Sticht euer Blut! Da wagt der Hinkefuß
Einen Galoppsprung, oder zwei, selbst drei!
Komische Sprünge das! Tragische Sprünge.

Nehmt Urlaub! Rastet! Freßt! Wälzt euch und hüpft!
Und badet Sonne! Trocknet euch das Fell!
Seid wieder Gottes nacktes Pferd, sonst nichts.

Die Frau und der Dichter

»Du bist nur ein Spiegel«, sagt die Frau.
»Solang du da bist, reiche ich hinein.
Doch plötzlich wirst du weggewendet sein,
Vor andern Glanz gestellt und andre Schau.«

Ich bin dein Spiegel, wolle du mich halten.
Ich scheine dich, so sei vor meinem Blinken.
Ich sauge dich, du lasse dich versinken.
Ich sammle dich, du mußt dich nur entfalten.

Kreuzabnahme

Der Arzt gab ein Zeichen. Da zogen die Ordonnanzen
Vom Holzgestell die zwilchene Decke fort
Und enthüllten die Leiche. Sie hoben die Leiche keuchend –
Denn dieser kümmerliche Bruder war schwer –
Den Tischrand hinan vor den Arzt und das deutliche Fenster.

Geduldig ließ die Leiche sich tragen, sich wenden –
Nur half sie nicht mit, sie hatte den Willen verschworen.
In erhabener Magerkeit lag sie fleischlos,
Ließ die gedehnten Arme unwehleidig
Wie Hämmer auf hartes Holz herabfallen,
Ihre Kiefer zum schmalsten Lippenstrich
Wie ein heiliges Testament verwahrt und versiegelt.
Und darüber die großen, offenen Augen!

Lebende Augen, ungeheuer lebendig!
Hatten für immer eine Schwermut erstiegen,
Von der herab nicht eine Sekunde zu leben ist.
Hatten, die Augen, gekämpft – sie hatten,
Was ein Mann nur Leidens faßt, sich erbeutet.
Hatten den Tod gewählt, da nichts zu wählen als Tod war.
Hatten hinter dem Krieg einer Welt ihr Schicksal
Weggedreht von allem Geschick, es allein zu verenden.

Dieser große, stumme Kämpfer war wundenlos –
Innen trug er den klaffenden Stoß und die Dornen
Und den Kalvarienberg ins innerste Mark gestuft –
War dem Frost, dem Hunger, dem Wollen weit über alles hinaus
        gefallen.

Diesen Leib, gesäubert von jeglichem Fleisch,
Jeder Üppigkeit, jeder Weiche und Wärme,
Atem und Funken, jedem bebenden Nervlein:
Alles hatten die fressenden Augen aufgezehrt –
Augen, sie für sich nur, lebten zuletzt – überlebten!

Nichts, nur eine karge, ewige Linie Mannheit
Und die Augen, die kein Gefährte zu schließen wagt.

Zerstörte galizische Stadt

Der Krieg hat ein Gedicht aus dir gemacht,
Nein, eine schauerliche Strophe nur.

Schon von der kühnen Serpentine her
Bist du mit einem Adlerblick zu fassen
Am Strom, der glänzt, in Ebene gefriedet,
Oh, wie war süß und grün der Frieden hier!

Ruinenstadt, mit rauchgebeizten Stümpfen
Von Häusern, abgebrochnem Ziegelwerk,
Als ob dein Schöpfer, seines Werks verdrossen
Und unbegnügt, in Schutt gefegt dich hätte
Mit einem Riß der bösen Riesenfaust.

Ihr Häuser, eingefallen, wo ihr standet,
Und hingebreitet unter eurem Dach,
Das wie ein Mantel deckend über euch liegt
In aufgeblähten, hohlen Falten Blech!

Hier ragt einäugig jetzt ein Fenster nur
Mit ausgebrochnem Stern, die Lider abgesengt,
Dort ein Stück Brust, das sinnlos übrig blieb,
Hier eine Schulter Haus, doch ohne Leib –
Häßliche Reste, wo der Nutzen baute
Und jetzt die roh entblößte Unzier schreckt –
Nicht Spuren einer Schönheit, schön im Abgrund,
Nein, Unrat, Unflat, wüster Haufen nur.

Doch manches blieb, der Herrensitz, der Dom –
Dort seh' ich einer Nonne schwarzes Tuch,
Tragisch gehoben durch die Leinwandglorie,
Das steife Weiß ums starre gelbe Antlitz –
Dort stand sie wie die Witwe dieser Stadt,
Die Dachberaubte und die Kindberaubte,
Erst jetzt verarmt genug, erst jetzt Geweihte
Vom Finger Gottes, der mit Eisen tauft . . .

Doch seht, die Stadt lebt ja: schon wieder
Feilschen die Juden da, ihr Laden ist ein Tisch
In Trümmern, der entblößt im Wetter steht,
Mit dummem Kram beladen, Lebenskram
Fürs Weiterleben, unser täglich Brot,
Wenn auch verschimmelt, und das ranzige Öl
Aus Gottes großem, nie erschöpftem Mischkrug . . .

So kroch der Jude aus dem Höllenkrater
Ans Licht heraus, und eifrig fristet er,
Was er, auch unterm Fluch, verzehrend liebt,
Dies Leben, sein und unser Leben – Leben!

Der abgehärmte, kümmerliche Jude,
Gekrümmtes Fragezeichen an das Schicksal,
Blieb dauerhaft, wie nur das Dasein selbst.

Wie? Dies auch? Mädchen? Mädchen, die sich wiegen
Und frei wie nie zur Lebenslust geschmückt sind,
Mit wunderoffnen Augen, voll Bereitschaft,
Voll süßer Fülle und schön nackt im Kleide,
Sich jedem Zufallsblick gelenk entkleidend –
Mädchen, verbuhlte, so vom Krieg geschulte!
Wer sagte, Stadt, von dir: du lebst nicht mehr?

Doch dann zurück und über deine Brücke,
Dort in den Auen Grab an Grab an Grab,
Oh, hingesäet die Kreuze ohne Zahl,
Auf Schritt und Tritt, hier lagen sie und starben,
Hier kämpften sie und kämpfend starben sie,
Die Erde fassend und die Erde lassend,
Den Mund voll Erde und das Herz voll Erde –
Holzkreuz an Holzkreuz, ach, ein Wald von Kreuzen,
Geschmückt mit deutschen Helmen wie mit Früchten,
Ein grauser Weinberg, üppig ausgebaut
Und bis zum Grund mit Feuer durchgeregnet.

Du Kainsstadt, kann ein neues Leben dir
Aus diesen Auen wachsen solcher Saat?!

Ungleiche Sanduhr

Wohin rinnt nur
Der Sand der Uhr,
Die dünne Spur?
Am Lebensrand gewendet
Niemals für uns endet.
Das Häuflein Zeit,
Die Kleinigkeit
Blinden Bestrebens.
Das rinnt vergebens.

Doch gewaltiger Sand
Rinnt ins Unterland
Und bedeckt die Toten.
Ganz eingestaubt
Ist dort Fuß und Haupt,
Des Löwen Mähne, des Hundes Pfoten
Ganz eingeschneit
Mit alter Zeit.
Kaum ragt eines Halbgotts Hand
aus den Gebirgen von Sand.

Die Armen

Gott schütze die Armen und mache sie blind
und blöde mit Weib und Kind
und lasse sie zufrieden!

Der quere Weg, das Ziel zu weit
und schwarze Zeit in Ewigkeit
den Armen all beschieden.

Auch wer es weiß, ist nicht gefeit,
auch wer geschlagen, nicht bereit
zu schließen seinen Frieden.

Gott schütze die Armen und mache sie blind
und blöde mit Weib und Kind!

Stadt im Sommer

Ein jedes aufgerissne Fenster jetzt
Mit menschlichem Gewächs, das Kühle schluckt, besetzt.
Die schmalen Türen auf, die untertags verkohlen,
Damit die Zimmer und die Möbel endlich Atem holen.
Das magre Volk aufs warme Pflaster ausgestreut,
Als fürchte man noch ein Erdbeben heut.
Und Kinder, solche Kinder! Zahllos, ohne Acht,
Dort, wo sie zugemauert ist, zur Welt gebracht. –
Da trägt ein offner Wagen einen Schieber, Schuft und Nimmersatt
Fett und erschlafft durch die erschlaffte Stadt. –

Sonntag im Juni

Langsam vertropft der Sonntag-Sonnentag.
Es riecht nach Honig durch die Fensterritzen.
Die Stille klingt, als wär's ein Lerchentrillerschlag
Von draußen, wo die allerblauesten Himmel blitzen.

Das arme Volk ist jetzt auf Wanderung:
Die vielen Füße – nur um Gras zu spüren,
Schreiten sie aus in schwerem Pendelschwung
Auf Wegen, die doch nicht ins Freie führen.

Kleiner Roman

Du hast mich gerufen.
Zuerst bin ich nicht gekommen.
Dann bin ich doch gekommen.
Dann war ich da.

Jetzt gehe ich fort
Und du rufst mich nicht mehr.
Der Ruf ist tot.
Wir haben ihn getötet.

Zwei Mörder geben sich zum letzten Mal die Hand.

Warnung

Einsamkeit ist ungeschickt,
wenn sie sich nach der Hand
des Bruders bückt.

Was du auch immer tust,
ich sehe Einsamkeit,
die alles ungetan
macht, was du tust.

Schlag ihm den Kopf ab,
es wird dir nichts nützen,
du wirst doch nie
den Jochanan besitzen.

Dir ist übel vor Einsamkeit,
als solltest du dein Leben erbrechen.
Ein so bitterer Geschmack –
er verbittert dir sogar die Tränen.

Der Geist in der Flasche –
Salomonis Siegel
bindet ihn,
bis die Zeit um ist.

Frau im Traum

Gekommen bist du in der Nacht
Und rührtest schön mich an.
Wohl bin ich zitternd aufgewacht,
Der gute Traum zerrann.

Gekommen bist du ohne Ruf,
Nur aus Barmherzigkeit.
Du warst es, die den Traum erschuf,
Bliebst du auch selber weit.
Ein Traum! oh, ein erlauchter Gast
In einem armen Haus.
Ein Bettler hat ihn angefaßt,
Dann war es wieder aus.

Ein Bettler blieb zurück und sang
Und hat geflucht zuletzt.
Sein Fluch wie eine Bitte klang,
Geschlagen und zerfetzt.

Wandlung

Dieser Ring hat sich geschlossen
Und mich ausgereiht,
Aber unverdrossen
Wächst die neue Zeit.

Menschen, die mir Spiegel waren,
Haben mich gewandt.
Es sind keine Undankbaren,
Nur mir unbekannt.

Frauen, die allmächtig schienen,
Knechtend mein Gefühl,
Tragen unvertraute Mienen,
Und ich schau sie kühl.

Was an Welt verwirrend, quälend
Und vergiftend war,
Ist nicht länger Angst, Krampf, Elend,
Haß, Gewalt, Gefahr.

Was zu allernächst mich bannte,
Ward wie Hauch und Flaum,
Und der halb schon Abgewandte
Sieht und deutet kaum.

Aber neue Quellen streben
meinem Blute zu.
Sonst mir gegnerische Leben
Sagen plötzlich du.

Die Seele der Reichen

Die Seele der Reichen ist ein mir verschlossenes Haus.
Da schauen sie fremd zu ihren Fenstern heraus.
Ich bin manchesmal in ihren Gärten gesessen
Und habe – nicht zu oft – an ihren Tischen gegessen.

Es sei ihnen schwer, sagt die Schrift, in den Himmel zu gelangen,
Ihnen müßte auch dort vor neuer Verteilung bangen.
Wie aber auf Erden, solange sie alles haben,
Ihre vollgestrichenen, süßigkeitsträchtigen Honigwaben?

Auch sie müssen kämpfen um jeden Schritt, bis daß sie erkalten.
Ihr Kampf ist, was sie haben, zu mehren, oder es doch zu
          erhalten.
Wohl sind sie frei von der Not der täglichen Sorge,
Doch sorgen sie nicht, daß einer ihnen schenke und borge.

Es ist nicht das Brot, und nicht das Bett, um das sie sich raufen.
Die Welt ist eine Ware, sie können sie kaufen.
Sie brauchen nicht jeden Tag mit neuer Angst zu beginnen.
Nein, ihre Angst sitzt höher oben und tiefer innen.

Sie kennen den Überdruß, der den Genuß verleidet.
Doch wissen sie nicht, wie es ist: vom Besitz entkleidet,
Nackt in das Meer der Möglichkeit zu tauchen.
Sie wissen nicht, was es heißt: das Geld zu brauchen.

Wir Armen haben ein anderes Ostern, ein anderes Pfingsten.
Wir schämen uns dessen, doch wir kennen das Glück des
          Geringsten.
Uns ist die ganze Breite des Mangels als Raum gegeben
Und die ganze Höhe des Rechts, uns dazu zu erheben.

Es sei mir ferne, die Armut als Segen zu loben.
Doch sind die Armen tiefer in das Dasein verwoben.
Es hat seine Wurzel in ihnen, die Arbeit der Stunde,
Es liebt mit ihrem Herzen, es spricht aus ihrem Munde.

Und damit läßt sich reden und fühlen und hoffen.
Noch ist kein Haus gebaut, doch die Türe steht offen,
So offen wie ein Tor ohne Schloß, ohne Rahmen
Und so bedrängt und versenkt wie im Erdreich der Samen.

Die Seele der Armen ist mir vertraut und gemeinsam.
Ihrethalben fühle ich mich auf Erden nicht einsam.
Ihrethalben ist noch alles frisch zu gewinnen,
Ihrethalben der Glaube an ein besseres Beginnen.

DIE BAHN

Der Knabe

Der Knabe

Gottes Engel frieren.
Und es lächelt in der Welt.
Weil ein Lächeln mich hält,
Muß ich mich verlieren.

Lächeln um die Sterne,
Lächeln um den Menschenmund.
Arm ist reich. Krank ist gesund.
Und ich sterbe gerne.

Der fünfzehnjährige Selbstmörder

Das Heute hab ich nicht gekannt.
Eine Ahnung hat mein Herz verbrannt.

Die Angst hat zu mir gesprochen.
Ein Kuß im Traum hat mich zerbrochen.

Knaben

Knaben sinds, eins und zwei,
Wandern im Allerlei.

Die goldne Spur, die träumen sie.
Vom Himmel fällt Was und Wie.
Jeden Tag versäumen sie.

Zuerst der Eine aufgewacht.
Der hob und hielt zu Was und Wie
Den Freund und schrie mit Fingern: »Sieh!
Vorüber ist die Nacht!«

Sie schauen und vertrauen.
Tausend Himmel blauen.

So spielen sie im Einerlei:
Zwei Stimmen und ein Freudenschrei!

Der Fund des Knaben

I.

Wie ein Knabe findet
Und dann doch erblindet.

Aug, der trübe Glimmer,
Hält ja nicht den Schimmer.

Nähe, ach, und Ferne
Täuscht die armen Sterne.

Noch weiß er zu heben,
Was versinkt, das Leben.

Farben im Erkalten
Hofft er noch zu halten.

Rührt nicht an die Habe,
Gibt sich ihm die Gabe.

Und so schwand die Krume.
Und er fand die Blume.

II.

Springt der Kern gewaltig.
Blatt ist purpurfaltig.

Dessen Körner golden
Senden sieben Dolden.

Alles sprengt vor Zeiten
Augenblickes Breiten.

Ja, dem Blick entfällt es!
Das Entzücken hält es.

Nur ein Duft, entzückt es.
Dem Erinnern glückt es.

Such auf allen Fahrten
Dieser Blume Garten!

Spät entdeckt die Flur
Tod, die dunkle Spur.

Erhörung

Erhörung, wie dich hegen?
Erhörung, freier Segen!

Ich hege Hoffnung, Zweifel, Pein –
Mein Herz ist doch nicht mein.

Schaut, wie der Tag entbrennt:
Glorie am Firmament!

Ein jedes Gras ihn kennt.
Ihn hold und grausam nennt.

Hat sie mich auch gekannt,
Die große Schöpferhand?

Sie warf mich auf dies Land.
Da hat sie mich verbannt.

Der Freund

Eine leere Stunde
Sich niedersenkt.

Das gute Herz entwürdigt.
Das Leben gekränkt.

So bin ich heute dir!
Geh fort von mir!

Der Vater

Die Abendwiese lag wie Schnee,
Die Föhren dunkelnder als je.

Nur auf der Wiese liebes Licht,
Nur an den Föhren Dunkel dicht.

Sonst Stern und Welt in eins verwoben
Und jeder Weg hinaufgehoben.

Doch als ich in die Mitte kam,
Der Abend da mich nahm.

Ich ließ ihm ohne Widerstand
Und heimlich meine Hand.

Wie einst dem Vater, wenn wir gingen,
Eingewandert in den Dingen.

Alina

Ein kleines Haus am Hang.

Darüber Sonne schwang,
Ein Überstrahlen,
Vor nahem Dunkel bang.
Und in dem Haus Gesang,
Der löste alle Qualen
In einem klaren Klang.

Alina stand im schmalen,
Kühlen Toreingang
Im Fahlen.

Untreue

Untreue, Bitterkeit,
Du Schreckenswort,
Daran mein Herz verdorrt!
Selbstmord ist jeder Mord.

Ein Blinder auf dem Pfade,
Ergriff ich dieses tückische Schwert,
Das ohne Gnade
Mir nun entgegenkehrt.

Wiedergeburt

Wiederkehrend von den Toten
Hör die alte Erde nahn:
      »Jugend ist mir angeboten!
      »Jugend ist mir angetan!«

Jammern die im Glücksorkan,
Jubeln die vom Brand Bedrohten:
      »Jugend ist uns angetan!
      »Jugend ist uns angeboten!«

Erwachen

Auge, Auge, schau dich satt!

Arche an dem Ararat,
Scheitert unser Leib am Tag.

Wo das Dunkel lag,
Löset sich ein Traum,
Leise Schlafes Flaum –:

Lagert, jäh gefunden,
Der Anbeginn der Stunden.

Die Arme Zeit

Die arme Zeit

Arme Zeit ist doch gewesen,
Arme Zeit war mein.

Zeit, von dir genesen sein,
Zeit, an dir genesen.

Arme Zeit,
Von Gott so weit.

Zeit, die unsre Gräber gräbt
Und doch eingelebt.

Nachts

Nachts, ich liebe.

Nachts, ich weine.

Wohin, o Seele?

Ist es noch meine?

Qual des Lichts

Was geschah? Das Licht genas.
Welch ein schweres Weh war das!

Wie es eines Morgens immer
Einen Rosenschimmer
Kaum erst wagt –
Und dann tagt!
O ein Hauch, o Kinderscheu,
Und so neu, wie eine Seele neu,
Die noch keinem Blut verbunden war –
Schau, sie zittert, o Gefahr!

Aber bald wird sie mit Farbe malen
Lichtes Qualen auf des Dunkels Qualen.

Der klare Himmel

Im Grase lieg ich, hinüber!

Ich schaue
Ins Blaue.

Oh trübe dich trüber!

Oh wie in die Weite, die befreite,
Das Auge lebt!

Die ich doch nie beschreite.

Seele

Gespannte Saite,
Die Gott streicht!

Bald sinkt der schwere Ton,
Bald steigt er und wird leicht.

Abend

Baum und Erde
Ohne Fährde.

Hauch, Abendwind!
Kein Freund so sanft, nicht Weib, nicht Kind.

Du fromme Ferne, Heiterkeit –
Von Furcht, von Schuld los und befreit.

Wes Atem, der so spät entquillt,
Den Abend und die Stunde stillt?

Wes Herz, wes Zuversicht
Strahlt dieses Licht?

Schwere Nacht

Weinend fuhr ich auf,
Als das Heil geschah,
Als ich wieder weiß den Himmel sah!

Licht mein Herz durchdrang:
Mensch, was bist du bang?

Der Morgen

Im Dunkel schwimmt dein Gesicht.
Die Lider schließen so dicht.

Dein Herz hat schon empfunden:
Bald strömen Morgenstunden.

Ein Vogelwispern schlüpft ins Ohr.
Du rührst dich und tauchst halb hervor.

Noch bist du allem fremd
Und nestelst wie ein Kind am Hemd.

Ein Kind, das sich die Augen reibt
Und doch im Schlaf befangen bleibt.

Nun wirst du es erkunden,
Die Ströme und die Stunden.

Die entgleitende Gelegenheit

Kein Flügel wehte, es ging kein Schritt,
Ich drehte doch mich um.

Ein Liebesengel stumm
Entgleitet und entglitt.

Seine Augen flehn.
Mitleid ist ihr Leid.

Das klagt – um wen?
Schon zu weit.

Das kleine Leben

Tränen

Ihr Augen, ganz verweint,
Da staunt ihr, daß die Sonne scheint!

Das hat bitterlich genagt.
Das hat sich ausgeklagt.

Ihr rotgeätzten Wangen
Habt Tränen aufgefangen.

Nie war dieser Mund
So weich und rund.

Der Arme

Verarmt auf dieser Reise,
An Gnade arm.

Hat der Tod begonnen?
Wandern die Tage zurück?

Fremd sind alle Sonnen.
Atmen ist kein Glück.

Ein Hund blickt mich an,
Ein Kind geht vorbei.

Der Regen klopft an,
Ob wer im leeren Hause sei.

Der Passant

Du oben aus dem Fenster lehnend,
Hinaus aus deinem Haus in den Tag.

Die Straße sich vorüberdehnend.
Ihr nach die Ungeduld, dein Herzensuhrenschlag.

Ich ging da unten ohne Ziel,
Ob mir aus den Fenstern wo
Eine Heimat wohl gefiel.

Denn manches Zimmer tröstet so.

Die Seele

Wenn sich Seele nur ein Kleines dreht,
Bist du, brauner Berg, hinweggeweht.

Auch du, Tal, das nie ein Hauch erfrischt,
Von der Himmelstafel fortgewischt.

Haus, das hielt, und die mich band, du Frau,
Seid zerflossen, wenn ich wieder schau.

Du, Begierde rastlos, Hatz und Qual,
Ausgetilgt mit Haus und Berg und Tal.

Auge taumelt – dürren Bilderrest,
Kreuz am Horizont, dich hält es fest.

Himmel schluckt auch das, die Bläue gafft.
Lächelnd hat sie alles hingerafft.

Seele, du Fakir! Was dich beschwert,
Wird ätherisch innen aufgezehrt.

Und ich armer Schächer schwinde: Hauch
Nur und Blick im magischen Verbrauch.

Geschlossene Augen

Still –
Wenn die Große Hand,
Die glättende, glatt streichen will!

Nichts gekannt,
Nichts gedacht,
Nur Mildigkeit, nur diese Wohltat:

Hand,
Die sacht
Mich ausstreicht, allen Streit.

Schildkröte

Wie sehr ich sterblich bin, ich kenne Götterart!
Ich weiß, wie überm Horeb das Gesetz gewittert!

Als Isaak an den Stein gebunden ward,
Der Opferknabe – hab ich nicht gezittert.

Der Gott ists, der mit Ungeziefer peinigt!
Uns frißt der Staub, wir selbst ja Staubes Brut.

Es spart der Herr den Blitz, der flammt und reinigt –
Und Aussatz kriecht, ein winziger Wurm, ins Blut.

Ich weiß auch, wann dem Kind am meisten graute!
Das war, als man bei uns im Garten baute –
Und ich die Mißgestalt im Schutte fand.

Ich hatte diese Kröte nicht gekannt,
Die torkelnd unter einem Schild sich wand!
Ich sah, ich schrie – mein Knabenhaar ergraute.

Biene

Oh das ist hoffnungslos. Fröstelnde Welt!
Da hilft kein Arzt. Der liebe Sommer stirbt!

Im Hof der Schrei der Gänse unwirsch gellt.
Johlende Krähen! Und das Licht verdirbt.

Die Fliegen fallen sterbend in mein Buch.
Sie haben ausgeflügelt, ausgeliebt.

Der Himmel flattert, grauzerfetztes Tuch.
Auf Straßen wehen Mähnen. Staub aufstiebt.

Da, abends, auf dem Kissen, eine Biene!
Ein dumpfer Sommerflügel, Honigschweif!
Ists nicht sofort, als ob die Sonne schiene!

Was rief dich aus dem Stock? Dies Feld ist steif
Und abgeblättert jede helle Miene!
Auf Träumen sitzt ja nur der Vogel Greif.

Der Bänkelsänger

Wohl, ihr braucht mich nicht, ihr Klugen,
Hochgewölbten, Kraftbegabten –
Ihr seid groß auch ohne mich.

Ihr seid stolz, wer wird euch stören?
Wäre Raum in eurer Fülle?
Ihr seid glücklich, bleibt es denn!

Aber wenn ihr glänzt und tafelt,
Spottet nicht des Hungerleiders,
Lästert nicht mein Paradies!

Nicht die Schönen, nicht die Reichen
Sind geschart um meine Schüssel.
Göttersöhne fehlen hier.

Hier ist Erde, hier ist Mangel,
Ach, nur wenig Reiz, der schmeichelt,
Aber zärtlicher Genuß!

Halb erfroren karge Leute
Kommen sich mit Liebe heizen
Rings um meinen armen Rost.

Gebe gern ein wenig Glitzern
Auf die abgehärmten Stirnen.
Denn sie zieren sich so schön.

Taub für Schmach, den Lastern gnädig,
Gegen Häßlichkeit erblindet,
Doch im Schenken müde nie!

Die kleine Frau

Mit andern Frauen spricht sie kaum,
Weiß nichts zu sagen.
Als eine Frucht an ihrem Baum
Hängt sie am Mann. Der Mann soll tragen.

Der Mann ist groß und breit. Und Licht
Und aller Raum.
Du Vogelgewicht!
Du Frucht am Baum!

Sie macht sich leicht, ein Flaum,
Schmiegt sich und wiegt sich.
Der Sturm schüttert den Baum.
Baum greift aus und biegt sich.

Der Himmelsüchtige

An einem Himmelswinkel
Lichte Züge
Vergnügen, genügen.
Welt ist Lüge.

Zu Rittertaten grinst er.
Ist nicht zu stören.
Nur immer in den Himmel!
Beschwören!

Den Sehnsuchts-Augenblick,
Ins Herz gefahren,
Verschlossen
Bewahren!

Er lächelt jeden Morgen,
Wenn er weiße Himmel sieht.
Der zarte Zug
Hinüberzieht.

Der Bettler

Man wird so klein gemacht.

Ihr Lieben!
Kam je ein Brief an,
Den ich geschrieben?

Herz ist leicht angefacht,
Leicht umgebracht.

Jeder kann Wunder tun
An meiner Seele.

Wenn keiner zuwinkt,
Den Weg ich fehle.

An der Ausgestoßenen Tisch

An der Ausgestoßenen Tisch
Füllten wir die Gläser frisch.

Gaffer, Neider störten nicht,
Denn wir schlemmten Zuversicht.

Krähenfüße um den Mund
Tauchten wir im Wein gesund.

Geigen lockten den Gesang,
Herzen wagten einen Klang.

Sieh! ein Vogel aus der Luft!
Sein Gefieder wehte Duft.

Goldner Vogel, wunderschön,
Will sich auf dem Tischtuch drehn.

Tänzelte und tanzte gar!
Alle Freude wurde klar.

Eins und zwei! Der Vogel wich,
Durch die Luft ein goldner Strich.

Schnell gekommen, schnell geschwunden,
Hergeirrt und fortgefunden.

Der Bräutigam

Ich sehe, meine allgeliebte Braut,
Sehr wohl den Faun, der dir im Nacken graut.
Streift dich sein Atem, fallen deine Augen zu.
Scheuert sein Bart die Haut dir, fröstelst du.

Er grinst – o Gott, wie deine Lippe spielt!
Ich sah ihn nachts, als er dich heißer hielt.
Wie rett ich mich vor Gram und Weltenspott?
Ein schwacher Mensch nur ich, und er ein Gott!

Es leuchtet nachts, ein Diamant, sein Horn,
Da speist er dich, und nie versiegt sein Born,
Von Rausch zu Rausch dich raffend, nie erschlafft!
Doch mir zehrt meine Seele an der Kraft.

Eh ich dich nahm, eh daß sein Schatten wich,
Hat er mit einem Biß gezeichnet dich.
Mir bleibt zu pflegen dieses Siechtum dann.
Du, halbe Leiche, und ich, halber Mann!

Der große Park

Im Schatten, Eva, ließest du dich finden,
Ein Schreck dem Träumer
Und ein Bild dem Blinden.

Nur deine Augen, die rund unbewegten,
Die mich nicht sahn
Und doch mich hegten.

Kein Atem ging,
Ein Gras und einen Schmetterling
Zu rühren.

Nichts wagte mich zu dir zu führen.

Die runde Sonne

Du nahmst dein Tuch und gingst. Da fragte ich
Unruhevoll, der Bleibende: Wohin?

»In alle Leben!« Lachen hört ich dich
Und lachen sah ich dich. »In alle Leben!«

Und Trotz und Kraft und Gold und Trunkenheit
War so in deinen Augen aufgeflammt,
Daß ich verstummte, tief hinabgebeugt,
Erzitternd vor der Göttin, die dich hinriß!
Daß Eifersucht, mein magrer Hund, sich kuschte
Und winselte, im Staub schleift seine Fahne. –

Ein Leben nur war ich, so fliege hin,
Beherzte Tänzerin, in alle Leben!

Die Wege sind geglättet deinem Schuh,
Ein Sesam zaubert, Garten öffnet sich,
Das weiche Feld empfängt dich als ein Sprungtuch,
Das dürre Kreuz am Horizont knickt ein.

Schon überm Weg wird dir gewaltig
Die runde Sonne frei!

Der Flur

Es wacht auf diesem Flur
Ein Teppich-Läufer nur.

Ich lief an seinem Rand.
Uns drehte eine Wand,
Die in das Dunkel floh.

Die Zauberklinke, wo?

Ein Zimmer dich verschweigt
Und keine Türe zeigt.

Du in den Schlaf gestreckt,
Mit einem Traum bedeckt.

Und plötzlich fliegt es auf,
Im Dunkel schwebt ein Lauf.

So läuft ein Kind – nein, schau,
So läuft die große Frau.

Und kaum ist sie bewußt,
Sie lebt an meiner Brust,

Im Herzen, das noch bangt,
Gewaltig angelangt.

Das hält uns beide nur!
Kein Teppich und kein Flur.

Amphitryon

Taumelnde, du Eigentum
Eines Gottes, der dich schwächt.

Sinkende, er nimmt sein Recht,
Und du mußt dich neigen stumm.

Seine Lippen sind Magie,
Denn der Gott hat sie geliehn.

Und die deinen, wie sie fliehn,
Weilen und genießen sie.

Welch ein dunkler Überdruß
Haucht den Seelen Kühlung zu!

Er ein Mensch und Göttin du –
So verwandelt euch der Kuß.

Der Morgen in meinem Zimmer

Auf, gerüstet ist der Morgen, goldene Yacht,
Die mich zaubernd durch die blaue Flut fährt.

Die Gardine als ein Segel hängt.
Horizont fängt meines Fensters Luke.

Schön ist meines Zimmers Frühgefühl,
Warm gehegtes Nest, o du Kajüte!

So geborgen, mag kristallene Zeit
Ihre Schäume an die Brust mir spülen.

Gute Reise! wünsch in mir vortags,
Wohlgesinnten Wind und großen Ausblick.

Ernste, kindlich fühlende Gefährten,
Weise Spieler mit dem Element.

Verspätetes Kind

Ein Kind ging ich hinaus, ein Falterjäger.
Fünf Bäume um das Haus waren Königsschwäger,
Sieben junge Baumsprossen
Meine Spielgenossen!
Scharf atmeten und hauchten zart
Wiesengräser, Art um Art.
Der Fluß im Tal
Verrauschte die Tage ohne Zahl.
Der sanfte Hügel und der Kahn
Waren alle untertan.

Habe mich beim Spiel versäumt.
Nacht kommt angeschäumt,
Große Welle dunklen Meeres!
Schon schläft die Königin Ceres.
Schon streift mich schwarz die Welle.
Rasch ins Haus, über Vaters Schwelle!

Wo im grausen Land?
Unser Haus ist abgebrannt
Mit allen Lieben!
Ich bin zu lang geblieben!
Versäumt der Abendschmaus!
Der Schlüssel verloren
Und das Schloß ist fort!
Mein Bett? Meine Mutter? Mein Ort?

Wär ich nie geboren!

Herbst

Mit einem surrenden, verdroßnen Ton
Reißt Chronos bald das Jahr von seiner Spule.
Dreschflegel schwingen schon.
Die Störche halten Schule.

Das Licht vergilbt. Und bald versammelt sich
Gedrängtes Abendweh in jeder Stube.
Der Mensch verrammelt sich,
Ein Maulwurf in der Grube.

Tagebuch

Vogelruf in der Frühe

Gemahnet mich, Vogelrufe am Morgen,
An meine Niederlagen!
Du liebliches Präludium vor den Tagen,
Beschäme meine Sorgen!

Brüderchen

Brüderchen, noch nicht erworben,
Schon gestorben,
Kamst so billig um die Welt!
Sieben Tage Lösegeld.

Der Sucher

Den Menschen fand der Sucher –
O dieses Finden!
Da sank er blind zu Blinden.

Da losch das leichte Scheinen
Dem Beter und dem Flucher!
Da hob er sich, zu weinen.

Die du fort bist

Die du fort bist,
Daß ein Ort ist –

Ort, den ich garnicht kenne
Und mir nicht ausmalen kann –

Ort, den ich doch zärtlich nenne,
Der näher ist als nebenan
Der Fels vorm Fensterrahmen –

Weil er dein Ort ist,
Die du fort bist –

Dein Ort, nur ein Name
Und doch vertraut
Wie deine Stimme und dein Herzenslaut.

Ich sehne mich

Ich sehne mich zu dir!
Ich sehne mich fort mit dir!

Andres Land! Andre Zeit! Andrer Stern!

Aus Maß und Übermaß,
Gott, rette uns und nimm!

Süßes Leben

Süßes Leben, Leiden bring!
Ei du Schmetterling
Über dem Blut –
Da nippe gut!

Sturmnacht im Winter

Als mich die Mutter streichelte.
Denk nicht daran, sie streichelt dich nicht mehr.
Es wühlt ein böser Sturm in dieser Nacht.

Als mich mein Fräulein küßte. Horch, der Sturm!
Schneewirbel würgen morgen. Gute Nacht.

Entblöß mich, Sturm! Blas meine Kerze aus!
Wirf eine Handvoll Schnee auf meine Brust!
Ich hab genug, und ohne Gott, gelebt.

Kalender

Ausatmen nur, was eingeatmet war.
Schalttage sind zuletzt ein Jahr.

Hab nur getragen, was mich trug.
Das Labsal ist ein Zug aus leerem Krug.

Mancher Richter wartet des Gerichts.
Ein Augenblick ist wenig. Mehr ist nichts.

Spruch

Wenn dich die goldnen
Städte betören,
Ist es Zeit,
Sie zu zerstören.

Siege sind schön,
Göttlicher sind Verzichte.
Auf nichts bau du den Turm,
Und Babel ist zunichte.

Der ungeliebte Mund ist stumm

Oh im April war ich beredt,
Im Juni war ich ein Prophet,
Im September, was ich schwatze,
Kümmert keine Katze.

Legenden

Kain

Kain, der seinen Bruder schlug,
Neidend Abels buntere Flur,
Ach, er war ein Leichtfuß nur.

Doch als er die Bürde Fluch
Taumelnd auf der Schulter trug,
Trat er eine tiefe Spur.

Jakob

Jakob, der im Wasser rang,
War Rebell und wußt es nicht.

Aber daß er fast bezwang
Übermenschliches Gewicht,
Drehte ihm die Hüfte krank,
Merkte ihn für das Gericht.

O mit wie so großem Gang
Mag er nun im Himmelslicht
Gehen, der hinieden rang.

Jakob und Rahel

Jakob, den Wanderer, muß ich beneiden,
Am Brunnen harrend, und ein Morgen graut.
Und Rahel kam, zu tränken und zu weiden.
Und Jakob küßte sie und weinte laut.

Die Himmelsleiter schwand hinter die Sterne.
Und jetzt ist eine Spur im Staub verhängt.
Und Jakob wälzt den Stein von der Zisterne,
Vom Tiergeruch der Herden rauh umdrängt.

Einst beugt der Gott im Wasser einen Riesen.
Nun wird ein Knecht von Rahel unterwiesen:
Oh zweimal sieben Jahre ihrer Huld!

Ihr Schwesterherz vor allen Paradiesen!
Und Jakob diente, Rahel trug Geduld,
So lösten sie ihr Heil aus Leas Schuld.

Hirsch und Hinde

Als einst die Sintflut Erde fraß
Und alle Höhe übermaß,
Da war auf seiner Hinde Spur
Der Hirsch versprengt in der Natur.

Nur Noah geht in Wassers Schwall.
Er sammelt Tiere überall.

Er schleppte noch und keuchte schon,
Da hört er einen bangen Ton,
Der zog ihn immer höher fort
Und plagte ihn zum höchsten Ort.

Hoch droben sieht er, wo es jammert,
Die Hinde an den Hirsch geklammert.

Und alle Fluten steigen mit,
Bis wo das Paar zweieinig litt,
Unedel nicht und doch beschränkt,
Wie es am scharfen Felsen hängt.

Und Noah überkam ein Grauen,
Die Kreatur so hoch zu schauen,

So ausgesetzt dem Weltgericht,
Das zögert, doch begnadigt nicht:
Wie mahnend auch der Retter schrie,
Ach, nur einander hören sie.

Und Noah kann nicht höher steigen.
Es müssen sich die beiden neigen.

Da schrie der Mensch im letzten Grimme –
Und ganz entfremdet war die Stimme.
Er schrie: »Ihr möget ewig sterben!«
Er schreits – doch klingts wie Hirsches Werben!

Da sank die Hindin, losgekettet,
Da sprang der Hirsch und war gerettet.

Da liebt der Hirsch die Hinde jetzt
In Retters Armen, unverletzt.

Der Gast

Du schönster Gast, wer lud dich ein!
Um deine Stirne hing der Schein.

Beim Mahle ging dein Lächeln rund,
Das reichte uns dein lieber Mund.

Wer sitzt auf deinem Stuhle jetzt?
Es hat der Feind sich hingesetzt.

Es griffen frevelhafte Zecher
Nach deinem Weine, deinem Becher.

So muß die Welt ihr Heil ermorden.
Das Blut ist wieder Wein geworden.

Mit Schande ist der Mensch getauft,
Und Bruder Joseph wird verkauft.

Der gute Gast kam ungebeten.
Da sind wir auf sein Herz getreten.

Doch nie versiegt um seine Gruft
Der schöne Schimmer und der Duft.

Das rote Fähnlein

Ein rotes Fähnlein hat das Kind gewollt
Und doch es schwingen nicht gesollt.

Da war sogar die Mutter blind.
Die Mutter kauft es nicht dem Kind!

O Mutter, schau: Gott stirbt ja fast,
Weil du das Kind verstoßen hast.

Ach, ohne Fähnlein ist der Himmel leer!
Schwer ist der Tod, ein Herz doch schwerer schwer.

O Mutter, Tränen außen nur beginnen,
Sie rinnen dann nach innen!

O sieh dein Kind, es zu beweinen –
Denn alle Schmerzen sind die seinen.

Törichte Jungfrau

Das Lämpchen ist verglommen,
Kein Bräutigam gekommen.

Dein Öl hast du gespart
Und doch kein Flämmchen aufbewahrt.

Deine Tage hast du verträumt!
Geträumt ist arg versäumt.

Gewünscht und nicht gewonnen,
Geschwärmt und nicht entronnen.

Hast du gegeizt? Gegeben?
Für wen gelebt, dies Leben?

Für Gott, den Sonderling – er schätzt
Noch deinen Unverstand zuletzt.

Geburt eines Hengstes

Die Scheune wars, der Stern, das Stroh.
Die Stallaterne blinkte so,
Als wie bei Frau Maria weiland,
Wo sie gebettet ihren Heiland.

Von Schmerzen, noch nicht ausgelebt,
Die mütterliche Flanke bebt.
Die Stute blickt – »Mein brauner Junge«.
Sie wäscht das Kind mit ihrer Zunge.

Die Mutter sich behütend regt,
Daß nicht ihr Huf den Kleinen schlägt.
Ihr Herz, in Liebe angstbeklommen,
Läßt keine Leute näherkommen.

Das Bild, das ihr zur Seite ruht,
Sättigt so mild ihr Mutterblut.
Da brauchts nicht Könige und Hirten,
Den armen Sendling zu bewirten.

Der runden Euter wehem Druck
Entquillt der erste warme Schluck.
Die Süße fließt in langen Zügen.
Die mag dem Heiland selbst genügen.

Die grüne Nacht

Mond, die hohe Schale,
Füllt die obern Tale.

Himmel überquillt es,
Niederungen stillt es.

Grüne Quellen sinken,
Alle Seelen trinken:

Mensch und Baum hienieden,
Weit von Gott geschieden.

Gelegenheiten

Der Dank

Du hast dein Spiel gespielt. Ich danke dir.
O Frau, wie schön mit List hast du gespielt,
Den Mann und seines Wertes Wahn verspielend.

Wie überwechselreich war dieses Spiel.
Du reiche Lüge, die glückselig macht!
Du große Gabe! Gabst du doch den Wunsch.

Für dich Genüge und für dich Genuß:
Schöne Versunkenheit, da du versankst,
Als unser Atem nackt zu Göttern ging.

So schön beherzt hast du mit mir gespielt
Und nicht Gefahr gescheut und keinen Schaden,
Und hast mich eingesetzt auf einen Wurf!

Um eines Augenblickes Augenblick,
Weil ganze Lust nicht eine Stunde währet,
Hast du dein Spiel gespielt. Ich danke dir.

An eine Genesende

Komm, sei unsre Schwester wieder,
Sieben Tage spielt die Woche,
Und der Sonntag macht den Schluß.

Weißt du noch, der Abendstern?
Schau, ein guter Gast, er grüßt dich!
Vogelzwitschern weckt uns früh.

Lächeln kannst du schon, bald lachst du,
Und ich will dich schelten hören,
Urgesundes Ärgernis!

Schau, uns nimmt, ein leichter Flug,
Jede Nacht die Schwinge Schlaf hin,
Ohne Bangen auf und fort!

Tod ist eine Kindersage.
Was die dunkeln Ecken grübeln,
Niemand horcht und keiner glaubts.

Unterm Kasten eine Maus
Ist der Schrecken aller Schrecken –
Komm, wir laufen mit dem Wind!

Wenn wir deine Hände halten,
Wirst du nicht so bald ermüden.
Atem flieht und kommt zurück.

Deine Haare sind zerzaust,
Deine Augen rufen lustig,
Appetit und Übermut!

Sei nicht sanft, sei nicht genügsam!
Was wir glauben, ist kein Wunder,
Unsre Kost heißt Überdruß.

Was man braucht, das hat man nicht,
Was man hat, kann man nicht brauchen –
Weißt du? Goethe! Gottseidank!

Der Brief

Du hastiger Brief voll Tintengift!
Es ist Panik in dieser Schrift.

Entstellte Züge, seelenmatt.
Im Fieber zittert dieses Blatt.

Buchstaben kommen zugerannt,
Als suchten Schutz sie wohlbekannt.

Ach ihr Geschöpfe, so gehetzt,
Ihr starrt – und wendet euch entsetzt.

Wohin, du L, du S, du T?
Wie schreibt man euch, W ist nicht Weh!

Welch Schauspiel, das euch rückwärts dreht,
Daß ihr wie krummgeschlossen steht?

Ach, Worte brechen in das Knie,
Mich suchend, doch erreichend nie.

Verkehrte Zeichen, angedrängt
Und eingestürzt und ausgerenkt!

O weh, ihr Schlinge, Haken, Strich,
Ihr Geiseln, ausgeliefert, und an mich.

Die Verlassene

I.

Ich mußte fort. Wo bist denn du geblieben?
Seit gestern fehlst du und bist nicht mehr da.

Mit einem Schritt war ich so weit von dir.
So viele Wege führten überall.

Und schon der Zaun um deinen Garten nimmt dich.
Ums Eck das Steinkreuz kennt dich gar nicht mehr.

Dem Hund im Dorf fehlt deine Witterung.
Am nächsten Hügel siedeln fremde Völker.

Das dreht und spinnt ein riesengroßes Netz,
Und hat nach deinem Reize nie gefischt.

Die tausend Stimmen bauen sich zu Gott,
Und keine ist die deine, wenn sie singt.

II.

Wo bliebst du nur? Ich seh dich hingebettet
Im Mittelpunkt des Daseins regungslos.

Die Augen offen, ruhig atmest du,
Ein Lächeln spielst du, das gewiß verlockt.

Du, von Genuß geschwellt, mildherzig spendend,
An Blut und Atem reich und unerschöpft!

Du, nie des Spieles müde, das uns ausspielt!
Immer bereit, zu spielen, zu versäumen,
Und nie versäumt von ihm, der weilen kann.

III.

Wo immer Mannheit ist, da immer bist du.
Und wo du bist, ist Mannheit stets bei dir.

Der Mann, der nimmt und gibt, der Spieler, Täter,
Der Ringer Mann, der Läufer, Jäger Mann!

Der Mann ein Kind, der väterliche Mann,
Mann als ein Wolf und sanfter Täuberich!

Mann, der verehren und verklären kann,
Und Mann, der sucht, und Mann der sich verlor.

Aus einem Briefe

– So sagte Hölderlin:
　　»Wie ist mir, Liebe!
Ich kann an Jugend heute nur
Und nur an Jugend denken!«

　　　Tränenspur!
Als ob er deine Tränen schriebe,
Und was mein Herz so oft mit Blut aufschrieb!

Ich hatte meine Jugend ausgegossen.
Nun kommt der blaue Strom zurückgeflossen!
Nun haben wir den Erbfluch wieder lieb.

Nach Frost und Dürre rosiger Beginn!
Ich war vorbei. Kann mich der Gott erneuern?

Wie soll ich dir mein taubes Herz beteuern?
Wobei noch schwören?
　　　(Gott und Hölderlin.)

Auch du warst schon dahin!
　　　Aus Schutt von Schwüren,
Gebrochenen – wollen wir uns führen!

Dein Wort

Das ist dein Wort: Genug ist nicht genug.

Dies Wort hat, was du brausend schweigst, belauscht:
Herztrommel, wie sie stumme Wirbel schlug,
Herzmuschel, wie sie ewig Meere rauscht.

Wann liebte je ein Menschenherz zuviel?
Liebt jedes doch nur Liebe – nicht genug!
Auffliegt der Wunsch: die Sonne ist das Ziel,
Die Erde ist der Treffer! Und genug.

Und nicht genug! Die Ebbe hielt dich nicht,
Die heiße Flut rollt vor und grollt empor,
Bis dies dein Herz, versengte Kammer! bricht –

Gesprengte Klammer! Bis es sich verlor,
Das Herzensherz, im großen Freiheitschor!
Im Jubel, der nicht endet! Meer von Licht!

Drei Widmungen

I.

Du bist mein eigen Blut. Du bist mein Blut.
Bist du mir fern, so bin ich abgebunden.

Die Nacht, eh sie in deinem Arm geruht,
War meine kranke Zeit. O dein Gesunden!

Der Geist, allein, verwelkt an einem Tage.
Nur ein Gespenst, so geistert mancher Geist.
Vom Blute ungespeist, von keinem Herzenschlage
Gerötet und geweckt – so armer Geist vergreist.

Schau zwischen uns das Kindlein Leben! Beuge
Dich nieder tief, die runde Lippe säuge!
Der Durst ist unsre Quelle. Milch ist Geist und Blut.

Mein Leben, komm, soll ich das Leben nicht verscherzen!
Nicht stocke, Herzensherz, und nimm mich dir zu Herzen!
Aus deinem Arm erwacht, ward Nacht dem Tage wieder gut.

II.

Du aller Seele Eingang – Frau! Geöffnet deine Züge,
Was tritt hervor! Ein Bruder. O der lang Gesuchte!
Du brichst das Brot, irdisch Gebot. – Der Bruder trüge
Mit mir den Geist, die Not, gesegnete, verfluchte.

Wir drei sind eins, sind eines Gottes Kinder, sind,
Wenn wir die Hände schließen, eine Kette,
Die nichts zergliedert! Wo der Tod beginnt,
Wächst unser Bund, daß er hinüberrette.

Du, Schwesterherz, bist wild – Meer, Mond und Ebbe, Flut.
Du, Brudergeist, bist mild – hinter den Wassern ruht
Dein Horizont, den keine Welle bricht.

Dich, Schwester, hat das Blut, das rastlose, erfaßt.
Du, Bruder, wo es ruht, bist aller Hast die Rast.
So wallen, säumen wir den Weg und fehlen nicht.

III.

Verwöhntes Kind zehrt von der Mutterhuld.
Erschrecktes Kind hängt an dem Mutterblick.

Hab mit dem Kinde denn auch du Geduld!
Leicht blüht ein Lächeln, schwer reift ein Geschick.

Dein Zorn reißt tödlich, wo Herzwurzel rankt.
Der eignen Mutter hätt ichs nie bekannt.

Du andre Mutter, tiefer noch bedankt,
Führe du holder, hilf und halt die Hand!

Wie arg sind doch die Mütter, Zank allzeit!
Querköpfiger Knabe, der nicht bitten kann!

Wann ist der Mann vom Weib befreit?
Ewig die Mutter sucht der Mann.

Wie träumt ich anders je von einem Sohne,
Als daß er unter deinem Herzen wohne!

Das arme Land

Das arme Land

I.

Es lungert Herr und Knecht.
Der Acker ist so kahl.
Ein Himmel deckt uns zu.

Dörfer hocken in den Falten.
Tiere veröden. Wälder faulen.
Am Hinterfuße zerrt ein Bursch sein Schwein.

Ein Sarg schwankt heim.
Der Pfaffe schwankt.
Leidtragen hier ist längst getragen haben.

Die Nacht, ein Schwarzes, würgt
Im schwarzen Schlund.
Ein Stern! Gewesene Welt.

II.

In dieser großen Nacht hängt meine kleine Stube.
Die Lampe röchelt und speit Ruß.
Mein Hund im Traume weint sich stumm,
Er liegt kopfunter. – O du totes Wild:
Die Jägerin Welt schießt alle ab!

Ich saß. Und ungefühlt,
Wie mir die linke Hand weghing!
Da lautlos auf dem Bauche kriecht
Das greise Einsamkeitsgeschöpf,
Das Farblos-Formlos Tier – und
Leckte mir die linke tote Hand.

Bauernstube

Ewig schwingt die Wiege,
Holzgehöhltes Tröglein.
Auf dem Ofenlager
Altvergilbte Ahnin
Zieht das Wiegenzugband
Stetig wie die Wanduhr.

Und die Katze wärmt sich
Weichgeknäult am Ofen.

Weißes Kleid ist Sonntag!
Zöpfe, eingeflochten
In die bunte Quaste.
Blankgewichste Stiefel.
Die Ruthenenmutter
Lehnt beim Fensterguckloch.

Eisbeblaute Scheibe,
Schneebegrabnes Bergdorf.

Aufgewacht das Kindlein,
Heiß und runde Wange.
Hält mit beiden Fäusten
Mütterliche Brust fest.
Saugt mit guter Lunge
Mütterliche Labe.

Süßer Milchdunst dämmert
In der lauen Stube.

Bauer ist verschollen
Wo im wirren Kriege.
Bäurin in der Scheune
Fügt sich den Soldaten.
Wohlig spinnt die Katze,
Wohlig gluckst das Kindlein.

Bald bewegt die Wiege
Ihre Welle wieder.

Die Kirche im Kriege

Kegelkugel trifft die Königin –
Die Granate traf den Kirchenturm.

Hohe Kirchentürenflügel sprangen auf –
Und das glorreich bunte Bogenfenster
Brach entzwei mit einem schrillen Schrei.

Aber immer noch, du heilige Höhle,
Kühlst du uns zu Kindern, süßen Hauchs.

Auf den Fliesen hallt und lallt der Schritt;
Und das Dunkel duckt den Krieg in uns.

Dämmernde Schlucht Gottes! Schweigenstief.
Nur die stumme Orgel hat das Wort.

An den Becher, an das Meßgewand
Wagte sich kein Schuft, verzagte Hand!

Dieses Gold glüht ja von Schmerzen so.
Dieser Seide Wollust schreckt den Griff.
Tod ist diesem Tand hier beigemischt!

Das gemalte Muttergottesauge
Sieht durch Brust und Schärpe dich, das Kind.

Reiter Georg, dessen Schimmel bäumt,
Zielt dem Züngeldrachen, dir, der Gier.

Zeuge ist die Ampel ohne Öl.
»Kain!« – so flüsterts hinter dem Altar.

Der verwilderte Soldat, wie zahm:
Nur ein Bäuerlein, es kniet bekreuzt.

Die Schlacht

Unbesorgt, ob die Hölle brüllt auf dem Hügel –
Ja! der Mensch, der Mensch nur hat die Hölle erfunden –
Geht im Tal der Bauer, führt seinen Pflug vor.

Unbekümmert um den Triumph der Minen –
Hochauf quirlen die schwarzen Säulen Jehovas –
Läuft im Tal das Bauernkind, wo der Pflug geht.

Unbesorgt um den tanzenden Ekrasitberg –
Märtyrer schwebten ohne Hände und Füße –
Gräbt der Pflug seine Furchen, der Bauer ein Kreuz schlägt.

Unbekümmert um die zerworfenen Puppen –
Droben am Berghang, buntverkleidete Leichen –
Trabt im Tal die Stute, froh schreit das Fohlen.

Unbesorgt um die giftige rotbraune Wolke –
Wo seit Nächten der Wald brennt, riesige Esse –
Kreist ums Fohlen eifersüchtig die Stute.

Rosige Wölkchen seh ich gemalt und schwarzes Gewölke,
Breit am Firmament die brandige Glorie
Und der braunen Hälse Spiel in den Gräsern.

Die Krumen

Wenn mich jetzt der tolle Krieg begräbt,
Wessen Leben habe ich gelebt!

Durfte ich das arme Land bewohnen,
Lobe ich die flüchtigen Stationen.

Schwarze Krumen, deren Bauer dauert,
Haben mich zuletzt hinabgeschauert.

Haus im Schneesturm

Eine irre Nonne, eine stumme Wittib
Meine Nachbarinnen – Schatten!
Da gedeiht die schlimme Einsamkeit.
Lallend singt die Nonne, Schwester Wittib seufzt nur –
Wind, die Spinne, schleppt und webt ums Haus.

Drückt dich dieses stumpf gefügte Dach?
Grab dir eine Rinne durch den Schnee!
Weißgehäuften, stummen, irren Tod
Weht es, dreht es, ballt es und zerstäubts,
Staub vom Mond, von kahlen Leichenfeldern.

Nein, grab keine Rille! Du entkommst nicht.
Es erwürgt dich und es deckt dich zu,
Ausgesaugt, dann blau und blaß verschüttet!
Überall sind Kreuze, drohn Erlöser
Starr und frierend. – Horch, die Nonne singt!

Bald entschlummern in der Nebenkammer
Irre Nonne, stumme Wittib – Schatten.
Wie sie dämmern, blutend blüht ein Traum:
Ach, der Bräutigam, ans Holz genagelt,
Rückt die Arme, hebt das Haupt –

Mythischer Abend

Gedenkst du der ukrainischen Bewirtung
Und der blauen Abendfelder?
Süßer Herzenshöflichkeit
Und der Abendstube?

Alte Frau lächelte jung,
Mann gesättigt von der Arbeit,
Dunkler Knabe grüßte uns,
Blondes Mädchen schwarzen Blicks.

Aus dem Dunkel quoll Gesang,
Lampe an das Fenster hin,
Burschen sangen nachtverhüllt,
Vor den Fenstern Saitenspiel.

Knabe tanzte, Brand des Südens,
Augen brennen, braune Brust,
Mädchen schimmernd in den Kreis sprang,
Silberspringquell, tanzte sie.

Früchte schmolzen rot im Tee,
Grazie kreiste losgebunden,
Rausch die trunknen Seelen mischte,
Weinen, Schwelgen, Tod, Musik.

Große du, verzaubert saßest,
Ragtest tragisch seligen Blicks,
Katze an dein Knie geschmiegt,
Liebe vor dein Herz gekniet.

Erinnerung

Blick

Ich schau hinunter in die Kindheitsschlucht,
Bis sich zutiefst ein blauer Himmel breitet,
Ein Horizont sich drunten glättet, weitet,
Ein Seelenmeer, und Kindheit dort die Bucht!

Da stürzte mein Gefühl sich in das Blau
Und tauchte in Azur (Oh! ewig flute!)
Und wiegte sich, stieg hoch, lag flach und ruhte,
Sich sonnend auf der Welle, Luft und Au.

Oh langer Tag! Dem Sonnenbrennen lauschen
Und kleinen Atem mit dem Welthauch tauschen!

Die Blicke werfen goldne Angeln aus –
Die sinken in die Wasser, welche rauschen,
Und bringen einen roten Fisch nach Haus:

Ein schuppig Zuckendes, ein Schreck, ein Graus!

Spiele

Die ernsten heiligen Spiele sind vergangen.
Wie gerne hätt ich weiter sie gespielt!

Den Sonnenflammenball im Flug gefangen!
Und mit dem Himmelsbogen groß gezielt!

Als ich im Gras lag, war der Baum ein Wald
Mit seinen vielen Ästen, welche schwankten,
Woran die Äpfel mir ins Herz verlangten,
Rotgrüne, runde, hart und süß geballt.

Der Hang im Garten war gehäuftes Gold.
Erklomm ich ihn zu Mittag in der Hitze,
Da flackerte ich auf und schrie: »ich blitze –!«

Doch barg ich mich im Schatten, eingerollt
Ins Moos- und Gras-Glück: kelterte sich hold
Der Sonnenhonig in der Herzensritze.

Abend

Am Abend mußte ich erschüttert weinen.
Des Tages Sterben tat mir ewig weh!

Vom Monde fällt ein leichenhafter Schnee
Durch beide Fenster, die zu frieren scheinen.

Die Wiege schwebt nicht mehr, das traute Schiff,
Durch eine Flucht von purpurfaltigen Träumen.

Im Garten rauscht die Angst in allen Bäumen.
Der Mond vergeht an einem Wolkenriff.

Vater und Mutter haben mich verlassen,
Den Schiffbruch auf des Ehbetts Planke rettend,
Die wo durchs Dunkel taucht! Mich klammert kettend
Mein Gitterbett! Könnt ich die Sterne fassen!

Erstickend wälzen sich Urnebelmassen,
Bis mich der Schlaf erdrückt, die Ängste glättend!

Marie

Marie! Du webtest Seide um mein Kindsein!
Dein blaues Lächeln, das wohllautend glitt,
Lehrte mich singen. Jedes Ding klang mit.
Es war das Lied:»unendlich gut gesinnt sein.«

Du für die zweite Kindheit reif, Marie!
Wir spielten, und dein sanftes Blut verglühte.
Dein Auge war schon Stern, dein Mund schon Blüte.
Geschöpf, durchlässig für des Tods Magie!

»Ein Engel ist Marie! Dort wo im Klaren
Die goldgesäumten Wolken sich jetzt scharen!«
Marie ließ mich allein im Erdverliese.

Marie, allein, muß durch den Himmel fahren!
Ich schickte ihr ein Tuch zur Gotteswiese,
Damit sie mir nicht friert im Paradiese.

Schüler

Ich seh mich klein und schmal im Klassenzimmer,
Wo mich das leise Ehrgeizfieber sehrt.
Die Stille oft wie ein Harmonium gärt.
Das Herz saugt von der Tafel süßen Schimmer.

Der Lehrer weitet groß die kurze Weile.
Wenn er die bunten Rechenkugeln schiebt,
Frohlockt mein Herz, das diesen Magier liebt.
Wie schön er Lettern stellt zu Wort und Zeile!

Er streicht die Violine, flügelschwebend!
Ein Weltgelächter braust, die Herzen hebend,
Wenn er den Chor der Frösche quaken läßt.

Zu laut hab ich gelacht! Nun knie ich bebend,
Die Hände vor die Scham des Blicks gepreßt.
Verlassen ist nur, wer sich selbst verläßt.

Brief

Mir schreibt ein fremder Herr: »Hast du vergessen?
Wie? Oder glaubst du gar, mein Herz sei tot?

Auf einer Schulbank haben wir gesessen!
Die Kindheit teilten wir, den Sturm, die Not!

Wir stürzten Gott an einem Sommertage,
Der sich in Röte als ein Brand verlor!

Wir jagten eine blonde Frau! Der zage
Warst du damals, und ich der freche Tor.« –

*

Nein, warte! Bist du nicht der dunkle Junge,
Im Samtjackett! mit stotternd schwerer Zunge?
Und saßest wie versteckt hart an der Wand?

Ich weiß, du hattest einst den Sonnenbrand.
Und einmal siegtest du im weiten Sprunge!
Und manchmal schwatzten wir auch allerhand.

Bildnis

Widmung

Nicht beuge Demut dich, wenn diese Dichtung prahlt,
Mit breitem Prunk dein Bildnis übermalt!
Nicht glaube, die du schlichter bist, dich schlechter!

Nur mich trifft das Gericht und das Gelächter.

Arme Verschwendung, die da überzahlt
Und ewig schuldig bleibt! Was hier erstrahlt,
Es ist dein Licht und überstrahlt dein Licht:
Es bricht den Schein, doch teilts die Gnade nicht.

Oh wäre, wie dein Nacken, blonde Süße
In meinem Wort, für das ich einst noch büße!
Oh wär es wie dein Herz, das nie veraltet!

Gott, dessen Güte ich in deinem Bilde grüße,
Gott weiß, warum er sich in dir so echt entfaltet –
Und nicht in mir, der Güte schlecht verwaltet.

Schauspielerin

Die Bühne, Puppenspiel entherztem Volke,
Sie war zu jämmerlich für dein Gefühl.
Das hing vom Bühnenhimmel, eine Wolke,
Die grollend schwoll zu Chaos und Gewühl.

So hast du bald die Rampe überbordet,
Dein Rasen in den Lebensraum gewandt:
Du fandest nur die Un-Natur, die mordet,
Und Liebe lügnerisch, den Mann entmannt.

Du ohne Partner tragisch aufgehoben!
Dem Dämon offen! Reif zur Opferung!
Fällst du dich selbst an, gegen dich zu toben?

Rasende Schnitterin! Dein Sichelschwung
Rafft, Königsgarbe, dich zur Niederung!
Du opferst das Geschöpf, um Gott zu loben.

Anrufung

Löse dich, große Schwester, aus dem Ring
Der Lachenden und Tanzenden, Mädchen und Frauen!
Dich saugt der Urwald in sein Göttergrauen,
Die Eule und der Fuchs, der üppige Nachtschmetterling.

Ersteige den Kothurn! Die ungeheure Maske binde vor!
Abwirf die Seide und die Bänder! Deine Nacktheit feierlich
Umwall ein ewiges Gewand! Und durch die Büsche, durch
   die Dornen brich
Lorbeergekränzt! Und hinter dir der taumelnde, der
   hingerissne Chor!

Wo du sie antrittst, die Charitinnen, sie werden schreiend fliehn!
Den Schäfer scheucht dein Liebes-Lächeln, du Titanische!
Oh falle nieder vor dem Gott und laß die panische
Gewalt der Erde dich zerreißen und des Blutes irre Melodien!

Mag dann der Chor eine Erstarrte aus dem Dunkel heben!
Dort, wo du lagst, entspringt ein Quell und sprudelt Leben.

Paradiesisch

Oh deine Sanftmut, Göttin, ist erhaben!
Die Tiger heucheln, wenn sie dich umtraben.
Ich sehe Löwen mit noch blutigem Rachen
Um deinen Schlummer hingelagert wachen.

Sitzest du auf, wie zärtlich sind die Spiele
Und götterruhevoll! Da betteln viele
Sehnsuchtgequälte Tiere um Befehle
Dich, feierlich umstrahlte Liebes-Seele.

Dein ernstes Lächeln ist die moosige Quelle.
Die Sonne, daß sie dir sich zugeselle,
Schmilzt dir im Nacken, leckt den Fuß dir leise.

Die Bestien binde du im Bann der Kreise!
Daß nicht dein Blut zuletzt ihr Lechzen speise:
Aus aufgebissnen Adern sprudelndes Gefälle!

Barbarisch

Die Laune stand dir so, Penthesilea,
Dir deine Löwenmähne abzuschneiden?

So scheuchst du, Selbstberaubte, den Achill? Belehren
Willst den eitlen Jason, düstere Medea?
Der Griechen wetterwendisches Geschlecht?

Mit Ringellocken falle, Liebeslüge!

Doch heiliger nur enttauchen deine Züge,
Ja teurer noch dem schmeichelnden Geflecht.

Oh Antlitz, nun so groß und wahr erscheinend!
Auch ohne Krone Königin der Kraft!
Haupt ungeschmückt! Gesicht der Leidenschaft!
Du drohst! Du zwingst mich in die Knie weinend!

Grausame Scheere! Doch die strenge Schur
Entblößt mein Herz von seinem Stolze nur.

Zwei

Gestern im Traume schaute ich zwei Frauen:
Zwar beide du, du selbst von beiden keine.
Und so verdoppelt schwankte mein Vertrauen,
Warum die Eine zwiefach mir erscheine!

Der deine war ihr Wuchs, doch zwei Gestalten.
Und Göttin himmelstrahlend war die eine:
Dein Antlitz, klarer, ohne Fehl und Falten,
Und seliger gebildet als das deine.

Das andere geballt von den Gewalten,
Verwildert von der Leidenschaft, vom Leide –
Flammende Züge, die, bald starr, erkalten!

Du auch die kranke Frau im harten Kleide?

Da hat mein Herz sich länger nicht gehalten,
Und weinend schrie es auf: ich liebe beide!

Wüste

Du meine Palme, die ich ragen finde,
Wo nichts mehr grünt auf meiner Wanderung!

Wie ich den Arm um deinen Nacken binde,
Schließ deine Augen! Raste, Wanderung!

Die Mutter schreitet fort in ihrem Kinde,
Und niemals endet diese Wanderung.

Komm Hand in Hand, daß nie der Weg uns schwinde!
Wer sind wir? Kinder auf der Wanderung.

In grauer Wüste Tappende! Wir Blinde!
Wir blindes Volk! Wir wirre Wanderung!

Nach einem Stern! Nach unserm Gott! Vom Winde
Mit Sand verschüttet auf der Wanderung.

Oase du! Oh labe mich, du linde
Moosquelle meiner ewigen Wanderung!

Die Bahn

Gebärerin

Du bist bei uns geblieben,
Dich Mutter hielt das Kind.

Wir lösen keiner Stunde
Die Pein von deinem Munde.

Du bist bei uns geblieben,
Wie blieben wir sonst da!

Und weil ich ewig bleibe,
Schulde ich dem Weibe.

Das Schwere ist das Gute.
Lebensmutter, blute!

Nie Gott verstoße
Das Kind aus deinem Schoße!

Die Nachtwache

Vor der Stufe deiner Nacht
Hab ich betend durchgewacht.

Unterm Saume deines Schlummers
Zählt ich ein Jahrzehnt des Kummers.

Schon als Knabe saß ich so,
Meine Tränen aß ich so.

Noch ein Kind und schon ein Beter,
Ohne Schlaf wie ein Verräter.

Schlaflos Schlafes Atemzüge
Zählend, fand ich nie Genüge.

Meine Schwester schlafumgarnt
Hab ich ungehört gewarnt.

Der Geliebten sah ich dicht
In ihr heißes Schlafgesicht.

Ach, von Tränen überspült,
Blieb ich dennoch ungekühlt.

Tastend, ewig unerkannt,
An die schlafgebundene Hand.

Daß ichs trage, wie es schlage,
Herz, die Wage schwerer Tage!

Wenn das Dunkel mich durchdrang,
Weint ich Menschenalter lang.

Überwach bin ich gelegen,
Ringend um den milden Segen.

Meine Schläfer traumgepaart,
Die ihr meine Kinder wart,
Da ihr lagt betäubt und blind:

Wache auf! Gott ruft, mein Kind!

Die Bahn

Die Nacht steigt über die Lichtung!

Sonne hat sich geneigt.
Der Wächter ruft meine Stunde,
Unbekümmert um mich.

Da rettet die Fremde nicht!

Ach! wohin sich wenden? Kein Ort –
Nur die Stelle der Wahl,
Die Blöße der Mitte!

Ein strenges Ja, es gilt,
Es kreist das Gericht,
Der Spruch als ein Lot fällt!

Hält wer, was ihn läßt?
Bald flieht den Läufer die Eile:

Er dreht sich herum,
Er steht auf dem Wege,
Im Scheitel die Bahn.

AUS LEBENDEN UND TOTEN

Antwort der Eumeniden

Klumpfuß, plumper, der am schnellsten läuft,
Zahnloses Maul, das Blut wie Wasser säuft,
Wohin wollt ihr mich führen?

»Dahin, wo keine Lust mehr ist,
Wo dich der Wurm der Langeweile frißt,
Wo, Schatten unter Schatten, du
Kein Blut mehr hast und dennoch keine Ruh
Und nach der Mutter schreist, um sie zu fragen:
Warum, warum hast du mich ausgetragen?

Zeig deine Hände her! Ja, schon als Knabe
Hast du sie dir nicht gern gewaschen.
Dein alter Lehrer aus dem Grabe
Wird dich beim Selbstbeflecken überraschen.
Die du betrogen hast, wirst du noch einmal lieben.
Dein Freund wird zusehen, wie du es mit seiner Frau getrieben.

So lernst du als Gespenst noch das Erröten.
Wenn du den Tod gewünscht, sie alle mußt du töten.
Und manche Sehne, mancher Menschenknochen
Wird schwitzend nur zersägt, mit Keuchen nur durchstochen.
Du plagst dich heiß, ihnen die Füße abzuhacken,
Um deine geliebten Leichen in Koffer zu verpacken.

Was dich beschämte, wirst du täglich wiederholen.
Die dich verlachen, sie beschleichest du auf unhörbaren Sohlen.
Der Gedanke, den du niemals klar gedacht,
Wird weiter in dir wühlen in der Nacht.

Am Morgen aber wird Reitschule mit dir gehalten,
Da lernst du deine Hände um den Hals des Pferdes zu falten.
Der starke Bube, der im grünsten Alter dich geschunden,
Er rennt dir nach und hat dich bald gefunden.
Die Hure, die mit ihrem Atem dir den Trieb verpatzte,
Sie wird dich atzen, wie sie dich schon einmal atzte.

Das Buch, das du in deinem Leben nicht geschrieben,
Wirst du von Jahr zu Jahr in Ewigkeit verschieben.
Aus Feigheit nicht getane Taten tragen bei uns Zinsen:
Einen Furz und ein Grinsen.
Glaubst du aber den Weg hinaus zu finden,
Dann wirst du erblinden.«

Die Fron der Liebe ist die härteste Fron . . .

Die Fron der Liebe ist die härteste Fron.
Es ist die Arbeit, die kein bißchen ruht
und die der ausgeschöpfte Sklave tut
um so geringen Lohn.

Taylorsystem des Herzens, eingeteilte Müh,
Arbeit des Bluts, der Nerven, Hirns, der Sinne,
und immer ist's zu spät, und stets zu früh,
kein Tag zu alt, daß neu, was niemals glückt, beginne.

Maschinen, von Einbildungskraft getrieben,
Treibriemen in der Seele, durch die Brust,
du bis zum letzten Atemzug verfluchtes Lieben,
du bis zum letzten Hauch erflehte Lust.

Curriculum vitae berolensis

Meine sieben Türen alle
Sind besetzt mit sieben Sorgen.
Jeder Teller schmeckt nach Galle.
Wer wird morgen weiter borgen?

Heilige Elisabethen,
Die mit deutschen Händen reichen,
Sind zuweilen eingetreten.
Wer wird meine Schuld begleichen?

Es zerfallen die Verträge
Und die abgehetzten Kleider.
Tausend sausen Nackenschläge
Ins Genick dem Hungerleider.

Es verdorrt die Herzenspflanze,
Es verkohlt der Lebensbraten.
Nagt am Knochen, zehrt am Schwanze,
Nimmersatte Advokaten!

Ammenmärchen

Die Schwalben haben den Sommer gemacht,
Jetzt machen den Winter die Krähen.
Und das wird immer, wie Tag und Nacht,
In diesen Breiten geschehen.

Der Hund läuft nach Hasen. Der Hund wird alt,
Das lindert der Hasen Eile.
Es ändert alles, was lebt, die Gestalt,
Und kommt wieder nach einer Weile.

Bald fällt der Schnee, bald stirbt der Hund,
Bald wird der Sommer tagen.
Und wieder laufen die Hasen, und
Die Hunde werden sie jagen.

Wintermärchen

Alt ist der Park, der Herbst färbt ihn noch älter.
Heut fror das Wasser ein im Fischbehälter.
Es schleicht der Winter sich auf frostiger Spur
Ins bußfertige Herz der Nord-Natur.

Englischer Knabe, James, fast eine Waise,
Geht mit Miss Spoon die schon so harten Gleise.
Und zwischen Nebeln in dem deutschen Garten
Englische Gespenster auf den Knaben warten.

Ja, Mister Somebody und Mister Nobody,
Verfolgen ihn, die böse Compagnie.
Somebody lahmt, denn Wolfshunds Zähne knackten
Die Knochen seines Beins, als sie ihn packten.

So muß Herr Nobody ihn weidlich schleppen,
Die Hügel hoch und über alle Treppen.
Somebody hat gewaltig gute Augen,
Doch müssen sie für beide Herren taugen.

Denn Nobody – versichert mir das Kind –,
Sechsfüßig ist der Unhold, aber blind.
Zwei Nadelspitzen hat er im Gesicht,
Zwei Augenpunkte, aber ohne Licht.

Nobody trägt den Freund, der trägt das Schwert.
Der schauen kann, er ist zugleich bewehrt:
Der geht und trägt, ist blind und waffenlos,
Doch schwingt er Freund und Schwert zu Hieb und Stoß.

Es haben Herren Somebody und Nobody
Den Krieg erklärt, in böser Compagnie.
Der Knabe flieht – jedoch sein Atemrauch
Verrät ihn an den Feind, den Doppelbauch.

Hier hilft nur List: mit warmen Wasserlachen
Den rauhen Weg bergab zur Gleitbahn machen!
Sechsfüßig ausgeglitten stürzt Blind-Nobody
Und bricht den Hals sich und lahm Somebody.

Der erste Schnee fällt leis auf ihre Leichen,
Und Doppelunholds Umrisse verbleichen,
Indessen Fieber auf den Knaben fällt.
Es bebt sein hitziges Herz in frostiger Welt.

Die Lehrer

Als ich die Schule schwänzte,
fand ich meine Lehrer:
Der eine, der unbegrenzte
Lebensverehrer.

Der andre, der ungebeugte
Phrasenverneiner.
Seitdem überzeugte
mich so leicht keiner.

Peer Gynt

Heimkehrender Peer Gynt kommt zum Bankrott zurecht:
was sich sein Vater baute, längst verfiels dem Hammer.
Nun geht's der Vaterstadt, dem Mutterlande schlecht,
vom Fusel falschen Glaubens haben sie gezecht,
und ungeheuer ist der Katzenjammer.

Er selbst hat in der Fremde nichts erbeutet
und kommt mit leeren Händen an.
Sein Leben hat ihn, Jahr um Jahr, gehäutet
gleich einer Zwiebel, hat ihn ausgereutet
wie Unkraut, während seine Frist verrann.

Da alles doch mit Hü und Hott begann,
mit Wolkenritten, die das Schuhwerk schonen.
Der Jüngling meisterte das luftige Gespann
der Kinderträume, der halbwüchsigen Illusionen,
und mit den Trollen schloß den Pakt der Mann.

Der alte Bettler

Der alte Bettler kann lachen. Die ihn Beschenkenden,
die auf dem Korso an ihm vorübermarschieren,
können es nicht. Beneidet den Andersdenkenden!
Er zeigt euch so liebreich die Zähne. Ein Ignorieren
höhnt euch aus seiner freien Freundlichkeit. Ihr
seid nicht so wichtig, daß er euch zürnen könnte.
Er wiegt sich, er singt, ein Gott, ein Tier!
Nicht so arm, wie ihr glaubt. Sein Lachen ist seine Rente.

Zehn Ewigkeiten hat er Zeit! Ihr eine sterile Stunde,
die ihr euch gönnt, um mit Freiheitsliquor zu pinseln
eure verkümmerte, an der Gottheit fressende Wunde,
die euer Leben heißt! Eure Gespräche winseln,
während sein heiseres Lachen, gutes Metall,
noch heute dröhnt, da er alt ist und weiter schreitet,
vorbei an eurer Mattigkeit. Er war überall.
Rund über die Erde hat er sein Herz begleitet.
Er grinst einem hastigen Herrn leutselig entgegen,
der, so genötigt, stehn bleibt, Geld gibt und zaudert . . .
»Ich sah Sie in Algier, vor zehn Jahren, mein Herr! Meinen
          Segen!«
Da erkennt ihn der Zivilisierte; geplaudert
hat er damals, wann nur und wo, mit diesem Wanderer,
der auch damals lachte mit so starken Augen!
Dem Herrn weht's kühl in die Seele, war er doch zehnmal ein
          Anderer
seit jenem Zwischenfall. Und kein Ich wollte taugen. –
Der Bettler schlendert weiter. Ihm ist diese Welt
ein Abweg. Die Städte sind Zufalls Launen,
hingeschüttet, wo es dem Fuß gefällt,
die Menschen bunte Waren, zum Lachen, zum Staunen.

Frau am Strande

Die Möwen glauben wohl, ich bin es nicht,
Daß sie fast taumeln bis an mein Gesicht.
Brotkrumen, glauben sie, sind da, ein Rest,
Für sie bewahrt, vom toten Sommerfest.

Sie sehen nicht: schon eingegraut ist mein Haar,
Mein Bauch so schlaff, obwohl er nicht gebar,
Mein Wunsch erloschen, aber noch nicht tot,
Mein Tag zu Ende – und des Abends Not.

Die Ewigkeit

Die Ewigkeit ist eine Negeramme,
welche die Zeit, ihr weißes Baby, wiegt.
Am Abend wäscht sie's mit dem Kautschukschwamme
Und legt es in die Wiege, wo es lutscht und liegt.
Die Negerin dämpft des Herdes Flamme,
Bis auch der letzte rote Schein versiegt.
Oh Mutter Dunkel, wärmendes Gefieder!
Es singt die Amme ihre Negerlieder.

Eintönig lallt das Lied der Ewigkeit
Und lullt in Schlaf das zarte Kind, die Zeit.

Berlin!

Heimkehrend nach Berlin,
Seh ich die vielgehaßte Stadt
Ihre peinlich geraden Fronten ziehn –
Die keiner, der hier fronte, je vergessen hat.

Es bläst Berliner Luft, die rauhe,
Mir erfrischend ins Gesicht.
Die Mundart hör ich wieder, der ich traue,
Wenn sie – von der Leber weg – mir nichts verspricht.

Wie der Kommandoton, die freche Symphonie
In meinem Herzen wiederdröhnt und tutet!
Hier hab ich, ich vergess es nie,
Ohne Pardon geschuftet und geblutet.

Berlin, gewaltiger Hammer,
Der du auf den Menschenwillen niederschlägst,
Aus Gier und Angst und Jammer
Deine Werte prägst:

So sauber hält sich keine
Moderne Stadt
Wie du, Berlin, alleine –
Ob hungrig oder satt.

Ob satt, ob hungrig – und sogar
Den Gürtel enggeschnallt,
Spiegelt sich dein Charakter klar
Im preußischen Asphalt.

Abend

Wie hält ein Kind sein Butterbrot?
Als wäre ewig Hungersnot.
Hungrig vom Spiel, das aus sein muß
Am Abend – ewiger Verdruß!

Die Ellenbogen auf dem Tisch,
Verschmäht das Kind Spinat und Fisch.
Mit angeglühten roten Wangen
Ist es halb trotz-, halb schlafbefangen.

Es schlingt das letzte Abendrot
Mit dem geliebten schwarzen Brot.
Was noch auf Fensterscheiben funkelt,
Im Herzen ist es nachgedunkelt.

Noch eh der letzte Schein verblichen,
Hat sich die Angst hineingeschlichen.
»Der Tag ist aus – vorbei für immer!«
Fliegt eine Fledermaus durchs Zimmer?

Kinder

Erschlagen hat der Knabe
den schwächeren Knaben.
Beide wollten sie den Kreisel haben!
Und so ward Abel begraben.

Kain hat es nicht so gemeint!
Und der Mörder weint
um den Bruder Feind,
bis der Vater Tod sie einst vereint.

Vater und Mutter liegen nun im Grabe ...

Vater und Mutter liegen nun im Grabe.
Ein niederer Hügel zeigt die stille Stelle.
In Friedhofs Hügelland nur eine Welle. –
Einst zwischen solchen spielte ich als Knabe.

Die Eltern, die an einem fernen Gestern
Nach Wien, der reichen Stadt gezogen kamen.
Sie wechselten die Tracht, Sprache und Namen.
Kaum ein Erinnern blieb von polnischen Nestern.

So wurden Wiener sie, die Wiener Küche
Hat sie genährt, sie glaubten an die Zeitung
Und priesen stolz die Wiener Wasserleitung.
Und sie vergaßen die hebräischen Sprüche.

Die Ehe der Eltern

Oft gehe ich mit dem Vater ein Stück,
Staccato und heftig, wie er einst ging,
Und wage und sage manch zweifelhaft Ding –
Dann kehre ich reuig zur Mutter zurück.

Er war so rasch für das Rechte entbrannt,
Da schwoll ihm die Stirnader rot und klamm
Wie ein richtiger Hahnenkamm:
So ist er nicht selten ins Netz gerannt.

Dann kam er zu ihr, die schwermütig saß,
Und schämte sich seiner Leichtgläubigkeit,
Bald wieder zu neuem Vertrauen bereit.
Doch die Mutter war es, die nie vergaß!

Er brauchte die Menschen und Menschenlob,
Der Helfer, der Rater wollte er sein.
Sie ging am liebsten im Wald allein,
Bis alles, was laut war, verscholl und zerstob.

Er blieb ein Knabe im weißen Haar.
Oft stand er vor ihr, als wär's ein Gericht,
Auf ihren Freispruch tief erpicht.
So lebte er fünfundsiebzig Jahr.

Sie starb vor ihm. Sie ging schweigend voraus.
Ein halbes Jahr, und er ging ihr nach.
Eine Welt, der's an ihrem Tadel gebrach,
War ihm nur ein leeres, zugiges Haus.

Hat er gewußt, wie klug sie tat,
Im richtigen Augenblick fortzugehen?
Sie konnte, was da herankam, sehen.
Er folgte blindlings ihrem Rat.

Der Liberale

Plötzlich sehe ich den Feind
Ganz durchlöchert und verloren,
Wie er in die Hände weint,
und das Haar ist ihm geschoren.

Ist's der Wunsch, der mir besticht
Meine Augen, meine Ohren?
Der so in die Knie bricht,
Dieser Feind ward nicht geboren.

Nein, nur meine eigne Schar
Treibt die Stadt aus ihren Toren.
Wir nur haben Kopf und Haar
und dazu den Mut verloren.

Judenkindheit

Einst dem Knaben war die Bibel
Seine wahre Kinderfibel.

Auserwählte und Propheten
Lehrten mich zu ihnen beten.

Alter Bund – ihn zu erneuern,
Hörten Nächte mich beteuern.

Jakob, mit Gottvater ringend,
Hinkend, doch den Weg erzwingend.

Und der Stotterer, prophezeiend,
Aus Ägypten uns befreiend.

Noch im Tod das Land verheißend!
Und der Zwerg, den Riesen schmeißend.

Könige, die Esel suchten,
Blinde, die ihr Volk verfluchten.

Und ein singend froher Bube,
Daniel in der Löwengrube.

Simon, seine Mühle drehend,
Mit Philistern untergehend.

Und Jerusalem, verloren –
Juden, im Exil geboren.

Noch im fremden Land Bekenner –
Der gewaltige Zug der Männer!

Nie zu spät, sich anzuschließen
Ihnen, die das Land verhießen.

Zinken der Berge und der Kronen ...

Zinken der Berge und der Kronen,
Zwiespalt der Völker, der Nationen,
Sie konnten nicht miteinander wohnen:
Einzeln wird sie der Feind nicht verschonen.

Nie hat eine fremdere Hand

Nie hat eine fremdere Hand als meine
Dies alles geschrieben.
Und nie ein fremderes Herz als meines
Getan all mein Lieben.
Doch war es mein eigener Körper,
Der dabei verkommen.
Und meine Stelle im Totenbett hab
Ich selbst eingenommen.

Aus dem Spiegel

Aus dem Spiegel schaut
meines Vaters Gesicht.
Aber er ist es nicht!
Das bin ich, dem es graut.

Meines Vaters Gesicht
war mir mehr vertraut
als mein eigenes Gesicht.
Ich ertrage es nicht,
daß mir vor meinem Vater graut.

Wieder knie ich in meiner Stube nieder ...

Wieder knie ich in meiner Stube nieder.
Nicht zum Gott der Liebe mehr zu beten,
Nein, zu dem Gerechten bet ich wieder,
Zu dem Gott der jüdischen Propheten,
Der aus dem Zusammenbruch der Güte
Auferstehe, daß er uns belehre,
Wie man Recht, die ewige Flamme hüte.

In Cornwall

Eine Schwelle, mit weißen Blüten bestickt –
Wer braucht mehr?
Hier geht der Größenwahn gebückt,
Und das Herz wird ihm schwer.

Was hat er ausgeholt so weit,
Und alles war Wind.
Ein blumiger Teppich liegt die Zeit,
Die beim Gras beginnt.

Ein ausgehöhlter alter Stein,
Der den Regen fängt.
In eine Bucht – Meer schaut herein –
Ist das Dorf gezwängt.

Es klettert den Hügel brav hinan
Und hält still
Und endet, wie es begann:
Wo das Gras es will.

Ariel

Dein Leib, der mein Freund ist, ging mit mir
In Versailles auf der Blumenspur –
Mein Freund, dein Leib, er war der Zephir,
Der schmeichelnd um meine Schläfen fuhr.

Er war in den Rosen,
Die an den Bäumen gen Himmel klommen.
Die Kirschenblüten, die Aprikosen
Haben seine Form genommen.

O Ariel, deine englische Güte,
Sie war im Wiegen und Wehn
Auf Frankreichs Flur die Blüte
Deines Leibs im Schwung der Alleen.

Und wo die Urne stand
Auf der geliebten Wiese,
Küßte ich deine Hand
Im Paradiese.

Da geht die Zeit, geht wie ein großer Schuh ...

Da geht die Zeit, geht wie ein großer Schuh.
Und manchmal lausche ich nach ihrem Tritt
und manchmal halt ich fest und schleife nach,
doch immer muß ich mit.

Ich weiß, was klein ist und vergehen muß.
Ich weiß, was groß ist, weil ich darum litt.
Ich seh mir zu – und mach die Augen zu
und gehe mit.

Was war, das bleibt. Es ist nicht ungeschehn.
Ich gehe, doch die Schatten halten Schritt.
Bald sind sie klein, bald sind sie riesengroß,
doch immer gehn sie mit.

Der Schwimmer

Ich werfe meine Reime fort,
Damit ich wehrloser
Überwunden werde.

Die Wogen des Schicksals
Ziehen heran.
Sie werden mich fortwaschen.

Ist es der Tod –
Ist es das Leben,
Was mich erstickt,
Worin ich ertrinke?

Ein ganzes riesiges
Meer gegen mich! –
Kein guter Schwimmer –
Aber seit fünfzig Jahren
Halt ich den Kopf über Wasser –
Und sehe die schmutzige Flut,
Auf der die Sonne lacht
Und der Mond geistert
Besäet mit Schaum –
Oder ist es Blut?
Und mit unzähligen
Anderen
Tod- und Lebens-Schwimmern.

O du Nachbar im Aufruhr –
Du, den es dorthin trägt wie mich –
Eine Gebärde zu dir –
Ein Ruf, der das Tosen
Vielleicht übertönt!
Bevor wir sinken! –
Bevor wir sinken.

Wenn ich fahre von dieser Stadt zu der andern ...

Wenn ich fahre von dieser Stadt zu der andern,
Dann werden Meere und Kontinente durch mich wandern –
Aber das ist es nicht.
Ich fahre weiter als englische Meilen messen,
Fahre durch ein Verlieren, Verdrängen, Vergessen –
Und lange an – in einer Weise fern,
Wie angelangt auf einem totfremden Stern,
Wo ein Kalender gilt, der uns nie vor Augen gewesen,
Ob ihn dort auch die ABC-Schützen lesen.
Alles anders und eine fremde Mode,
Fremd wie Neugeburt, wie nach dem Tode,
Und verschieden von hier wie Rappe und Schimmel,
Wie ein Regentag und blitzblauer Himmel –
Und dort sind die Sagen aus einer anderen Weltgeschichte,
Was hier Prosa war, dort sind es Gedichte.
Und will ich mich dort auf die Tränen hier besinnen,
Dann sind es Wasser nur, die ungesalzen rinnen.
Und was ich geliebt, ist ein verjährter Mord,
Der mir im Traum erscheint, und bei Tag ist er fort.
So ohne Anfang versinkt dort alles und ohne Ende,
Wenn ich dich hier verlasse, dich, deinen Mund, deine Hände.

Die neuen Pharaonen

Beleidigt nicht die Pharaonen
Mit dem erbärmlichen Vergleich!
Wohl ließen sie die Juden fronen,
Sie preßten hart, sie raubten reich.

Es heißt vom Bau der Pyramiden,
Daß er aus solcher Fron erstand.
Befreiung war zuletzt beschieden,
Denn Wunder wirkte Gotteshand.

Die sich gelabt an Kindermorden,
Sie traf die Herrgottsstrafe schwer.
Grausig versanken Häscherhorden
Im trügerisch geteilten Meer.

Denn freier Durchzug der Enterbten
Ward von der Wasserflut gewährt.
Die Wellen, die ein Heer verderbten,
Ließen die Juden unversehrt.

Das ist die Sage, so gedichtet
Von einem Volk, das sich befreit,
Und den Geknechteten berichtet
Aus alter Zeit für alle Zeit.

Die aber Unterdrückung lernen
Von so ehrwürdigem Bericht,
Sie übend unter kälteren Sternen:
Sie rauben, doch sie glauben nicht.

Die späte Schar der Plagiatoren
Dünkt sich von jedem Gott verschont.
Sie halten sich für auserkoren,
Zum Recht zu küren, was sich lohnt.

Aus falschen Schwüren, rohen Normen
Errichten sie ihr stolzes Reich,
Ein Sklavenreich der Uniformen;
Das schaltet seine Seelen gleich.

Barbarischer als ihre Väter,
Blicken sie sich nach Opfern um.
Und wer sie warnt, ist ein Verräter
Am nationalen Heiligtum.

Aus Brillenträgern, Phrasendreschern,
Biertrinkendem Gesangsverein
Ward jetzt ein Heer von feigen Häschern;
Wechsler verwechseln mein und dein.

Wehrlose schändend, Folterknechte,
Geübt in Rohheit und Betrug.
Ein zahlenseliges Gemächte
Entfaltet frech sich Zug um Zug.

Den Spieß hat umgedreht der Bürger:
Im Überschwang, der Untertan
Schuf sich die Führer, Stürmer, Würger
Und freie Bahn dem Größenwahn.

Kriegsdrohend und besitzerpressend,
Treibt das den ganzen Völkerraub.
Am eignen Prahlen sich ermessend,
Der Gnade wie der Wahrheit taub.

Heil deutsche Bank, heil deutsche Zeitung,
Heil deutschen Diebstahls deutsches Recht!
Es sorgt für solchen Ruhms Verbreitung
Dieses kurzstirnige Geschlecht.

Ägyptische Propaganda! Lachend
Wächst pyramidenhoch die Schuld,
Bis eines Tags, zur Tat erwachend,
Erschöpft ist menschliche Geduld.

Dann birst der Schwindelbau in Scherben,
Erinnert nur mit Gram und Scham. –
Helft dann dem Volk, das, zu beerben
Die Last der Schuld, ins Dasein kam.

Zeitgenossen

Wenn das Dunkel der Zeit sich lüpft,
sieh dir deine Bettgenossen an.
Es hat einen Strick um deinen Hals geknüpft
dein allernächster Nebenmann.

Er sagt, es sei im Schlaf geschehen,
Jetzt, nach dem Erwachen,
würde er dir den Hals richtig umdrehen,
statt nur symbolische Gesten zu machen.

Fahrwohl der Jugend

Mehr konnte ich nicht tun für dich,
Mehr konnte ich nicht tun für dich,
Als dich zum Fluge richten
Und dir die Flügel dichten,
Fliege, Jugend, fliege!

Erhebe dich in Luft und Lauf
Und tritt auf meinen Nacken auf,
Spring ab und schwebe,
Vergiß, daß ich lebe,
Hebe dich zu deinem Wuchs –
Fliege, Jugend, fliege flugs!

Mehr kann ich doch nicht tun für dich
Als dir nachzubeten.
Landen wirst du sicherlich,
Deinen Ort betreten.
Ob man mich dann sieht von dort?
Du bist da, es ist dein Ort! –
Siege, Jugend – siege!

Aus Lebenden und Toten

Aus Lebenden und Toten
Bilden wir unsern Olymp,
Wählen wir unsern Aeropag.
Und so vergehen Tag um Tag.

Du warst mein Indien,
Du bist mein China,
Zu denen ich in allen meinen Jahren
Niemals brauchte hinzufahren.
Du, toter Schulfreund,
Warst mein Julius Caesar,
Du mein Catilina.

Du meine fruchtbare Erde,
Die ich nie verleugnen werde.
Du, über aller Qual,
Mein Mondestal.

Du mein arktischer Norden,
Dort bin ich kühler geworden.
Du hast mich nie geschont.
Mit dir hab ich gewohnt,
Wo der böse Feind unser Nachbar war.
Er blickte durch's Fenster auf dein Haar,
Das er begehrte.

Aber es war mein schönster Mai,
Solange es währte.
Im Garten wuchs vieles durcheinander.
Und später spielten wir
Hero und Leander.

FÜRCHTE DICH NICHT!

».. . *fürchte dich nicht, und dein*
Herz sei unverzagt vor diesen
zween rauchenden Löschbränden . . .«
(Jesaja, VII-4)

Legende

Glaubt mir: nur die Ehrfurcht
Vor erhaben reinem Streben
Bewog mich, diese bange Frage
Lächelnd zur Legende zu erheben.

Legende

Der Dichter Rilke, in Gewissensqualen,
Pilgerte zu Tolstoj,
Dem Alten von Jasnaja Poljana,
Und ward empfangen.

Schon am nächsten Morgen
Lud ihn der Greis gefällig ein,
Mit ihm die Felder zu durchschreiten.

Die Sonne prophezeite
Einen heißen Sommertag.

Es ging der hohe Alte
In seiner Bauernbluse
Mit mächtigen Stiefeln
Und die rechte Hand
Lässig im Gürtel.

Rilke reichte
Bis zu seiner Hand.
Der arme Lyriker!
Bald war er ganz verzagt,
So schwer ward ihm, zu folgen,
Schritt zu halten
Mit diesem Bauern.
Und die Sonne stieg!

Sie stieg und brannte
Heißer, immer heißer.
Dem jungen Dichter schwindelte.
Oh, nur kein Nasenbluten,
Wie es gelegentlich
Ihn, wenn er aufgeregt war,
Überraschte!
Das wäre schmachvoll.

Und je mehr sie gingen,
So mehr sah Rilke
Auf die Hand im Gürtel –
Ja, er sah nur sie!
Wie war sie stark und gut!
Wie war sie väterlich!
Ja, eines Vaters Hand
War sie.

Billigend, schlichtend.
Aber auch verwerfend.
Wegstreichend schlechte Gründe
Wie Brotkrümel vom Tisch.
Hand, die entschied.
Hand eines Landarbeiters,
Eines Schreiners.
Nein, eines Schöpfers Hand.
Nein, Gottes Hand!

Und als die Sonne immer heißer brannte,
Verwirrte sich in Rilkes Geist
Wahrscheinlichkeit und Mythe.
Während er mit Mühe
Den schwanken Atem in der Waage hielt,
Durchdrang ihn, den Betäubten,
Die Gewißheit,
Daß neben ihm Gott-Vater selber ging.
Und immerzu war nachbarlich zu sehen
Des Herrgotts Hand.

Zu dieser großen Hand
Mußte nun Rilke sprechen.
Und keuchend, stotternd,

Seinen Atem vorwerfend,
Ihn wieder fangend,
Sprach er zu der Hand.

Erzählte ihr von seinen schlimmen Nächten,
Die ihm mit Blutsturz drohten
Und mit Schlimmerem: mit der Gewißheit
Ungenutzten Lebens.
Von der Tage fruchtlosem Vergehen,
Der Labilität der Dinge,
Die man nicht mit eigner Hand
Geschaffen hat, und die Schindluder treiben
Mit dem müßigen Verbraucher.
Von der Vergeblichkeit,
Den Menschen nah zu kommen –
Die Nächsten sind die Fernsten –
Oder sie zu fliehen –:
Dann streben sie in unsere Nähe.
Vom bittern Werk, das unsere Liebe tut,
Ach, zwischen Mann und Weib
Die schlecht gelernte Liebe,
Die ungeduldige, stets zu früh
Und stets zu spät, und nie genug gekonnt!
Und wie Gemeinschaft ewig schrecklich fehlt
Mit allem Ding und Sein
Dem Einen, Einzigen,
Der Künstler ist.
Dem Erben vieler, tätiger Geschlechter,
Dem Letzten, der nur noch
Vision geerbt hat, nur das Bild
Von dem, was scheidet.
Er, der zu spät,
Nur um zu danken kam,
Und um dem Geist die Welt
Zurückzugeben.
Und Rilke sprach
Von der aufbrauchenden
Unseligkeit und Mühsal
Der Gedichte.

»Darf man Gedichte schreiben?«
Fragte er die Hand.
Die gab nicht Antwort.
Immer stak der Daumen
Lose im festen Gürtel.
Und die vier Finger
Ruhten gelassen aus.
Nicht zeigte, was sie dachte,
Diese Hand
In ihrer Ruhestunde.
Denn es war vielleicht
Ihr siebenter Tag.

»Darf man Gedichte schreiben?«
Es kam wieder
Als ein Schrei
Der schwer geplagten Seele.

Eines Bauern Hand,
Weiß sie die Antwort?
Sie, die das Schreiben aufgab –
Und schrieb nur Prosa! –
Für den Griff der Hacke
Und eines Pfluges, einer Schaufel Griff –
Für eines Schreiners Hobel,
Der die Späne pflügt.
Zart kann sie sein, ja,
Wenn sie eine Ähre
Prüfend zerreibt,
Wenn einen Halm sie streichelt,
Etwas, das lebt!
Doch diese, sie,
Gott-Vaters rechte Hand,
Kann sie
Gedichte segnen?
Und der Gedichte
Kunstgerechten Müßiggang?
Wird sie den Daumen lüpfen,
Weil Menschen Narren sind,
Den Schöpfer nachzuäffen?

Weil sie Zeichen malen,
Die Lebendiges meinen,
Als könnten sie
Wie Leben überzeugen
Und statt der Tat,
Statt Hilfe gar, genügen?
Statt des Opfers
Angenommen werden?
Worte, die bauen nicht
Und nicht versorgen.
Sie lassen
Das Heute ungepflegt
Und ungepflanzt das Morgen.
Und sind sie auch die Liebe,
Die ein Knabe träumte,
Sind sie am Ende nicht das Leben, das
Ein Mann versäumte?

Darf man Gedichte schreiben
Heute noch,
Da alle weckenden
Bereits geschrieben –
Und haben nicht genug geweckt?
Oder ist uns nur,
Dem Leben unsern Dienst zu tun,
Geblieben? –
»Wer darf Gedichte schreiben?«
Lew Nikolajewitsch
Blieb plötzlich stehn und seufzte.
Seine Hand stieg
Aus dem Gürtel,
Wischte den Schweiß
Von Tolstojs Stirne
Und warf ihn
In das Feld.

Dann kam sie freundlich
Auf Rilkes Schulter zu
Und faßte sanft sie an.

Es neigte sich
Gott-Vaters Bauernbart,
Und Tolstojs strenges
Runenreiches Angesicht –
Gesicht, das zürnen konnte
Und sich furchen
Wie ein zerwühlter Acker –
Neigte sich
Zu dem erglühten,
Dem erblaßten
Gesicht des lyrischen Dichters.

Und Tolstoj sagte:
»Nun – nun –
Wenn es denn sein muß – Freund –
Schreiben Sie –
Ihre Gedichte.«

Österreichische Elegie

»Ich will nachhause – doch das Haus ist fort!«
War das ein Lied? Sang ich es schon als Knabe?
Später wird Wahrheit das geraunte Wort,
Das ich einstmals vielleicht geträumt nur habe.

Österreich

Zwischen katholischen Hügeln
Mit ihren grünen Waldflügeln
Sitzen
Dürre Kirchturmspitzen,
Die den Himmel anritzen.
Österreichisch bellen die Hunde.
So ging eine Welt zu Grunde.

Das graue Tuch

Zurück, zurück, ein Kind zu sein!
Schon hüllt das graue Tuch mich ein.
Ich liege auf dem Küchenschrank,
Die Köchin wäscht die Teller blank,
Marie! Fast jede hieß Marie.
Wien war katholisch so wie sie.

Ich lag auf ihrem grauen Tuch.
Sie wußte um des Sängers Fluch,
Die Bürgschaft und den Taucher, und
Es geht ein Rad im Wiesengrund,
Es plätschert die Forelle,
Hinaus zog ein Geselle.

Da wuchs der alte Lindenbaum,
Da träumten wir so manchen Traum,
Wir schnitten's in die Rinde,
Wir weinten's in die Winde.
Ich spür es ewig am Geruch
Vom grauen Tuch, Marientuch,
Wie warm ich dort gelegen,
Und ohne mich zu regen.

Schultafel
(1934)

Schultafel, die mit Haar- und Schattenstrichen
So sauber der geliebte Lehrer füllte!
Du standest: und in unseren Herzen wichen
Die Ängste, weil sich uns die Welt enthüllte.

Erst war das Wort, dann häuften sich die Sätze,
Gegliedert von den Interpunktionen.
Da wuchsen Häuser, fest gefügte Plätze,
Darinnen sichere Geschlechter wohnen.

Wir waren länger nicht allein gelassen.
Die Menschheit nahm uns auf, die wir verehrten.
Es schien das Wort sogar gewillt zu spaßen,
Zu dulden, daß wir Sinn in Unsinn kehrten.

Verfluchte Hexerei! Denn alles Elend
Stieg aus dem Wort, die große ewige Lüge,
Betrug der Völker, jedes Recht entseelend!
Und daß sich jeder Satz dem Unrecht füge –:

Ein langes Leben hat es uns gelehrt!
Schultafel! Gebt
Mir einen Schwamm, der naß darüber fährt:
Da greif ich's, daß der Schwamm vom Blute klebt!

Die Gassen

Die Wiener Gassen hab ich nie vergessen,
In denen endlos ich spazieren ging,
Ein Knabe. Ich versäumte manches Abendessen,
Nur weil mein Herz an einem Fremden hing.

Einst folgt' ich einem Manne, welcher hinkte.
Ich wollte wissen: wohin hinkt der Mann?
Oft freilich war's ein Mädchen, das mir winkte.
Und manchmal kamen wir im Paradiese an.

Von dort zur Hölle war's nur um die Ecke.
In dunklen Häusern fand ich mich zurecht.
Und leise, daß man nicht die Wirtin wecke,
Folgt' ich auf knarrender Stiege dem Geschlecht.

Sie war nur eine Bäuerin ohne Erde,
Sie strafte mich, als wäre ich ihr Sohn.
Und nie vergaß ich ihre zürnende Gebärde,
Nie ihr Verzeihn, der rauhen Liebe Lohn.

Die andre führte mich in einen Garten
Und sank zu Füßen mir, von Demut toll.
Auf jene Freche durft' ich ewig warten.
So lernte ich das Leben, Zoll für Zoll.

Gefährten waren überall zu finden,
Und ich verlor sie alle mit der Zeit.
Ich trieb Philosophie mit einem Blinden,
Mit manchem Tauben lauter Worte Streit.

Die Gassen blieben. Blick ich durch die Fenster,
Ich seh an manchem Tische sitzen sie
Wie je, dieselben Leute und Gespenster.
Da kommt mir vor: wir alle sterben nie.

Wir alle haben freilich nie gelebt.
Wir waren Knabentraum und Spiegelung.
Und wer uns dennoch eines Tags begräbt,
Der staunt entsetzt: »Was sind die Leichen jung!«

Christkindlmarkt

Der Markt, der nach dem Christkind hieß –
Viel Tannen lagen gefällt –
War, auf dem Weg zum Paradies,
Von Buden eine Wiener Welt.

Silberne Schlangen flatterten frei,
Die Nüsse gingen in Gold.
Die Krippe stand im Wunderei
Winzig, bunt und hold.

Der frische Schnee knisterte hart,
Und Nebel war aufgebaut,
Als wär' er gezupft von Knecht Ruprechts Bart –
Kein Schritt, kein Wort klang laut.

Die Judenkinder sahen es all
Und waren gar nicht zag,
Weil eines von ihnen im warmen Stall
In der Krippe lag.

Im Einschlafen

Ein Flügelschlag! Was ist denn das gewesen?
Im Garten eine Fledermaus?
Nun streicht es auf dem Estrich wie ein Besen.
Oder streicht nur ein Dieb ums Haus?

Ich höre jemand schnarchen in der Küche:
Polnische Amme, doch bei welchem Kind?
Ein alter Lehrer meckert seine Sprüche.
Ein Kupferkreuzer rollt unter das Spind.

Türkischer Honig war um so viel feil
Und eine Neapolitanerschnitte.
Dran hing des Knaben Seelenheil.
Täglich nahm er dahin die Schritte.

Die Springschnur schlägt jetzt regelmäßige Bogen,
Doch keiner hält die Griffe, keiner springt.
Der Mond hat hinterrücks die Wacht bezogen.
Ein Chor von Grillen sich bei ihm verdingt.

Ich weiß, nun ist es wieder naß im Grase,
Sehr reich an Niederschlag ist Weidlingau.
Magisch gewölbt, platzt eine Seifenblase
Und ist vergangen, wenn ich wieder schau.

Silber- und Goldpapier, gepreßter Flimmer,
In Büchern heimlich sparend aufbewahrt.
Das Fieber ward am Abend immer schlimmer.
Damals trug der Vater einen Bart.

Die Sommerferien, auf dem Lande wohnen,
Hundstage machen Leib und Seele matt.
Verbissener Ehrgeiz bei den Schwimmlektionen.
Dann herbstelt es. Und ein Kastanienblatt

Liegt auf dem Weg wie eine Vogelkralle,
Vom mächtigen Körper tödlich losgetrennt.
Die Kuh ist krank in unseres Nachbars Stalle.
Warum Marie nur immer um den Poldi flennt?

Zu Mitgefühl war leider wenig Zeit,
Weil immer etwas anderes geschah.
Bei der Geburtstagsfeier gab es Streit.
Erzähl es nur nicht abends dem Papa!

Als ich gelogen hatte, ward mir weh,
Ich hätte größer von mir selbst gedacht.
Doch endlich fällt der erste Wiener Schnee,
Der alles wieder weiß und sauber macht.

Der Valentin

»Das Schicksal setzt den Hobel an
Und hobelt beide gleich.«
Dein Alterstrost, du Biedermann
Im alten Österreich.

Ja, Einfalt, Mutterwitz, Livree,
Des Dienens fromme Lust:
So krachte Österreich! Dein Couplet
Hat es vorhergewußt.

Des flotten Flottwell Schloß ward Staub.
Ob deine Hütte hält,
In Weltgericht und Völkerraub
Bescheiden hingestellt?

Die Späne flogen her und hin,
Das Holz war abgenützt.
Wird Gott dir helfen, Valentin,
Wenn keiner dich beschützt?

Du hobelst. Weltkulisse fällt.
Zuletzt wird alles gleich:
Es überließ dich Gott und Welt
Dem Dritten Reich.

Der Februar

Da ich in der Welt zerstreut war,
Hörte ich aus Wien die Kunde,
Wie sie ging von Mund zu Munde,
Unbegreiflich, unbestreitbar:

Was im Februar geschehen,
Wie ihr Ordnung dort geschaffen,
Als ihr wagtet, eure Waffen
Gegen euer Volk zu drehen.

Diese frevelnden Kanonen,
Konnte sie die Kirche segnen?
Ließ der Herrgott Eisen regnen,
Wo des Volkes Kinder wohnen?

Habt ihr so den Streit geschlichtet,
So gelöst die Schwierigkeiten?
Wie in frühsten Kaiserzeiten
Waren Galgen aufgerichtet.

Hofftet so ihr zu verjagen
Räuber, Mörder von den Grenzen?
Generale, Eminenzen,
Dieses werdet ihr beklagen!

Bitter werdet bald ihr büßen
Den Verrat an Volkes Söhnen.
Kirchenglocken werden dröhnen,
Den Eroberer zu begrüßen.

Rechenschaft wird er verlangen,
Der das böse Beispiel säte.
Eh' der Hahn noch dreimal krähte,
Ist die Ernte aufgegangen.

Seht, wie eure anmutreichen
Töchter ihm, der einzieht, huldigen!
Und es fallen, mit den Schuldigen,
Menschenopfer ohnegleichen.

Diese schmachgebeugte Erde
Zeugte selbst sich den Diktator.
Und es treibt der Usurpator
Österreich zur deutschen Herde.

Den Kopf gesenkt

So stand mein Vater oft, den Kopf halb schief gesenkt,
Und dachte nach.
So steht er immer noch, den Kopf gesenkt,
Und sieht mir nach.

So stand er auch, den Kopf halb schief gesenkt,
Wenn ich ihm widersprach.
Wenn ich ihn bis ins tiefste Herz gekränkt,
Er sah mir's nach.

So steh ich selber nun, den Kopf halb schief gesenkt,
Und fühl es nach,
Wenn mich das Leben noch viel tiefer kränkt,
In unserer Schmach.

So stehn wir beide da, den Kopf gesenkt,
Ich hier, er dort.
Dir, Vater, blieb das Ärgste doch geschenkt,
Denn du gingst fort.

Die Mutter
(Sommer 1938)

Meine Mutter, als sie erwachte –
Es hatte die Gute geschlafen so tief –
Weil sie an uns, ihre Kinder, dachte,
Und weil ihr war, als ob man sie rief;

Als sie die Kräfte zusammenraffte,
Aufstand, den Ruf der Kinder im Ohr:
Lief sie, ob auch das Volk nach ihr gaffte,
Durch das schmiedeeiserne Friedhofstor.

Jetzt kreuzt sie die Straße und sieht mit Staunen:
Fahnen hängen von jedem Haus.
Sie hört, was die Leute rufen und raunen,
Und was einer spricht zu großem Applaus.

Und es treibt sie weiter, sie kann es nicht fassen.
Sie weiß noch, im Krieg ging alles zugrund,
Ein jeder begann den andern zu hassen,
Und was sich spreizte, es kam auf den Hund.

Die Butter so rar und das Fleisch so teuer
Und Milch für die Kinder, die gab es nicht,
Man warf die letzte Kohle ins Feuer –
Doch dann kam der letzte Heeresbericht!

So manche Mutter sah nicht wieder
Den Sohn, den einst sie hoffend gebar.
Doch im Prater blühte schon wieder der Flieder,
Und der Friede kam im neunzehner Jahr –

Dann haben sie auf der Straße geschossen,
Aber auch dies ging wieder vorbei.
Viel Wasser ist in die Donau geflossen,
Und nach dem April kam doch der Mai.

Jetzt aber sieht sie mit Befremden
Militär aus Preußen am hellichten Tag
Und die Lausbuben alle in braunen Hemden,
Und sie hört: erobert sind Brünn und Prag!

Und wen sie fragt, der scheint verlegen.
Und in Hietzing, wo sie so lange gewohnt,
Kommen die Leute ihr komisch entgegen,
Und mancher lügt, damit er sie schont.

Doch sie weiß, es ist ein Unglück geschehen,
Wie im ganzen Leben noch keines geschah.
An den Nasenspitzen kann sie es sehen,
Das böse Ende, nun ist es da.

Sie läuft geschwind und immer geschwinder
Hinaus in den Wald, den sie so geliebt,
Als fände sie dort die eigenen Kinder
Gerettet, weil es noch Bäume gibt.

Und wahr, es duftet von moosigen Steigen.
Die Sonne, die durch das Laubwerk strahlt,
Hat auf dem Boden, grün wie das Schweigen,
Wieder die schwankenden Muster gemalt.

Wasser sickert, die Vögel rufen
Und schwatzen wie immer, sie hört es sofort.
Der alte Weg, auf natürlichen Stufen,
Führt zum Rondell, dem Friedensort.

Dort wo ein Eichhorn mit buschigem Steuer
Windschnell den höchsten Stamm erstieg,
Weiß sie es plötzlich: »Ungeheuer
Wird, der da kommt, der nächste Krieg!«

Karl Kraus

I.

Ist nun dieser Zorn beschwichtigt?
Hat den widerspenstigen Mahner,
Besseren Lebens unverwandten Ahner,
Nun der leidige Tod berichtigt?

Diese Stirne, die uns ragte,
Eingesunken, die gerechte Waage?
Kläger, der uns bei uns selbst verklagte!
Seine Nächte waren jüngste Tage.

II.

Geht nun frei der Unband, oft getroffen
Vom verzehrenden Gedankenblitze?
Steht die Sprache jedem Unglimpf offen,
Länger nicht bewacht von deinem Witze?

Und du ungekühlter Hasser,
Mußtest bis ans Herz erfrieren?
Stieg in deinem Leib das Wasser,
Ging die Sintflut dir bis an die Nieren?

Zeit, die dich tobsüchtig überboten,
Wie ein Maelstrom übertobt ein Wehr:
Wirft sie dich nun zu den vielen Toten
Und es scheut dich keiner mehr?

III.

Hingegangene Anmut blickte
Dich von deines Zimmers Wänden an,
Da der böse Pendel tickte
Und die letzte Frist verrann.

Aus der Knabenzeit die schöneren Tage
Folgten dir mit immergrüner Spur,
Dem getreuen Hüter einer Sage:
Große Kunst und ewige Natur.

Deinen Ursprung rein dir zu bewahren,
Hast du nur der Sprache zugetraut.
Wollte sich ein Reim in deinem Herzen paaren,
Zuflucht fanden Bräutigam und Braut.

Weil du stets an deinem Ursprung bliebest,
Warst gerichtet du auf unser Ziel.
Ewiges Wortspiel, das du triebest,
Unser Einsatz war in diesem Spiel.

IV.

Dein verfrühter Geist erschaute,
Was entsetzensvoll geschah,
Nur weil dir wie keinem graute,
Sahst du, als noch keiner sah.

Die Meduse, sie versteinet,
Doch du hiebst nach ihrem Haupt.
Wer da blutet, wer da weinet,
Du warst schon vor ihm beraubt.

So durchglüht und so durchschauert,
Opfertest du deine Frist.
Lange hat dein Widerspruch gedauert,
Bis auch er erloschen ist.

Alter Garten

Alter Garten, deine Zäune sind gefallen,
Dein Gras ward wieder wild und wächst mit allen
Fremden Wiesen, die bis in die Wälder reichen.
Verwachsene Wälder sind jetzt deinesgleichen.

Ach, auch die Kinder, die du hegtest, übersprangen
Die Wege längst, die sie in dir gegangen.
Dein heiliger Hügel sank, wo hoch die kleinen
Könige einstmals gebaut mit Steinen.

All ihre kindischen Kronen sind vergraben
In deinem Grund: oh, wie sie einst geleuchtet haben
Auf blonden Köpfen, die längst nachgedunkelt sind. –
Alter Garten, zu dir kommt nie mehr ein Kind.

Das Wiener Schweigen
(13. März 1938)

Zwei Minuten Schweigen.

Dann dürfen die Chöre wieder steigen,
Die sich vor der Macht verneigen,
Die bei Stimme geblieben,
Weil sie den Führer lieben,
Und weil sie den Text sprechen,
Der vorgeschrieben.

Die sie aber hier täglich begraben,
Weil sie sich aus dem Leben begeben haben,
Denen kein Atem mehr zu eigen,
Die sind es, die weiter schweigen.

Mehr als zwei Minuten Schweigen.

Zuhause

Ihr Vielen, ihr Guten, Onkel und Tante,
Anverwandte und einst Bekannte,
Und ihr, meine Eltern in eurem Grabe,
Ihr alle, die ich verloren habe:
Euch können sie nicht martern und nicht beschämen,
Euch nicht den Beruf und den Platz wegnehmen,
Euch nicht aufhalten in den Gassen,
Denn die habt ihr längst verlassen –:
Und der Tod löscht aus das deutsche Recht!

Ihr, jüdisch bis ins zehnte Geschlecht,
Euch können sie nicht bestehlen und nicht vertreiben.
In euren Wiener Gräbern werdet ihr
Alle, alle zuhause bleiben.

Auswanderer

Wenn ich in Schmerzen bedenke, was ich tat,
So muß ich sagen: da war wenig Rat,
Da waren wenige Freunde und keine Gemeine.
Jeder von uns betrieb nur das Seine.

Auswanderer

Nun müssen wir von allem scheiden,
Was Kindheit uns und Wachstum war.
Wir sollen selbst die Sprache meiden,
Die unserer Herzen Wort gebar.

Die Landschaft werden wir verlassen,
Die uns auf ihren Armen trug.
Wir sollen diese Wälder hassen
Und hatten ihrer nie genug.

Wie je uns wieder anvertrauen
Dem Friedenshauche einer Flur,
Wenn Abendlicht und Morgengrauen
Befleckt sind mit der blutigen Spur?

Wenn in der Bäume gutem Raunen
Aufrauscht der Haß, der uns vertreibt!
Es lernten unsere Kinder staunen,
Warum man nicht zuhause bleibt?

Wir sind, mein Kind, nie mehr zuhause.
Vergiß das Wort, vergiß das Land
Und mach' im Herzen eine Pause –
Dann gehen wir. Wohin? Unbekannt.

Gekritzel auf der Rückseite eines Reisepasses

Man ward mit keinem Paß geboren.
Die Sprache lernte man als Kind.
Am Ende ging der Sinn verloren
Der Worte, die gebräuchlich sind.

Was Heimat heißt, nun heißt es Hölle,
Der man zur rechten Zeit entkam.
Und neue Grenzen, neue Zölle,
Doch selten wo ein wenig Scham.

Das sind die Orte und die Zeiten.
Einst war man jung, nun wird man alt.
Doch immerzu muß man bestreiten
Die Reise und den Aufenthalt.

Das sind die Völker und die Reiche.
Man wandert aus und wandert ein.
Doch überall ist es das Gleiche:
Die Hirne Wachs, die Herzen Stein.

Lebensmüdigkeit

Es ist nicht mehr erlaubt,
Den Tod zu loben,
Weil doch um unsrer Brüder Haupt
Die Henker toben.

Da ist ein Weg hinaus,
Doch ist er uns verboten:
Der Weg aus dem brennenden Haus
Zu den kühlen Toten.

So durch den Schornstein fliegen
Und es brennen die Andern!
– Nein, hilf den Brand besiegen,
Dann magst du wandern.

Jenseits der Grenze

Ja, es war ein böses Landen,
Bei dem das Flugzeug birst und verbrennt,
Als wir uns jenseits der Grenze fanden,
Von unsrer Vergangenheit abgetrennt.

Als wir zu Bewußtsein kamen,
Sahn wir uns an, manch' bekanntes Gesicht.
Wir wußten jeden von uns bei Namen,
Und mancher war da, den liebten wir nicht.

Wir wußten jeden Hintergedanken,
Den wir je von einander gehegt.
Am liebsten begännen wir gleich zu zanken,
Ob auch das Herz noch vom Sturze schlägt.

Der erste, der spricht, wird das Stichwort bringen,
Und weiter geht das alte Stück.
Wir werden die Oper zuende singen,
Doch fehlt das Publikum und die Kritik.

Ich werde nie dich wiedersehen

Unendlich wie der Bogen
Der Sterne, die am Himmel gehen,
Komm ich, um dich betrogen,
Dir ewig nachgezogen.
Ich werde nie dich wiedersehen.

Wie ist um dich mir bange.
Wie konnte das vorübergehen?
Sah ich dich denn zu lange?
Ich werde nie dich wiedersehen.

Ich werde nie dich wiedersehen
Und muß zum Tode niedergehen.
Ich fühl dich atmen in der Ferne
Und zieh dir nach wie Stern dem Sterne.

Vaterunser

»Gib uns unser täglich Brot —«
»Das ist traurig,« meint der Knabe,
Dem ichs vorgebetet habe.
»Sind wir alle denn in Not?

Muß gebettelt werden täglich,
Wie der Mann auf unserm Gang,
Der gewartet hat so lang
Und gebeten hat so kläglich?

Ist der ‚Vater, der du bist‘,
Wie ein Riegel an der Türe,
Die zu unsrem Brot uns führe,
Aber zugeschlossen ist?

Können wir nicht selber backen
Wie Frau Holle unser Brot?
Selbst uns helfen in der Not?
Selbst das Holz ins Feuer hacken?« –

»Hier die Hacke, lieber Knabe,
Hier das Feuer, hier das Holz!
Bist zum Beten du zu stolz,
Selbst in deinem Acker grabe!

Doch dann mußt du hier auf Erden
Alle Knaben überreden.
Arbeit findet sich für jeden,
Wenn sie heut noch einig werden.

Vater unser, der er ist,
Sonne wird und Regen reichen,
Wenn nur du mit deinesgleichen
Ohne Betteln einig bist.«

Ausgang einer Mutter
(Ein Requiem)

Die Mutter war noch eben hier!
Nun ist sie fortgegangen,
Wie nie zuvor.
        Sie ließ das Haus und uns,
Den Vater und die Küche unversorgt,
Das Bettzeug ungeschüttelt, sogar die Blumen
Ohne frisches Wasser –
Und ging davon, ohne sich umzuwenden,
Ihr erster Weg allein seit vielen Jahren,
Fast seit sie Mädchen war. Und ging doch,
Ohne ein Ziel zu wissen, ohne ihren Paß,
Und ohne Fahrschein, ohne einen Mantel,
Obwohl es regnete. Sogar das bißchen Schmuck,
Das sie in Ängsten sich aus Wien gerettet,
Ließ sie im fremden Kasten achtlos liegen.
Sie ging so rasch, als kümmerte sie nicht
Die Ewigkeit, die sie nun fort sein wird,
Und daß sie gar nichts mehr von uns erfährt.
Als wäre alles, das ihr alles war,
Niemals gewesen: der Mann und die Familie –
Als hätte sie den Vater ihrer Kinder
In Jugend und Gesundheit nie getroffen
Und nie ein Kind gesehn mit eignen Augen,
Wie jedes doch aus ihrem Leibe ankam.
Das alles hat sie ganz zurückgelassen
Mit allen Sorgen dieser Gegenwart
Und den geliebten Sorgen der Erinnerung,
Die bessere, sonnigere Sorgen waren.
Die Zukunft aufgegeben, die uns droht
Und wenig Hoffnung gibt, denn das Exil,
Es ist ein Feld, wo karge Hoffnung wächst,
Das Land der harten Wege. Und vom Krieg
Wird sie das Ende niemals mehr erfahren,

Wenn er je endet. Plötzlich war ihr Gesicht
So glatt, als wäre Friede heute schon,
Friede immer gewesen, und der Haß,
Den sie niemals begriff, gar nicht erfunden.
Von andern Dingen sprach ihr schweigendes Gesicht:
Von guter Ankunft nach mühseliger Reise,
Von aller fremden Sprache Übersetzung
In das Idiom des sanften Menschenherzens.
Um ein Jahrtausend ward es jünger, ihr Gesicht,
Das alte.

Weint nicht, weil nun die Mutter nicht mehr da ist,
Und weil wie eine sorglose Person sie fortging,
Die nichts besitzt und jede Pflicht verschenkt.
Denkt, sie nahm endlich Urlaub, gönnt es ihr!
Geh, gute, alte Frau! Blick nicht zurück!

Die deutsche Sprache

Daß ich bei Tag und Nacht
In dieser Sprache schreibe,
Ihr treuer als der Freundschaft und dem Weibe,
Es wird mir viel verdacht.

Ob, was ich sage, sie erröten macht,
Weil ich im zornigen Bescheide
Die Wahrheit nicht vermeide
Und nicht in fremde Tracht
Mein Herz verkleide:
Sie bleibt die alte doch in ihrer Pracht.

Hat sie mich leiden auch gemacht,
Ich tu ihr nichts zuleide.
Sie hat im Ausland oft die Nacht
Mit mir durchwacht,
Sie weiß, daß ich der Schurken keinen um die Macht,
Der sie geschändet, je beneide.

Wir tragen lieber unseres Unglücks Fracht
Und wirken, daß sie menschenwürdig bleibe.
Dann kommt sie, mich zu trösten, sacht
Und wundert sich, wie ich es treibe,
Daß ich im Glauben, in der Hoffnung bleibe,
Obwohl ich weiter in ihr schreibe.

Das Schiff von Kuba

Schiff mit der Menschenfracht, die es den Küsten
Wie ein Hausierer seine Ware bietet.
Wen wird es nach den Flüchtlingen gelüsten?
Wo ist ein Land, das Menschen kauft, tauscht, mietet?

Wir sehen euch in Traum und Wachen, kennen
Wir euch doch alle, Männer, Frauen, Kinder,
Die nun das gleichgültige Meer berennen,
Fliehende aus dem Reich der Menschenschinder.

Wenn müd ihr hinsinkt, laufen eure Füße,
Im Schlaf sogar, um schneller anzukommen.
Und mancher träumt vom Glück: daß er ans süße
Und gnadenreiche Ufer unversehrt geschwommen.

Mancher liegt wach und plant, hinabzuspringen
Und bis zum Grund der Ewigkeit zu tauchen,
Wo Juden frei sind und vor allen Dingen
Mehr keinen Paß und Judenstempel brauchen.

Ein billiger Vorsatz, schwierig auszuführen,
Denn das Begleitschiff wacht mit tückischer Sorge
Auch vor des Todes wellennassen Türen,
Daß Keiner sich den unbefugten Einlaß borge.

So kreuzt das Schiff seit Tagen, langsam treibend
Und ohne Ziel, mit zögernden Maschinen,
Stets fern genug von jedem Ufer bleibend:
Neunhundert Juden. Möwen folgen ihnen

Und keifen unbekümmert, schrille Zeugen
Der Menschenangst, die sie ja nicht begreifen.
Wie sie mit glasigem Blick nach Beute äugen
Und die besonnte Oberfläche streifen,

Kennen auch sie den Futterneid, sie zetern,
Wenn ein Genosse sich etwas erkundet,
Und hacken mit den Schnäbeln nach den Vettern,
Wo einem Schnappenden ein Brocken mundet,

Sind aber doch nicht klug genug, um zu ersinnen
Die Marter, die der Mensch allein erfindet.
Wie ahnten sie die Tränen, die blind rinnen,
Bis mit den Augen auch das Herz erblindet;

Wie Haar und Wange in der Not erbleichen
Dem Ausgesetzten, den kein Recht bekleidet,
Der keine Bleibe hat in allen Reichen,
Der jeden Bettler um den Paß beneidet.

Schwimmt nicht dies Schiff in einer Flut von Zähren,
Um in der Bucht des Unheils schwer zu landen?
Und eine Jüdin wird auf ihm gebären –
Wehe, wenn erst die Wehen überstanden!

Wo wird der neue Bürger eingetragen?
Wer wagt es, seine Ankunft zu verkünden? –
Wir aber leben auch in diesen Tagen
Das Dasein unserer Unterlassungssünden.

Tod eines Hundes

Der Hund, der Hund, der Hund ist überfahren! –
Man sagt es dem kleinen Knaben, man kann es ihm nicht
       ersparen.
Er hört es, er schweigt, sein Mund nichts bescheidet.
Und sein Gesicht, sein Gesicht ist wie verkleidet.

Am nächsten Morgen telephoniert er zum ersten Mal –
Er selbst will es erkunden – dem Hundespital.
Er fragt – doch hat er kaum den Satz gesprochen,
Da stockt er – das Gespräch scheint unterbrochen.

Und am folgenden Morgen tut er es wieder,
Er ruft an, er fragt, legt das Hörrohr nieder.
Wir wissen nicht, welche Auskunft ihm ward.
Vermutlich wurde ihm nichts erspart.

Und er fährt fort, das Spital zu befragen
Auch an den nun folgenden Tagen.
So oft versichert, will er's nicht glauben?
Sprechen wir alle zu einem Tauben?

Mein kleiner Sohn, du mußt es erfassen:
Es gibt Nachrichten, die sich nicht ändern lassen.
Es bleibt das Gleiche, so oft man fragt,
Und so oft es auch darüber tagt.

(Für Thomas)

Das anständige Leben

Das anständige Leben ist es heute,
Im Gefängnis verwahrt zu sein;
Im Konzentrationslager eingesammelt;
In der Folterkammer verköstigt;
Oder auf der Flucht begriffen;
Herumirrend an versperrten Grenzen;

Vor Konsulaten wartend, im knauserigen Paßamt;
Auf schwielenbildenden Bänken in Hilfsvereinen hockend,
Ein Bettler, dem schlecht geholfen wird;
Zu den Vertriebenen zu gehören, den umher Gejagten,
Welche sie überall einsperren,
Gegen die überall Krieg geführt wird,
Von Freund und Feind, weil sie die Schwächeren sind;
Ein Jude zu sein, den jeder mit einem Hintergedanken anblickt;
Ein Anwalt des arbeitenden Volkes,
Der keine Stelle mehr findet:

So sieht heute das anständige Leben aus,
Und es ist leicht zu haben.
Aber keiner begehrt es.

Gegen die Luegner
(Ich lebte ie wol und ane nit)
Walther von der Vogelweide (1168-1230)

Wie würd ich leben, gern und ohne Bange,
Wenn nicht die Lügenkerle so in Macht und Würden wären!
Der arge Widerstreit, er dauert leider lange.
Was sie verehren, muß sich mir in Kummer kehren.

Dieweil mich ja so bitter grämt,
Wie sie es treiben, ungehemmt und unverschämt,
Und wie sie keinen Guten je verschonen.
Ehrlosigkeit und Frevel, Ohngetreu und Schande
Verbreiten sie im ganzen Lande.
Wie kann man sie vermeiden? Wo mit Anstand wohnen?
Das ist ein Fluch, der droht mit seinem Unglücksbanne
Manchem Weibe und gar manchem Manne.

Geschenk der Emigrantin

Sie schenkte ihm mit ihrer kleinen Hand
Den großen Fluß. Besaß sie sonst auch nichts,
Die Ausgewanderte, die Landvertriebene:
Nicht mehr das Haus am See, am Strand von einst,
Wo sie an jedem schönen Sommermorgen –
Aus des Geliebten Armen ausgewandert,
Jedoch vertrieben nicht, der frohesten Wiederkehr,
Des herzlichsten Empfanges herzgewiß –
Schlaftrunken noch, die nackten Arme hebend,
Ins Freie trat, das frei war wie sie selbst!

Das hat sie jetzt nicht mehr, nicht Haus noch Mann,
Kein Geld, auch keine Möbel, kaum ein Bett,
Die eigene Sprache scheint ihr nur geliehen,
Sogar gestohlen, ein verbotener Wert,
Den sie auf ihrer Reise mitgeschmuggelt.

Jedoch den Fluß im großen, fremden Land,
In neuer, so erschreckend breiter Welt,
Den großen Fluß, ihn nahm sie in Besitz:
Mit seinen Lichtern, den gewagten Brücken,
Den Schiffen und den Booten auf und ab;
Den Auen, Wegen, Bänken, Bäumen, Büschen,
Den meilenweit hinwandernden Geländern;
Den Lichtreklamen auf der anderen Seite
In roter, gelber, grüner, blauer Schrift,
Die bald verlischt und bald sich wieder schreibt,
Als wär' sie eine Übung in der Schule;
Den umso schwärzeren Wellen in der Tiefe,
Die schaukelnd sie hier einzukehren laden
Mit einem kühlen Friedensangebot,
Das sie vom Krieg der Welt für immer schiede:
Der Fluß gehörte ihr, so groß er war.

Und als sie in der Fremde einen Freund fand,
So wußte sie ihm kein Geschenk als dieses,
Das all und eine, das sie noch besaß:
Den Fluß und sich.

Der Gehetzte

Heute streichle ich noch meinen Hund,
Aber morgen haben sie mich,
Und haben sie mich, so begraben sie mich
Und ich werde nie wieder gesund.

Wenn ich daran denk, ist die Tür an der Wand
Vermauert, das Fenster aus Blei.
Mein Anzug tut schon ganz unbekannt,
Und dabei ist er noch wie neu.

Wozu Füße, wenn zum Laufen nicht,
Ein Kopf, der nicht lügen mehr will!
Am besten leg ich mich aufs Gesicht
Und halte die Hände still.

Heinrich Mann

Von den Namen, die wir ehrten,
Sind nicht alle uns geblieben.
Künstler? Oh, wieviel mal sieben
Zählen zu den Ehrenwerten!

Wankelmütig, *die* gebrochen
Von der Macht und *die* bestochen;
Andre wieder unentschlossen
Und erschreckt, weil Blut geflossen:
So sind sie zu Kreuz gekrochen,
Stört sie auch ein Haken dran.

Manche warten lieber, schweigen,
Nicht zu früh ihr Herz zu zeigen.
Manche. – Du nicht, Heinrich Mann.

Union Square

Zurückzusinken in die Zeit, da ich mit Menschen lebte,
Ein Gatte war, im Arm der Gattin schlief,
Als Kinder kamen, eines nach dem andern:
So war auch ich auf Erden – freilich,
Dem Volke blieb ich leider immer fern,
Mich nach dem Volke sehnend. Union Square!
Auf deinen Bänken wag ich kaum zu sitzen,
Volk ohne Arbeit, ich auch ohne Arbeit –
Doch in die Kette dieser darbenden Gesichter,
In die Umarmung abgerissener Gestalten,
Vom Leben selber ziemlich abgerissen,
Wag ich mich immer noch nicht einzuschließen.
Wo Juden sitzen, hart geprägte Juden,
Stehe ich wie ein Bittender, hungrig nach ihnen,
Nach einem Wort, nach einem Streit mit ihnen.
Zu häßlich können sie mir gar nicht sein,
Je häßlicher, so wirklicher, so wahrer,
So wärmer und so näher ihre Herzen,
Volk, das nach Arbeit ruft, das Frieden will.
Auch ich will Arbeit, auch ich will den Frieden,
Und möchte rufen, wüßt' ich ihre Sprache,
Die Mundart und den Tonfall alles Volkes,
Das nach dem Frieden und nach Arbeit schreit.

Zeitgenosse

Denn das ist nicht geschehen: es hat der große Krieg
Mich nicht begraben.
Und auch die Syphilis,
Sie wollte mich nicht haben.
Das Dritte Reich, es hat mich nicht erreicht
Mit seinen Folterungen.
Und weder Krebs noch Leukämie
Hat mich von innen her durchdrungen.
So verschont, was kann
Zum Dank ich geben?
Wo ist das Opfer, wartend auf
Mein aufgespartes Leben?

Der Freund

Ich seh dich wieder, Freund, nach vielen Jahren,
Du bist derselbe, doch der gleiche nicht.
Ich säh' dich lieber in die Grube fahren,
Als so verzeichnet dein Gesicht.

Die Augen sind mit Schatten tief vertuscht,
Als wären sie in Erde eingegraben.
Und das an deinem Mund vorüberhuscht,
Das Lächeln möcht' ich nicht gesehen haben.

Wer bist du, hast du deinen Gott vergiftet
In deinem Bett in einer Schreckensnacht?
Da ist ein Unglück, das du selbst gestiftet,
Das dich zu Kain und Judas macht.

Du sprichst von Selbstmord, und ich sage nichts.
Wovon du redest, es ist längst geschehn.
Es wächst der Schatten deines Angesichts.
Ich denk an dich – und weiß nicht mehr, an wen.

Haus in New York

Das kleine weiße Haus, zwischen modernen Riesen
Bedenklich eingeklemmt: grault es sich nicht vor diesen?
Vielleicht sind die ihm Berge, die ein Zauberer nachts
   herbeigetragen.
Das alte Haus! Es hat schon Mühe, seine Fenster zuzuschlagen.

Es knarrt sein sieches Holz, doch Waldes Eigensinn
Verbockt sich im Gebälk und träumt vom Urbeginn.
Uneingeschüchtert von den nachbarlichen Stahltraversen,
Steht es ein wenig schief auf seinen morschen Fersen.

Die es von Vätern erbten, starben: zwei vergilbte Tanten,
Die noch die Ruhe vor dem Sturm der Massen kannten.
Verhutzelte Damen aus den Gründerjahren.
Mit Pferden sind sie noch vor's grüne Tor gefahren.

Wie Trödel schimmelten sie zuletzt in der vergessenen Klause. –
Vertriebene suchten Zuflucht jüngst beim leeren Hause,
Verzicht, der sich auf mitgebrachten Kissen bettet,
Geliebte Möbel, aus dem großen Untergang gerettet.

Im Schwalbennest geborgen, sind's nicht Kuckuckseier?
Holländische Truhen, deutsches Biedermeier,
Der Renaissance noch immer herrschaftlicher Schwung,
Und Teller aus Limoges, ohne Sprung.

Kein Kind läuft stolpernd auf den schrägen Dielen.
Der Ecksalon sieht hoffnungsloses Kartenspielen.
Die Bilder an den Wänden, die einst stolz gefunkelt,
Auch sie erscheinen gramvoll nachgedunkelt.

Rühmt sich mit Künstlerstolz die Weltgeschichte,
Daß mitten im Verfall sie grimmige Idyllen dichte?
Auf Holz folgt Stahl. Jedoch ein Zeuge überdauert:
Ein kleines, weißes Haus, das an der Zeiten Abgrund kauert.

Der Mann auf dem Wolkenkratzer
Eine Ballade

So viele Menschheit in New York.
Mancher Kopf schwimmt hier vorbei
Wie auf breiter Flut ein Kork.
Der Strömung ist es einerlei.

Manches Kleid ist zu beneiden
Von der Armut scheelem Blick.
Damen, welche Hüte kleiden,
Stolz auf den koketten Knick.

Und es schau'n sich die Gebäude
Dies Kostümfest freundlich an –
Zwanzig Stock hoch ihre Freude,
Die auch höher klimmen kann,

In den Himmel sich zu recken,
Höchst, so weit ein Aufzug reicht.
Solch ein Haus fragt sich mit Schrecken,
Ob's dem Turm von Babel gleicht.

Hoch auf allerhöchster Zinne
Eines Tags ein Mann erscheint,
Streckt die Arme: »Haltet inne!
Seht mich sterben! Steht und weint!«

Menschenkäfer auf dem Pflaster,
Sie vernehmen nicht ein Wort.
Droht er? Lästert oder spaßt er?
Steht er als Reklame dort

Für ein neues, promptes Mittel
Gegen Platz- und Höhenangst?
Für Pyjamas, Morgenkittel,
Oder was du sonst verlangst?

Denn sie sehn ihn sich entkleiden,
Kragen, Schlips – er streut sie aus.
Wird er auch vom Hemde scheiden?
Winkt ein hoher Augenschmaus?

Wird er nackt, wie neugeboren,
Sich dem Winde anvertrauen,
Der ihn kühlt bis in die Poren,
Haut und Herz und Augenbrauen?

Propagiert er eine Sekte,
Preisend einen neuen Gott,
Der bisher sich stolz versteckte
Vor der Menschenmeute Spott?

Ohne Hosen, ohne Schuhe
Steht der Mann, ein steiler Punkt.
Seine Zeichen heischen Ruhe,
Wie er in die Tiefe funkt.

Ein Entschluß scheint ihm zu reifen,
Den er stumm zur Geltung bringt.
Plötzlich dämmert ein Begreifen:
»Dieser nackte Mann – er springt!«

Unten staute sich die Menge,
Längst schon stockte der Verkehr.
Retter nahen dem Gedränge,
Polizei und Feuerwehr.

Emsig werden Riesenleitern
An dem Haus emporgereiht.
Doch die kühnen Pläne scheitern,
Die Entfernung klafft zu weit.

Wasserstrahl von höchsten Sprossen
Kommt als Regen uns zurück.
Er nicht, wir nur sind begossen.
Und zur Posse wird das Stück.

Menschen streben hoch im Innern,
Nah aus Fenstern winken sie,
Diesen Flüchtling zu erinnern
An den Wert der Sympathie.

Frauen, seiner Mutter gleichend,
Die man annimmt, doch nicht kennt,
Mädchen, jung und herzerweichend,
Manche lockt und eine flennt –:

»Bist du denn nicht unser Bruder,
Unser Liebster, unser Sohn?«
Das verstockte, nackte Luder
Gähnt nur breit und lächelt Hohn.

Fummelt nun an seiner Hose,
Die er wie 'ne Fahne schwenkt,
Nach der Zigarettendose.
Hat ein Sweetheart sie geschenkt?

Hose, am Gesimse hing sie,
Nieder segelt sie nun frei.
Ein buckliger Bursche fing sie,
Und er tat sich nichts dabei.

Feuerzeug stak in der Weste.
Es zu knipsen macht ihm Spaß.
Und er raucht mit lässiger Geste,
Inhaliert und gönnt sich was.

Zu den Wartenden gesellt sich
Mit dem Sakrament zur Hand
Auch ein Priester jetzt, der stellt sich
Betend an den Straßenrand.

Kommend von den letzten Zügen,
Die der Tod dem Menschen läßt –
Ach, wer wagt da noch zu lügen,
Jeder stellt die Sünden fest –,

Glaubt er sich gesandt, zu rühren
Jenes allzuhohe Herz.
Und er hebt, ihn zu verführen
Die Monstranze himmelwärts.

Hat der Mensch sie wahrgenommen,
Der von dort herunterblickt?
Alle harren angstbeklommen.
Irren wir? Er spuckt und nickt.

Wirkt denn, daß sein Herz sich wende,
Nichts, wie heilig auch und groß?
Gar nichts. Jener ist am Ende,
Arbeits- und gewissenlos.

Stunden hat dies Spiel gedauert,
Unten wir und oben er,
Daß wir ihn, er uns belauert,
Aufgehalten der Verkehr.

Rendezvous wurden gebrochen,
Mancher Lunch sogar versäumt.
Diese Stunden schienen Wochen,
Wie man's sonst in Ängsten träumt.

Wie er schlendert, wie er lungert,
Dicht am Rand, schon in der Luft,
Bis man nach dem Sturze hungert!
Stoß ihn wer vom Sims, den Schuft!

Wo im Herzen es uns schaudert,
Mahnet uns da eine Schuld?
Der dort, uns zu quälen, zaudert,
Er verbraucht unsere Geduld.

Ausgemalt in Schreckensbildern
Tausendfach, eh's ihm gelang,
Will ich nicht genauer schildern,
Was wir fühlten, als er sprang.

Eines nur: nicht zu vergessen
War die Ohnmacht unsrer Schau.
Spät noch, noch beim Abendessen,
Fühlten wir sie sehr genau.

Wie wir standen, Greise, Kinder,
Damen, Hunde, Mensch und Tier –
Alle machtlos. Auch ein Blinder
Starrte, machtlos so wie wir.

In der Savings Bank

Negerkind, das ist eine wunderreiche Halle,
Marmorne Fließen für
Deinen kleinen, schwarzen, tappenden Fuß,
Der mit Tänzen geladen ist.

Das sind griechische Säulen,
Kühl und gerade,
Daran leg du
Deinen Kopf, dein geringeltes Haar,
Tausend kleine, glänzend schwarze Schlänglein
An die kühlenden Rillen.

Da sind schwingende Glastüren,
Die hinaus in die Sonne führen,
Stell dich du unter sie!
Schnelle, abgeblaßte Menschen
Schwingen an dir vorüber.
Es tastet an deine Wange
Die Hand einer hellen Frau.
Sie sind zärtlich zu dir,
So lange du winzig bist.
Negerkind, nütz deine Weile!

Nütz deine Weile:
Da in dem griechischen Tempel
Am Schalter
Zwischen den Messingstangen
Deine Mutter
Ihre schmutzigen,
Aber ersparten Dollars einzahlt.

Nütz deine Weile!
Nie war ein Boden besser gebaut
Zum tap dancing.
Und schon
Klappern deine Füße,
Ihr scharfer Takt
Mischt sich
Mit dem Geräusch der Kupfermünzen
Auf den Marmorplatten
Der Savings Bank.

Der schwarze Hund

I.

Als wir in Oxfordshire das Häuschen hatten,
Die blonde Frau, die uns bedienen kam,
Erzählte uns von ihrem jungen Gatten,
Der sich – vor Wochen erst – das Leben nahm.

Und während sie den Tisch für Sonntag deckte,
Setzte sie mit den Tellern Wort um Wort,
Als ob es kein Gefühl in ihr erweckte,
Als wäre jede Hoffnung längst verdorrt.

Zwei Jahre sei er stellungslos gewesen.
Er brachte immer nur sich selbst nach Haus
Und lastete auf ihr mit seinen Spesen.
Kein guter Mann hielte das ewig aus.

Er dachte, wenn er sie von sich erlöste,
So kostete es nichts als nur den Strick. –
Sie ging hinaus, daß sie nur keiner tröste.
Doch faßte sie sich heimlich ans Genick.

Wir hörten in der Küche sie rumoren,
Sie schnitt wohl Speck auf das gebratene Huhn.
Noch klang uns ihre Stimme in den Ohren:
»Er schlief so schlecht zuletzt. Jetzt darf er ruhn.«

Ja, wer die Sorge ohne Ende kannte,
Der gönnt dem Freunde gern das Grab,
Der immer nur vergeblich rannte.
Am End' läuft jeder sich die Haken ab.

Wir fragten nicht, ob sie im Herzen friere,
Ob sie denn ihn, ob er auch sie geliebt,
Und ob sie, mit dem Mann, nicht auch verliere
Das Almosen, das es für Arbeitslose gibt.

II.

Sie kam von London mit dem Omnibus.
Sie räumte auf, sie kochte, wusch und ging.
Nie merkten wir, daß Weh oder Verdruß
Auf ihrer immer stillen Stirne hing.

Doch eines Sonntags sahn beim Schuppen wir
Dem Küchenausgang nahe einen Hund.
Wir sahn, sie fütterte das schwarze Tier.
Das tat, stumm wedelnd, seinen Dank ihr kund.

Es folgte ihr, als sie dann fertig war.
Stumm wie ein Schatten ging es mit ihr fort.
Am nächsten Sonntag, schwarz von Aug' und Haar
Lag es stumm und geduldig wieder dort.

Da wir sie seinethalb verlegen glaubten,
Stellten wir uns, den Hund betreffend, blind.
Sie fragte schließlich selbst, ob wir erlaubten,
Daß sie ihm Reste füttere aus dem Spind.

»Wie heißt er denn?« Sie müsse ihn erst taufen,
Doch er verstünde sie auf Wink und Blick.
Er sei ihr auf der Straße zugelaufen,
Ein magerer Hund und räudig am Genick.

Er belle nie, er folge ihr mit Augen.
Wo sie sich wende, lieg' er auf der Wacht,
Nicht lästig zwar, wohl auch zu nichts zu brauchen,
Doch seufze wie ein Mensch er jede Nacht.

Und sei er auch ein trauriger Geselle,
Schwarz wie ein Neger und sein Fell gemein,
Es lieg' doch eben einer auf der Schwelle.
Sie fühle sich seither nicht so allein.

Urplötzlich kam ein Ton aus ihrer Kehle,
Und während sie ein jäher Schauder stieß:
»Wer weiß, wer sie mir schickt, die arme Seele!
Er kam den Tag, da mich mein Mann verließ.«

Ein Mann
(London, 1939)

Im Westen Londons, im Theaterviertel,
Wo sich das bürgerliche Publikum
Gern mit Gespensterfurcht die Zeit vertreibt
(Als gingen die Gespenster nicht schon längst
Am hellen Tage um): da traf ich ein Gespenst,
Das keines war. O nein. Es war ein Mann.

Er wartete auf mich dort an der Bühnentüre.
Ein breitschultriger, untersetzter
Mensch, schlicht im Gehaben, ohne überflüssige
Förmlichkeiten, rund von Angesicht,
Mit Augen, die ein Ziel zu sichten schienen,
Das größer war als ich und unverlierbar.
Doch war der Ausdruck freundlich, auch gemildert
Vom weißen Haar. Und rund war das Gesicht.

Wo sah ich es zuvor? Ach, vierzig Jahre
Schnellt rückwärts das Gedächtnis, vierzig Jahre!
Wir waren Knaben, und es war in Wien.
Ja, auf der Schmelz, so hieß die alte Haide,
Die auch als kaiserlicher Exerzierplatz diente.
Wir spielten Fußball. Unser Klub hieß »Sturm«.
Der rundgesichtige Knabe war berühmt
Als »Center Back«, ein wuchtiger Verteidiger,
An dessen Leib sich jeder Angriff brach.
Wieviele Stürmer brachtest du zu Fall!
Du standest wie ein Felsen. Ja, ich weiß noch.
Wir tranken Bier und aßen Wiener Würstel.
Wir wurden hungrig auf der alten Schmelz.
Es hat der Wind uns gründlich durchgebeutelt.
Wir lachten viel und gern, am meisten du,
Ein wohlgemuter, immer heiterer Knabe,
Ein Held für uns, ja, hochberühmt im »Sturm«.

Auch er erkennt mich. Denn es hat die Zeit,
Die keine Rücksicht übt und keine Schonung,
Uns dennoch die Gesichter aufbewahrt.

So stehen wir denn, Shaftesbury Avenue,
Zwei Emigranten, fremd in dem Getriebe,
Zwei alte Knaben, die sich wiederfinden
Und sich die Hände schütteln, ohne erst
Ein Wort, das uns verbinden mag, zu haben.
Ich hör bewegt mich murmeln: »ja . . . der Sturm.«

Weshalb er kam? Er las halt meinen Namen
Auf dem Theaterzettel. Alte Zeiten
Brachte der alte Name ihm zurück.
Da war ein Knabe, unser bester »Dribbler«,
Der konnte Beine stellen wie der Wind.
Nun auch ein Fünfziger. Er ist noch in Wien
Und möchte raus, ach, aus der Mausefalle,
Aus Naziösterreich, wo er verhungert
Mit Weib und Kind, wenn ihm nicht Schlimmeres droht,
Die bare Folter noch vor dem Verhungern,
Das Lager, Dachau . . . oder Buchenwald,
Noch schlimmer. – »Ja«, sagt er, »ich komm von dort.«

Er kam von dort, ein Monat Buchenwald
Und sieben . . . sieben Monate in Dachau.
Wir trinken Tee jetzt und ein ernstes Schweigen
Sitzt als ein Dritter mit uns jetzt am Tisch.
Allmählich spricht der Mann, auf leise Fragen
Gibt er gleichmütig Antwort, die in mich
So wie ein Stein in einen Brunnen fällt,
In meine ganze Tiefe, Wort für Wort.
Ich schau ihn an, erschüttert, denn ich sehe
Mit immer tieferem Staunen: einen Mann
Hat es aus ihm gemacht, ja, einen Mann!

So viele waren dort von unseren Freunden,
Mitschülern, die ich beinah schon vergaß.
»Ja, der. Erinnerst dich? Ja, der Professor.
Er läuft jetzt dort herum mit *einem* Arm.
Und der, der Schauspieler. Ist tot. Ich weiß.
Er hatte so was wie 'ne Ausnahmsstellung.
Er unterhielt das Pack, sie schonten ihn
Geraume Zeit, bis dann auch er, zur Strafe,

Mitarbeiten hat gemußt, dann war er drin
In dieser grauenhaften Knochenmühle,
Aufstehn um drei und sich im Hof versammeln,
Robotten, Steine schleppen, sinnlos harte Frohn,
Zwölf Stunden lang. Die Strafen, ich muß gestehen,
Die fürchtete auch ich, ich dachte mir,
Die Strafen würd auch ich nicht überleben.
Ja, ob man hingemetzelt wird, ist reiner Zufall.
Sonst ist dort alles teuflisch ausgerechnet,
Die Leib- und Seelenfolter, all die Schinderei,
Doch ob man umgebracht wird, ist ein Zufall.
Jetzt ist er tot. Grad als er sich gebessert.
Erst hat ihm Solidarität gefehlt.
Er war so schlapp. Es hat ihn sehr gekräftigt.
Er sagte mir am Schluß: ,Du hattest recht.
Ich war ein Scheißkerl. Ja, ich wußte nicht,
Wieviel ein jeder Mensch ertragen kann.
Wenn er's erträgt, macht's ihn am Ende stärker.'«

Wir saßen da und machten eine Pause
Für diesen Toten, der die Besserung,
Die er errang in furchtbarem Martyrium,
Nicht mehr ausnutzen konnte. Ruh' in Frieden! –
Dann hört' ich, wie mein alter Spielgefährte
Ganz schlicht und ohne vielen Umstand sagte:
»Ich wußte nicht, daß es dich interessiert . . . «
Er wußt es nicht. So leben wir vereinzelt,
Der eine da, der andere dort, und wissen nicht von uns.
Und er hat recht: ich war ja nicht in Dachau
Und nicht in Buchenwald, was kann ich wissen.
»Wieviele wart ihr?« – »Wir? Viertausend Juden,
Achttausend Christen, viele Sozialisten,
Auch Katholiken, Monarchisten, alle Fronten,
Und doch geeinigt. Wir Juden hatten dort auch unser Ghetto,
Und doch geeinigt mit den Kameraden,
Im Unglück gegen diese Pest geeinigt,
Die noch den Rest freiherzigen Menschentums
Zur letzten Rettung einig machen wird.
Das haben wir gelernt in harter Schule,

Die spät im Leben kam; grauhaariger Schüler,
Hab ich die Lehre dennoch gut beherzigt,
Und nichts bringt je mich mehr vom Wege ab.
Nichts fürcht ich mehr. Und wenn ich auch erschrecke,
Wenn meine Frau dem Kind 'nen Klaps versetzt,
Erschrecke tief bis in den Seelengrund,
Doch fürcht ich nicht den Feind bis an *sein* Ende,
Das ihm gebührt, das er um uns verdient hat.«

Oh sag mir mehr von eurer Einigkeit,
Nicht von den Foltern, von der Einigkeit.
Nie werd ich müde, mehr davon zu hören.
Wir, die wir viele Freiheit noch genießen,
Uns fehlt sie doch so sehr, die Einigkeit.
»Es kam ja vor, ein Christ schlug einen Juden.
Entsetzlich war's, doch tat er's auf Befehl
Der Quäler. Und am nächsten Tage schlich er
Zu seinem Opfer, bat, ihm zu verzeihen.
Das sind so Umgangsformen in den Lagern.«
Ich sah, wie er die Hand vors Auge hob,
Als wäre sie ein Drahtverhau, dahinter war er
Plötzlich wie weggeschlossen mit Erinnerungen,
Getrennt von mir durch eine Welt von Leiden
Und doch in sich und seine Kraft versammelt.
Welch eine Ruhe war da um den Mann!
Wieviel Entschlossenheit und Festigkeit,
Wieviel Geduld! Die hart geschmiedete,
Die in dem Höllenfeuer Stahl gewordene,
Die nun auch nicht die Hölle selber scheut.
Der Mann wird kämpfen, wenn es darauf ankommt!
Den haben sie fürs Äußerste erzogen,
Und ihn beneiden mußte ich darum,
Weichherzig wie ich bin und ungeprüft.

Und schließlich mußte ich ihn offen fragen:
»Wie kam's, daß du es überstanden hast
Und nicht zerbrachst, nein, daß du wachsen konntest
In dieser Prüfung, über sie hinaus?« –
»Vom ersten Tag an faßt' ich den Beschluß:
Ich will ein Zeuge sein, ich will berichten.

Peinlich genau, wie peinlich ich's erlebt,
Ort und Gelegenheit, Gebärde und Kostüm,
Historisch treu, daß Leid Geschichte wird,
Geschichte aber Besserung der Leiden.
Das gab mir Kraft, den Graus zu überleben,
Denn nur wer überlebt, nur der bezeugt.
Für diesen Zweck hab alles ich ertragen
Und viel riskiert. Ich wagte weit mich vor
Bis in der Häscher innerste Kanzleien.
Mit jedem sprach ich, wo es möglich war,
Um alle Wahrheit an den Tag zu bringen,
Der sich so gern und immer frisch belügt.
Ich hatte freilich meine eignen Schwächen
Auch wider mich. Man ist ja nur ein Mensch
Aus Fleisch und Knochen, feig und stolz dazu.
Ein Beispiel, Freund: uns Juden war's verboten,
Im Sommer bei der Arbeit was zu trinken.
So schlampften wir uns aus dem Blechnapf voll
Beim Frühstück schon, bevor die Arbeit anging.
Kein Wunder, daß man später dann in Not war.
Austreten durfte nur, wer darum bat,
Man hatte stramm zu stehen, zu salutieren,
Gehorsamst bittend, als ein Schutzhaftjude,
Der Schutzhaftjude so und so, er bittet –:
Zu dumm! Ich brachte es nicht über mich,
Vor den Lausbuben bittend anzutreten,
In meinem Alter, als ein Schutzhaftjude.
Und nie, in dieser ewig langen Zeit
Hab ich's auch nur ein einziges Mal getan.
Viel lieber trat ich aus auf eigne Rechnung!
Darauf stand Tod. Ich wurde nie erwischt,
Sonst säße ich ja nicht mit dir in London.«

Er lachte plötzlich. »Warum lachst du denn?« –
»Dasselbe hat mich meine Frau gefragt.
In Aachen war es, an der deutschen Grenze,
Da gab mir ein SS-Mann noch 'nen Tritt,
Daß, wie ein Fußball, in den Zug ich flog,
Grad auf die Bank hin, neben meine Frau.

Da lachte ich wie wild, der Frau zum Staunen.
Ich dachte an den dummen alten Witz:
Im Warteraum bei einem Irrenarzt
Spricht ein ganz netter Herr 'ne Dame an
Und bittet sie, sich für ihn zu verwenden
Beim Doktor, der ihn für 'nen Kranken hielte.
Ein Irrtum wäre das, nein, ein Komplott.
Und wirklich sehr vernünftig spricht der Mann,
Bittet so lieb, die Dame ist gerührt.
In dem Moment wird sie zum Arzt gerufen.
Und wie sie eben durch die Türe geht,
Erhält sie einen ungeheuren Tritt
Grad in den Hintern, und sie fliegt ins Zimmer.
Als sie sich umdreht, sieht sie jenen Mann,
Der listig lächelnd seinen Finger hebt
Und sie ermahnt: ‚Vergessen Sie nur nicht!'
Daran hab ich gedacht und mußte lachen.
Der Tritt von Aachen war 'ne Fleißübung,
Auch ohne ihn hätt' ich ja nichts vergessen.
Da hat der Mann sich ganz umsonst bemüht.«

Wir standen auf. Ich drückte seine Hand.
Ich sah ihm nach, wie still beherrscht er ging.
Auch ich war stärker, als bevor er kam.

Dem Dichter Bert Brecht

Daß deinem Shakespeare du mit Werken mehr als Worten
        huldigst,
Das kleidet dich, denn deinem Stil entspricht's,
Der du das Leben nie, die falsche Ehrfurcht stets beschuldigst
Mit der Beweiskraft deines Lehrgedichts.

Dir wird Gedicht, was heiß dein Herz gedacht hat,
Dann geht es durch die Kühlung deines Kopfes,
Bis der es dichter und verläßlicher gemacht hat –
Zum unbequem verdrossenen Staunen manchen Tropfes.

Denn die Gemeinde besseren Wissens zu errichten,
Enthüllte sich als deines Lehrens Ziel.
So mit dem Herzen denken, mit dem Kopfe dichten
Brachte dich auf geradem Wege – ins Exil.

Shakespeare

> *» . . . Rache und Wollust*
> *Sind tauber als der Ottern Ohr*
> *Dem Ruf wahrhaften Urteils!«*
> (TROILUS UND CRESSIDA)

In seinem Städtchen bin ich gewesen, in Stratford.
Ich sah das Bett, in dem er schlief und zeugte,
Wenn wir der Überlieferung trauen dürfen.
Mir wurde eng in diesem bürgerlichen
Käfig, zwischen dem Hausrat der Wohlhabenheit,
Der mehr die Gattin als den Shakespeare spiegelt.
Hat er sich dort denn jemals wohlgefühlt?

Freilich, wer weiß das, war er doch ein Gatte,
Kein Mönch und kein Asket; ein Schauspieler,
Der sich, der Schminke satt, zur Ruhe setzte,
Den Zauberstab vergrub, das Buch dazu.
Oder ist er ein Schauspieler geworden,
Um diesem Orte öfter zu entfliehen,
Dem Bett, der Frau, dem Hausrat – in den Schenken
Von London vielleicht besser aufgehoben?
Ein Public House ist eine offene Welt,
Das Ohr des Dionys zu aller Welt
Und ihren Händeln, ihrem Markt und Geld,
Wo sich im Suff die Hure und der Tagdieb
Mit Stoff versorgen, den der Dichter braucht;
Und wo der Niederschlag der Politik
Wie Weinstein sich an kranke Seelen setzt.
Porter und Ale ist ihnen Arzenei

Und heilen dennoch nicht ihr Erdenweh.
Das Würfelspiel, es ist die Welt nochmals,
Doch was hilft Mogeln, ist Fortuna nicht
Darin geschickter als der schlaueste Schelm?

Dort zeichnete wohl in vergossenem Wein
Er mit bedachtem Finger sein Konzept,
Nach dem wir alle heut noch immer leben,
Und spielen, was er vorschrieb, seine Rollen,
Zehnte Besetzung wir, nein, zwanzigste,
Der Text verstümmelt, und von Generationen
Von Mimen erbten wir viel schnöden Aufputz,
Schlechte Manieren, manch Extempore,
Falsche Betonungen, versteifte Gesten,
Gehäuften Irrtum aus der Zwischenzeit.
Doch schimmert das Original noch durch!

Und manchmal dämmert es uns wie Beziehung,
Verständnis lichtet unser trübes Staunen:
Er wußte es. Ach, von uns allen hat er
Gewußt mehr als wir alle von uns wissen,
Schon damals, immer schon! Wir stümpern ihm
Und seinem Wissen unwillkürlich nach,
Als hätte er's verhängt, in Wort und Tat,
Im Fall der Reiche, im Verschleiß der Kronen.
Ein Zeitalter, es äfft das andre nach,
Wenn auch Kostümwechsel und ein Versagen,
An Pomp und Würd' es jenem gleichzutun,
Die Ähnlichkeit verkürzen um ihr Recht,
Den Autor prellen um die Vollgestalt.

Ein Leben mußten wir verlieren, unser Land,
Ertrag der Mühen, unser bißchen Ehre,
Vermögen und Besitz, die Sprache gar,
Um im Exile eines späten Tages,
Als wir zu beißen nichts und nichts zu hoffen
Im schnöden Niederfall der Zeit mehr hatten,
Uns an die Stirn zu schlagen, rufend: *»Shakespeare!«*

Emigrantentheater

In dieser Zeit, der Zeit des Hitlerkrieges,
Sah ich euch, deutsche Schauspieler in der Verbannung:
Ihr spieltet »Faust« von Goethe.

Auf einer unterirdischen Probebühne –
Ein zeitgerecht Symbol der Katakomben –
Mit ein paar Tischen, Stühlen, hin und her gerückt,
Bald war das Fausts Studierstube, dann Osterlandschaft,
Auerbachs Keller, nebelreicher Brocken,
Dann wieder Gretchens Stube, deutsche Kleinstadt
Im deutschen Mittelalter, das nie endet,
Gefängnis, auch unendlich, Scharfrichters Beil
Zuckt über einem Mädchennacken, aktuell –
Schauspieler, die nun seit drei Monaten,
Während die deutschen Heere Welt erobern,
Sich Goethe zu erobern heiß bemüht sind
Im Schweiße ihres Angesichts, auf englisch!

Im fremden Idiom seltsam entstellt,
Ging diese Dichtung – wie im Trödelladen
Die Ware, die den Schimmer eingebüßt hat,
Zu immer ärmern Händen niedersteigt –,
Ging dieser Faust wie im geflickten Kleide
Mit ausgestoßenem Bettelvolk einher.
Und war doch Himmel, Gottes Heerscharen,
Der Glanz der Engel, Satans witzige Flamme.
Vom Geist, der stets verneint, war's abgestempelt,
Von einer Kraft, die Böses will, gemindert,
Und blieb doch die, die stets das Gute schafft.
Manches verstand ich hier zum ersten Mal:
Die große Ruhe, die Faust überkommt
Als ungebetnen Gast in Gretchens Stube;
Nur ein gehetzter Mensch empfindet das!
Und des heraufbeschworenen Erdgeists furchtbares
»Zurück!«, als wär's dem deutschen Volke zugerufen,
Das mit der Faust die Schöpfung revidierend,
Die Tat nachträglich an den Anfang setzt,
Doch von der Untat sie nicht trennen kann!

Tobsucht des Grüblers, der ins Leben greift
Und ungeheures Unglück herbeschwört,
Um dann zu rufen: »Wär' ich nie geboren!«
Auch dahin kommt es noch – im fünften Akt.

Auch Juden spielten mit, die unverbesserlichen
Juden – werft sie hinaus aus eurem deutschen Pferch,
Sie spielen Goethe! Brandmarkt sie als undeutsch,
Sie spielen Goethe! Hetzt sie unselig über die Erde hin,
Sie spielen Goethe! Entkommene Schutzhaftjuden,
Mit einem Buchstaben in ihrem Paß,
Mit Israel und Sarah vor dem Namen,
Sie spielen Goethe! Und sie spielen ihn,
Wie diese ganze Gruppe Spielgerechter,
Mit einer Treue, die sie schöner macht,
Ihn rührender! Ich sah's durch nasse Augen,
Durch dieses Spieles Kraft vom Haß erlöst.

Frau auf der Straße

Manchmal schaue ich mir schon die Lastautos an:
Wie es wohl am bequemsten wäre,
Sich darunterzulegen.
Sie sind breiter als der breiteste Mann,
Und sie kommen einer Frau so sicher entgegen.

Der Bauch spricht

Du wunderst dich, daß ich dich überhole?
Ich, zwischen dich und jedes Herz gekeilt,
Bin deines Mitleids unverbrannte Kohle.
Dein Pfund bin ich, das du nicht ausgeteilt.

Mich mästet jede träg versäumte Stunde.
Ich bin, was eigensüchtig du verzehrt.
Drum staune nicht, daß ich dich überrunde,
Dein zweiter Rücken, gegen's Licht gekehrt.

Wirf mir nicht vor, daß ich am Unglück schwelle,
Das deine Brüder trifft und dich verschont.
Ich wölbe mich, der Vorsicht Zitadelle,
Wo deine insgeheime Klugheit wohnt.

Zufrieden sei, mein Schwergewicht zu schleppen,
Entschuldigt es doch deine Apathie.
Du müßtest sonst auf ungesunden Treppen
Um Hilfe betteln gehn für den und die.

Wenn ich um manche Frauengunst dich prelle,
Erspar ich dir dafür den Männerstreit.
Am besten bleibst du stattlich auf der Stelle,
Von mir getröstet, und durch mich gefeit.

Der Wahnsinnige

Dies ist der Wahnsinn, der den Mann befallen:

Er mißt sie länger nicht, er lebt mit ihnen allen,
Ladet sie ein, deckt für sie unermüdlich
Den Tisch, und – westlich, östlich, nördlich, südlich –
Überallhin verbeugt er sich, windrosenhaft sich drehend
Und jedem Gast, der kommt, entgegengehend.
Denn jeder kommt, aus Böhmen, Mähren, Wien,
Südfrankreich, Holland, Belgien, ja, aus Berlin,
Doch mehr aus Dachau und von Buchenwald,
Abkürzend den dort vorgeschriebenen Aufenthalt.
Die Grenzen hielten sie nicht länger fern.
Sie kommen fröhlich, er empfängt sie gern,
Die Schar der Juden Polens und der Bukowina.
Auch aus Italien und aus Palästina
Kommen sie summend, die nicht mehr Gescheuchten,
Mit seinem Wein die Kehle sich zu feuchten.
Begierig wird da jede Hand ergriffen
Der Heimgekehrten auf rettenden Schiffen.
Schulfreunde, Menschenfreunde, Friedensfreunde, Dichter,
Bekannte und ihm unbekannt gebliebene Gesichter,
Er hatte sich gesorgt um jeden und um alle,
Nun saß keiner mehr in der Menschenfalle.
Und er ist reich, und also keiner arm!

Dies ist sein Wahn. Sonst tut er keinen Harm.

Nachrufe

Soviele Nachrufe hielt ich in dieser Zeit
Gefallenen Freunden, Todgepeinigten,
Selbstmördern, die von aller Ängstlichkeit,
Vom Schandmal der Gewalt sich reinigten.

Noch ging er mit, und schon ist er gefallen.
Wir tragen weiter unsre Daseinspflicht.
Die Kämpfer haben's gut. Der Traurigste von allen
Ist, der in diesem Krieg den Nachruf spricht.

Die Glückliche

Den Reiz der Herzensliebe zu entfalten,
Verhindert dich auch die Verbannung nicht.
Die Armut macht dein Lächeln nicht erkalten,
Und Sorge bricht die schöne Spannung nicht.

Im Nebelreigen fremder Städte sprühen
Die Lebensgeister dir doch ungetrübt.
Dich unterhält ein Varieté der Mühen,
Daran sich deine gute Laune übt.

Schreckliche Straßen mußt du täglich laufen,
Dort stellt der Handel seine Waren aus.
Wenn nicht dich selbst, was kannst denn du verkaufen?
Das letzte Kettchen geht ins Pfandleihhaus.

Doch Liebe, dich mit Freuden auszustatten,
Ist wie ein aufgesparter Schatz im Spind.
Eins hilft dir gegen drohendes Ermatten:
Zu helfen anderen, die glücklos sind.

Die uns den Rücken kehren

Die genug von Mensch und Menschheit haben,
Unbekümmert, wo sie sie begraben,
Einer Mörderwelt den Rücken kehren,
Die sich nicht mehr flüchten, nicht mehr wehren,
Die, dem Menschenfischernetz entkommen,
In die Bucht des Todes sind entschwommen,
Die verstummt sind, keinem mehr zu fluchen,
Wo sie sich versteckten, hilft kein Suchen,
Die bei unserem blutigen Pfänderspiel
Nicht mehr warten, wem das Los zufiel,
Keiner Vorschrift fürderhin entsprechen,
Keines Briefes Siegel mehr erbrechen,
Keine Zeitung mehr in Zukunft lesen,
Nichts macht ihnen Sorgen, nichts macht Spesen,
Nicht mehr Menschen dieser, jener Klasse,
Kinder keines Landes, keiner Rasse,
Die kein Muttermal der Folter vorbestimmt,
Denen keiner mehr das Recht zu lieben nimmt,
Keiner vorschreibt, wo, auf welchen Plätzen,
Welchen Bänken sie sich rechtens setzen,
Keiner grübelt mehr, wie sie beschämen,
Keiner kann sie mehr in Schutzhaft nehmen,
Von den Kindern keiner sie entfernen,
Keine Sprache müssen sie mehr lernen,
Keinem werden sie das Brot beschränken,
Wenn sie an ein Mittagessen denken,
Keiner hindert mehr, was sie erstreben,
Ach, auf keines Kosten mehr zu leben,
Zweifeln nicht, ob ihr Produkt begehrt sei,
Ob das alles denn das Atmen wert sei,
Nicht zu stolz mehr sein, nicht zu bescheiden:
Ja, man muß sie manchesmal beneiden.

Ende der Hetzjagd

Gönne dir doch Ruhe!
Schade um die Schuhe.
Schone endlich auch dein Kleid,
Geh zu Bett! Die Glieder
Ziehen dich gewaltig nieder.
Und die Seele ist ja längst so weit.

Fürchte nicht die Trauer
Dieses Großstadtzimmers
Und die Wechselfieberschauer
Deiner Einsamkeit!
Und daß die Vergeblichkeit
Dir mit Tränen in die Augen steigt!
Ja, dein Leben ist jetzt wie ein Krug geneigt,
Und die nächste Stunde ist ein Fuß, der diesen Krug
Noch ganz umstößt!
Leid fließt aus – dann fühlst du dich erlöst.

Lösch aus!

Lösch aus! Ich will nicht sehen, daß du Mensch bist.
Ich will dich umarmen.
Wie könnt' ich, sehend daß du Mensch bist,
Bei dir erwarmen?

Zu blutig hat der Mensch gehaust,
Lösch aus!
Daß du auch mein Gesicht nicht schaust,
Die Lampe aus!

Erst wenn das Dunkel mich begräbt
In deinen Armen,
Geschieht's, daß wiederum mein Glaube lebt,
Und daß die Nacht uns täuscht, Geliebte, aus Erbarmen.

In diesem Augenblick

Am Ende war's die alte Kindermäre
Vom Rattenfänger, der laut pfeifend schritt.
Und hinter ihm die großen Menschenheere,
Sie gingen mit, sie gingen mit, sie gingen mit.

In diesem Augenblick
(Geschrieben im Frühling 1935)

In diesem Augenblick
Wuchert das Gras auf Erden,
Wuchert das Geld wie Gras,
Wuchert die Armut, wie Gras und Geld,
Wuchert die Not, der Haß,
Mehr als je Liebe tat,
Wuchert das Leben,
Rücken an Rücken
Mit dem Wucherer Tod.

Leben hat viele Gesichter, viele Herzen
Und Arme, die aufeinander schlagen.
Leben sucht nicht Verständigung,
Nein, Unterjochung ist seine Form, sein Maß,
Der Raub sein Element,
Ausbeutung heißt sein Gedeihen.

Heut ging ich durch die Slums.
Ein alter Mann, Großvater,
Ward geführt von einem Kind,
Das kaum zu seiner Hand reicht.
Blondhaar führte Weißhaar,
Und die arme Straße war verzaubert.
Ich sah in einer Höhle sie verschwinden,
Die mich erschreckte. Dieses ist ihr Haus.
Und an den Fenstern klebten andere
Kindergesichter, graue, grause Masken,

Wie grausigere nie des Wilden Furcht ersann.
Da kleben sie
In diesem Augenblick
Und regen sich nicht mehr. –

Aber es regen sich
In diesem Augenblick
Die Tennisspieler auf der grünen Wiese
In weißen Kleidern, selig, göttergleich.
Und junge Mädchen, Ebenbilder des Glücks,
Reiten auf schön gewölbten Pferden.
England ist voll von Blumen
In diesem Augenblick. –

In diesem Augenblick
Rastet in deutschen Breiten
Die Kelter nicht.
Ich meine nicht die Kelter,
Welche die Traube preßt, o nein,
Es rinnt dahin des Menschen Blut.
Blutkelter ist in Gang, die Folter geht
In diesem Augenblick
Und rastet nicht,
Geübt an wehrlosen Gefangenen
Von wohlgemuten Henkern, deren Lachen
Das Stöhnen und das Schreien der Opfer übertönt.

Launige Besessene sind es,
Gegen Mitleid gefeit.
Der Auftrag ihrer Mächtigen
Macht sie gewissenlos, sie wissen,
Daß ihre grauenvolle Praxis
Belohnt wird mit Ämtern und mit Ehren.
Sie vergöttern ihre drei Gewaltigen,
Und sie haben sich geschworen,
Rastlos zu wühlen
In Fleisch und Bein der Opfer,
Und nennen's ihren Dienst.
Grause Operateure,
Zerreißen sie das Fleisch,

Weil es lebendig ist,
Legen die Knochen bloß, zerbrechen sie,
Schlagen auf die Nieren, das Herz,
Trommeln auf Nerven und
Verrenken das Geschlecht,
Nicht rastend, bis der ärmste Lazarus
Die Notdurft unter sich ergehen läßt –
Und das gibt ihnen Macht,
Gibt ihnen Recht und Herrschaft.

Wie? Dieser hielt den Krieg für eine Schande?
Seht seine Schande jetzt und weidet euch an ihr!
Der Krieg unmenschlich, meinte er?
Er fühle, wie weit mehr unmenschlich
Der Friede sein kann!
Jener wagte, den Besitz des Geldes
Zugunsten der Entbehrenden zu stören?
Er lerne erleiden, was Störung ist!
Gestört wie er ward keiner
Bei Tag und Nacht, gestört im Schlaf, im Wachen,
Im Atmen, im Denken, im Urinieren!
Gezwungen, sein Wort zu widerrufen
Und seinen Unflat aufzuessen
In diesem Augenblick!

Auch Juden können bluten.
Sind sie auch blutscheu,
Bluten können sie –
Quod demonstrandum est!
Und dieser ist ein Christ – er lerne Demut
In unerhörter Lehre, die er nie vergißt!
Und die befleckte Hand
Der rüstigen Henker
Sucht rastlos den Weg
Zum Sitze des Gedankens,
Der geheim ist
Und sich der Macht entzieht,
Den umzubringen sie sich geschworen haben.
Aller Inquisitionen, aller Torquemadas
Wahnwitziger Vorsatz: den Gedanken

Im Leib des Gegners aufzufinden,
Ihn zu greifen, zu knebeln, zu besiegen, zu töten –
Den Fisch zu fangen, der durch die Tiefsee
Der Seele taucht und noch dem Tod entkommt.
In diesem Augenblick
Morden sie den Gedanken!

Und ihre Journalisten
Morden die Wahrheit
In diesem Augenblick.
Denn das macht forsch und frech,
Wie gute Journalisten sind.
Sie, die den Todesseufzer
Umlügen, und mit dem Angstschweiß der Opfer
Ihre hurtigen Schreibmaschinen ölen.
Betrügen wir die Menschheit,
Die morgen schon
Von Gift und Gas verheert ist!
Sie dauert nicht mehr lange –
Warum sie schonen?

Und Dichter sind bereit,
Der Macht den Hintern zu küssen,
Der Macht, die solches übt!
Warum nicht?
Dichter sind Lügner aus Beruf.
Meister der Lüge, die sie nährt.

Schauspieler üben den neuen Ton,
Gemischt aus Biederkeit und Brutalität.
Sie schöpfen ihre Worte
Aus verklecksten Schulfibeln,
Die der Lehrer, der Verfälscher der Kindheit,
Im Kasten aufbewahrt hat.
Üb immer Treu' und Redlichkeit,
Geriebener Schurke du!
Hab einen Kameraden, der wie du
Zu Mord und Grausamkeit gewillt ist!

Und ihre Filmregisseure
Betasten Filmstoffe

In diesem Augenblick –
Fieberhaft bemüht,
Verlogene Drehbücher zu erfinden,
Satanische Propaganda in gefälligem Bild,
In schmeichlerischem Ton zu tarnen.
Nacktes Mädchen, dein Jugendschmelz,
Dein sex-appeal dient diesem hehren Ziel.
Übe den Kuß von Hollywood,
Daß dein Mund den des Liebhabers
Zu verschlingen scheint, halte bereit
Die Krokodilsträne aus Glyzerin –
In diesem Augenblick
Weint sie dein Fläschchen, Nachbarin!

Und gewaltige Lampen,
Mächtiger als die Sonne,
Beleuchten das
In diesem Augenblick.
Operateure werden es einstellen,
Sie, die Licht und Schatten verteilen
Nach des Verkäufers rechnendem Geheiß.
Ja, Nebensonnen
Sind überall gestellt
In diesem Augenblick.
Mikrophone ragen wie Galgen,
Den Ton zu henken,
Nein, Galgen wie Mikrophone –
Wenn nicht lieber
Scharfrichter in Zylinder
Und Cutaway (ja, cut away!)
Historische Schwerter schwingen,
Das Beil, das fehl schlägt
Und immer wieder
In dieselbe Kerbe trifft
In diesem Augenblick.

In diesem Augenblick
Bedienen
Millionen von Arbeitern
Die Setzmaschinen,

Schleppen Scheinwerfer im Atelier,
Zimmern die Tribüne
Des Redners, der den Krieg verkünden wird,
Erzeugen die Gewehre, die Bomben,
Die Flugzeuge, die Tanks,
Grandiose Apparate, um Pest zu speien,
Erdbeben zu erregen, den Platzregen
Glühenden Metalls, das unter sich begräbt,
Den Sturz von Flammen, die
Unrettbar um sich greifen,
Der eklen Gase
Schleichendes Verhängnis.
Wenn es uns verschont,
Die Kinder wird es treffen
Im nächsten Augenblick!

Alles wird zerstört sein,
Was jetzt noch lieblich ist,
Was lebt und nicht bedenkt:
In diesem Augenblick
Wuchert das Gras auf Erden,
Wuchert das Geld wie Gras,
Wuchert die Armut, wie Gras und Geld,
Wuchert die Not, der Haß
Mehr noch als Liebe tut,
Wuchert das Leben,
Rücken an Rücken
Mit dem Wucherer Tod.

Broadway-Lärm

Broadway-Lärm, du Chaos aller Stimmen!
Da ich in diesem heillosen Jahre,
Im unheimlichen Frühling neunzehnhundert-
Neununddreißig dich wieder hörte,
Aus der Angstflut Europas hierher verschlagen,
Brachte ich kein williges Ohr dir mit, Broadway!

Immer noch auf beiden Ufern die Zwölferreihen,
Eine unfromme Pilgerschaft, ausladende Breite
Der gemischten Völker, die noch kein Volk sind,
Drüber die grellen Lichtschwungpfauenräder,
Lichtlärm über dem Lärm der Hupen, der Stimmen,
Die wie Hupen klingen, der Menschenkehlenmotoren,
Und das Scharren der Füße, die keinen Tritt und Takt
Deines Auf- und Ausbruchs je versäumen, Broadway!

Ein bedenkenloses Vielgefühl der Bewegung
Flutet durch den Massenleib deiner Menschheit,
Deren Seelen einander nicht kennen wollen,
Schiefe Hütchen, frech an Frauenköpfen,
Wuchtige Männerkinnbacken, kauende
Münder, und schnell und unerkannt sich kreuzende Blicke,
Liebende gehen mit, und Ungeliebte, die Reihen
Sind von keinem Ziel, von keiner Botschaft gebunden,
Nur daß Abend es wieder ist, des Ausschwärmens Stunde,
Lebensleerlauf und das Amok des Vergnügens,
Des Verbrechens auch, welches nie sein Geschäft sperrt,
Freßbuden, Schaubuden, Blumenstand, Zeitungsstand,
Weiber, Langusten, Kürbisse, Filme,
Ausrufer kreischen, Plakate brüllen,
Alles laut, leise nichts, Flüstern verboten,
Es schweigen auch nicht die lebendig Toten,
Zeit hat keiner, Raum für keinen,
Der nicht mitgeht, mitsteht, sich mitdreht,
Lachen knattert, kein Seufzer, kein Weinen,
Niemand darf entmutigt scheinen –

Da plötzlich höre ich, horche ich
Und mir wird kalt –
Es tickt und tackt monoton
Über den Asphalt,
Als erklänge im Meer *ein* Tropfen –
Ich suche, ich finde, ich sehe den Ton:
Da geht der Stock eines Blinden,
Mit regelmäßigem Klopfen
Im Chaos den Weg zu finden –
Da geht die blinde, die weglose Zeit!

Das Schaufenster

Zu sagen, was ich sah,
Sah's mich auch nicht
Mit seinen hundert Augen:
In einem Schaufenster,
Der Schau geboten,
Lagen auf Eis, auf Seegras,
Lagen sie aufeinander,
Durcheinander, ineinander:
Langusten.
Von Langusten ein gedrängtes Lager,
Die großen, gewaltigen Scheren
Abgebunden mit Bast,
So wehrlos gemacht, verhindert
Am gegenseitigen Gemetzel
Einer Langustenbartholomäusnacht,
Aufbewahrt dem tarpeischen Sturze
In brühend heißes Wasser,
Scharlachfarbigem Tode.

In diesem Gewirr Gepanzerter,
Meergrundgefärbtgefleckter
Mit zackigen Scharnieren, bauchig
Gewölbt, geschweift, geschwungen,
Urlebenhaft gestaffelt und befestigt –

Erst sah ich's nicht, denn alles
Schien reglos hier, ich stand
Vor einer Leichenschlucht, vor einem
Schlachtfeld – erst ganz allmählich
Lernte ich es sehen:

Im schweren, schwärzlich Grausigen
Rührte sich überall etwas,
Antennen, die nur Schrecken meldeten,
Unbegreiflich-ungreifbaren,
Gestielte Augen, hin und her geschoben,
Und sahen doch nichts in blinder Luft,
Glieder, die eingeschrumpfte Scheren sind,
Winzige Fühler, Nervenenden!
Tot schien das alles längst, betäubt,
Und doch dieses sich Rühren immerzu,
Dieses unaufgegebene Pulsieren,
Tasten im Leeren, dieses Scheuern
Am Mitgeschöpf, das selber wehrlos ist,
Selber verdammt und rettungslos verloren,
Von einer Macht geknebelt, grausam,
Ja unausdenkbar gräßlich grausam
Und dem Langustenfühler unerreichbar,
Langustenrecht und -leben auszurotten
Unappellierbar mitleidlos entschlossen —

Ich stand
Vor einem Konzentrationslager!

In Schritt und Tritt

Tritt aufs Herz, tritt aufs Herz, tritt aufs Herz,
Deinem Feinde, dem Menschen, aufs Herz,
Seiner Ehr, seiner Würde aufs Herz,
Der Milde, der Gnade aufs Herz,
Dem Mitleid, dem Herzen aufs Herz,
Der Zartheit, dem Lächeln aufs Herz,
Der schüchternen Jugend aufs Herz,
Dem Glück des Verstehens aufs Herz,
Dem Wissen, der Wahrheit aufs Herz,
Dem sinnenden Antlitz aufs Herz,
Den Augen, der Stirne aufs Herz,
Der klassischen Dichtung aufs Herz,
Dem griechischen Drama aufs Herz,
Dem leidenden Christus aufs Herz,
Dem Recht der Verfolgten aufs Herz,
Weissagendem Alter aufs Herz,
Bescheidener Tugend aufs Herz,
Aufs Herz, aufs Herz, aufs Herz,
Dem Arbeiter mitten aufs Herz,
Den kleineren Völkern aufs Herz,
Tritt, tretender Stiefel, tritt,
In alles Weiche du tritt,
Auf Liebe, die lieben muß, tritt,
Aufs Geschlecht, auf die Niere tritt,
In Beete, in Blumen tritt, tritt,
In Bücher, auf Bilder tritt,
Auf Verse und Klänge tritt, tritt,
Auf Menschheitsverbrüderung tritt,
Auf Liebe, die lieben muß, tritt,
Auf Schonung, die wehren will, tritt,
Im Stechschritt stich und tritt,
Auf Narben, auf Wunden, du tritt,
Auf bittende Hände tritt,
Tritt aufs Herz, tritt aufs Herz, nur tritt!

Wachsein
(1936)

Und da lag ich wie eine gekrümmte Schlange
Auf meinem Herzen und auf meiner Wange
Und wartete, endlich einzuschlafen.
Denn Wachsein war die strengste von allen Strafen.

Wachsein: das Versäumte wiedergebären.
Wachsein: Hiob weint auf seine Schwären.
Wachsein: ich höre das eiserne Näherrollen
Des Großen Krieges. Die Flüsse der Erde, von Blut geschwollen,
Steigen in meinen Adern, brausen in meinen Ohren.
Und was meine Söhne erträumten, ist es schon verloren?
Versäumen sie die Zukunft, wie ich die Vergangenheit versäumte?
Wachsein: daß mir das alles schon in der Kindheit träumte.
Wachsein: dieser Leib, bald vom Alter verwüstet,
Schämt sich vor euch, die ihr eure Jugend im Schützengraben
              büßtet,
Und vor euch, die ihr für uns die doppelte Arbeit tut,
Die, von der wir leben, die andere mit eurem vergossenen Blut.

Und ich höre euch schon in den Stacheldrähten schreien.
Und es ist zu spät, mich unter euch einzureihen.
Und ich würde gerne den Kot der Erde essen,
Könnte ich, was für euch ich nicht tat, vergessen.

Auf den Bänken von New York

Am Abend sitzen sie auf den Bänken von New York,
Auf den offenen Plätzen, in den Gartenanlagen von New York,
Da sitzen sie in langen Reihen, die Männer und Frauen von
          New York.
Sie kennen einander nicht. Sie sprechen nicht miteinander.
Sie blicken kaum denen nach, die paarweise gehen oder in
          lachenden Gruppen.
Sie schauen ohne Blick in das Getümmel von New York,
In die Lichtsturzbäche, in die grellen Dunkelheiten von
          New York.
Ihre Augen sind leer. Ihre Hände liegen auf ihren Knien.
Ihre Lippen sind versiegelt, ihre Schläfen vernagelt.
Ihre Stirnen sind nur vom Ich bewohnt, dem Einzelmieter.

Wozu sitzen sie alle da? Nur um auszuruhen vom Tage?
Oder warten sie auf etwas? Auf eine Vorstellung, auf ein
          Theaterstück?
Warten sie auf Einlaß? In ein Lokal des Vergnügens?
Oder in einen Versammlungsraum für Keinen und Alle?
In einen Gerichtssaal zur Verhandlung? Sind sie vorgeladen?
Als Angeklagte? Als Kläger? Als Tatzeugen?

Ich versuche in ihren Gesichtern zu lesen. Ist da Erwartung?
Ist da Hoffnung? Aussicht? Einsicht? Spannung? Verwunderung?
Ist da Furcht? Gram? Zorn? Ungeduld?
Nichts davon ist zu sehen. Ihre Augen sind leer.
Ihre Lippen versiegelt. Ihre Schläfen vernagelt.
Ihre Hände liegen auf ihren Knien und rühren sich nicht.
Sie heben sich nicht. Falten sich nicht.
Keine Faust. Keine Hand, die sich öffnet, um zu empfangen.
Nichts, was sie fassen, nichts, was sie halten wollten.
So sitzen sie am Abend auf den Bänken von New York
Und erwarten nichts, versäumen nichts. Sie sitzen.

Kinderspielzeug
(London, November, 1938)

In einem Garten spielen Kinder mit dem Staat,
Und freundliche Beamte sind die Spielgenossen.
»Gasmasken tragen« heißt das Spiel. Der Apparat
Wird luftdicht an die winzigen Gesichter angeschlossen.

»Will jetzt nicht Peterchen die drollige Maske tragen?«
»Seht doch, wie hübsch der Rüssel unsre Nancy kleidet!«
So wirbt Ermunterung mit Beifall, Lachen, Fragen,
Bis ein Dreikäsehoch den anderen um den Putz beneidet.

Wie eifrig sie es treiben, die unmündigen Seelen!
Zutraulich stülpen Form um Form sie über,
Die klaglos passende sich auszuwählen.

Und Onkel Staat belohnt mit einem Nasenstüber
Den, der am besten durch den Schlauch bläst:
    Lernt, ihr Kinderkehlen,
Den Umgang mit der Luft der Menschlichkeit –
    je eher, je lieber!

Der schöne Herbst
(Santa Monica, November, 1939)

I.

Ach, gehen wir an den Strand!
Da liegt die See.
Sie lächelt breit und sonnt sich. –
Dieser Herbst trinkt Sonne
Wie ein träger Säugling Milch:
Die läuft ihm in den Mund,
Der überläuft.
Milchsuppenmeer!

Oh Friede, Friede, Friede!
Gartenfriede.
Der Feigenbaum des Sommers
Ist bald leergepflückt
Und abgeschmaust –
Der gelbe Tod erntet die Blätter schon.
Kein Vogel findet mehr
Den Tisch gedeckt.
Doch blüht es überall –
Schon wieder? Immer noch?
Von purpurroten Lappen,
Lila Sternen, herbstglücklichen,
Ein doldensamenseliges Glockenspiel.
Der Kolibri steht in blauer Luft
Und sieht mich an!

Wir wissen von anderen Breiten,
Da rieselt Schnee herab.
Bei Tage kein natürlich Licht,
Kein künstliches bei Nacht.
Überall nur das Nein erfrorener Liebe,
Die Eisblumen des Hasses!
Es regnet eisig auf Europa:
Tränenströme rinnen
Über ein schmutziges Gesicht,
Tränen und Blut –

Blut, angezapft
Vom alten Küfer Krieg!

Es kam der Krieg
Zu spät und doch zu früh,
Wie eine Ehe nach zu langem Harren.
Vom Feilschen um die Mitgift abgestumpft,
Vermeidet jetzt das Brautpaar Kuß und Bett.
Krieg! Hast du nicht
Mit deiner Waffen Ware
Bei Freund und Feind herumgefeilscht?
Mischen nicht Falschspieler
Die Karten so?
Wer dran verdient?
Nicht, wer dabei verliert.

Die Menschheit? Sie ist nur die Küchenmagd,
Die fleißig die benützten Teller wäscht.
Hat je ein Fresser
An das Mensch gedacht?
Längst kann sie sogar lesen,
Zeitung lesen,
Sie buchstabiert ganz brav –
Die Herrschaft aber tafelt
Und spült das Mark der Welt
Mit Blut hinunter –
Denn Wein ward wieder Blut.

Die Magd schleicht sich ans Radio,
Lauscht dem Tonfall –:
Wie Honig quillt es
Aus dem Instrument hervor.
Du Ohr bei Tag und Nacht,
Geduldiges Eselsohr,
Du langes Ohr,
Du rührend offenes Ohr,
Du Ohr der guten Hoffnung!
Die großen Leute
Besitzen auch die Luft.
Die Luftwelle ist geil und willig,

Mit dem Geld und mit der Macht
Zu huren. Glaub' ihr nicht!
Lerne die Luft bezweifeln!
Hüte dich vor ihr,
Der schlimmen Ansteckung!

Halte ein Sieb vors Radio!
Redner sind jetzt die Führer,
Sie schmeicheln dem Ohr der Armut,
Auch wenn sie heiser bellen.
Die sanftere Tonart
Ist erst recht verdächtig.
Die da zuviel versprechen, wenn sie sprechen,
Sie sind Betrüger, alle.
Wem wir nicht lauschten,
Wenn sein Gesicht wir sähen,
Ihn lassen wir zur Seele unsres Ohrs.
Zweifle, Ohr,
Sonst wird das Herz verzweifeln!
Horche erst,
Wenn du die ernst-gerechte Stimme hörst,
Die schlicht ist wie die Wahrheit. –

II.

Gehn wir denn an den Strand!
Sie ist nicht sehr bevölkert, diese Freistatt!
Nur wenige Grazien tummeln sich im Sande.
Geborene Kalifornier, schöngeleibt,
Hellenen ohne Hirn, Statuen
In Fleisch und Knochen (weniger Fleisch),
Und sonngebräunt bis zu den hellen Augen.
Die sorgen sich nicht sehr – fern von der
Historie und ihren Machenschaften
Haben sie Häuser, leicht wie Zelte,
Sich auf vulkanischem Grund gebaut.
Am liebsten wohnen sie auf dem Tauchbrett,
Beflügelt über der Brandung schwebend,
Gegen die Sonne hingestellte Silhouetten,
Die hier und dort der Gischt begräbt

Zu frischer Meeres-Auferstehung.
Nackt sind sie wie die Sonne.

Dort riecht ein Hund an seinem Spiegelbild
Und galoppiert damit davon,
Nase an Nase, Hund und Spiegelhund –
Darüber hin – weiße Hexameter Homers –
Bewegen sich die Möwenflügel.
Sind sie nicht Wellenschäume,
Die sich von Meergebirgen abgehoben,
Aufgeflattert in die weichere Luft,
Ein aufgescheuchter Schaum nur?
Auf, nieder, Flügel, auf und nieder,
Skandieret euren gleichgewichtigen Vers!

Ein höherer Bau, darüber noch hinauf,
Ein Wolkenkontinent erstreckt sich,
Bis er an den kristallenen Horizont stößt:
Der uns alle, Menschen, Tiere, Wasser, Wolken
Gefangen einhegt, der so enge Zirkel,
Dem wir doch nie entspringen.
So sind wir ohne Ausweg eingeschlossen
In diesen zauberischen Friedenskreis.
Draußen bleiben Welt und harte Gegenwelt,
Der Krieg bleibt draußen –
                                    doch wie lange noch?

Es reichte manches Erdbeben hierher.
Auch diesmal bebt die Erde – aber
Nicht bis zu euch? – So glaubt ihr,
Weil ihr gläubige Kinder seid,
Die sich im Spiel nicht stören lassen wollen.

Die Sonne dort – die unbeteiligt leuchtet –
Oder strömt sie es aus? Ist sie gefährlich?
Ist es ihr Zustand, der uns beben macht? –
Die Sonne senkt sich jetzt zum Westen nieder,
Und wie ein brennendes Luftschiff fällt
Sie hinter den blutroten Rand hinab.

Der drohende Krieg
(August, 1939)

Der Eine, dess' wahnsinniger Entschluß
Die halbe Welt in Asche sprengt!
Und darauf warten Menschen, deren Kuß
Noch warm an unsern Lippen hängt.

Schon jetzt erreicht sie kaum mehr unser Wort,
Das wir sechstausend Meilen fern geschrieben.
Wir überm Meer, sie in der Hölle dort!
Wir gaben vor, daß wir sie lieben,

Und eilen nicht, uns ihnen zu gesellen,
Da schon die Erde bebt, auf der sie wohnen.
Wir, noch geborgen, sehen sie zerschellen.
Doch wird auch uns die Sintflut nicht verschonen.

London da drüben
(November, 1939)

Friede war nur noch gewährt, zu dieser Zeit,
Den Unwissenden und den Herzlosen.
Sonst gab's kein Hinterland, alles war Krieg,
Die Erde, blutiger Beulen, roher Risse Ort,
Nur eine bis auf Widerruf geschonte Stelle,
Ein Schießstand nur für Treffer aus der Luft.

Die Kinder freilich spielten immer noch,
Wie sie befugt und fast verpflichtet sind,
Wenn sie nicht, was Erwartung schon vorwegnahm,
Als Zielscheibe verwendet werden sollten
Für wahre Himmelstreffer, nicht von Engeln
Abgeschossen, doch gezielt auf Engel –
Exempel unserer neuesten Methode,
Wie man aus Menschenkindern Engel macht.

Erinnerung beschwört den Hydepark Londons
Und Kensingtons an Wundern reiche Gärten:
Wo Kinderfrauen in schlichter Uniform
Die träge, wohlgenährte Fracht der Zukunft
In überfüllten Kinderwagen schoben,
Im offenen Perambulator, kürzer: Pram.
In Hampstead sah ich ein kleines Mädchen,
Etwa zwölfjährig, eine Bucklige,
Unterernährt und bläßlich, aber weltklug.
Sie kauerte auf einer Straßenbank,
Einer der Friedensinseln des Verkehrs,
Befangen in vertraulichem Geplauder
Mit einer etwas fadenscheinigen Dame,
Die wohl kaum je ein eigenes Kind erzog.
Zufall schloß diese Freundschaft – nein, kein Zufall,
Sie mußten sich begegnen, diese Zwei.
Da hörte ich die Bucklige es sagen,
Als ich vorüberging, nachdenklich klang's
Und älter ihre Stimme als ihr Alter:
»Ich führ' halt einmal gerne, wissen Sie,
In einem Doppelsitzer.« – »In a double pram.«

Doppelte Sehnsucht äußerte sich so:
In einem Kinderwagen, wie die Reichen,
Geschoben mal zu werden, und zu zweit!

Solche Vereinsamung ist fast grotesk.
Gibt es sie denn im heutigen London noch?
Oh fluchtzerstreutes Heer der Kinder Englands!
Oh jäher Aufbruch von den grünen Wiesen
Der Gärten und den Spielplätzen der Vorstadt!
Der reichste Rasen, der jemals gegrünt
Zwischen den Kerkermauern einer Großstadt,
Das schönste Gras, und lieblich zu berühren
Mit Zehen, wär' es auch durch einen Schuh,
Nun liegt's verödet. Oh Auswanderung,
Neuester Kinderkreuzzug! Reich und Arm
Evakuiert, in Sicherheit gebracht
Wie Küchlein, wenn der Habicht droben steht.
Cockney und Oxford Mundart, alles ging,
Ja, ohne Unterscheidung einfach alles,
Was sie geboren hatten, diese Mütter,
Die nun vom Himmel Eisensaat erharren,
Gesät vom weltenweiten Wettbewerb,
Dem Auskomm zweifelhafter Politik,
Dem Massenhaß der Rassen und der Klassen,
Der keine Schonung kennt: oh tragische Saat!

Es kommen Briefe von der heimgesuchten,
Der schwer geprüften Insel, es zu schildern:
Wie diese kleinen britischen Flüchtlinge
An Orten landen, sonst für sie gesperrt.
Gepflegten Boden tritt manch grober Schuh;
Und Hunde, Katzen, exklusiv erzogen,
Tätschelt die aufgerauhte Kinderhand.
Reiß nicht die Blumen ab, verdutzter Gast!
Wenn auch zu spät geladen, du bist da,
Nun schau und lern, vergleich das mit den slums,
Zieh deine Schlüsse, brauch dein junges Hirn,
Merk dir für später, was du hier gewahrst.
Spar's den zurückgebliebenen Eltern auf,

Was du jetzt denkst, es mag auch sie erleuchten,
Verständnis schaffen zur gerechten Zeit. –

Der Wunsch der Buckligen von Hampstead aber
Mag, wie im Märchen, nun Erfüllung finden.

Morgen am Hudson River
(Juli, 1940)

Ein blauer Topf, ein weißer Topf
Auf dem Gesims des Hauses drüben.
Im Fensterloch ein blonder Schopf,
Verschwindend, um Klavier zu üben.

Zwei Reisekoffer trägt ein Mann,
Dort aus dem Tor, nicht ohne Eile.
Wann war es, daß mein Tag begann
Mit einer hoffnungsvollen Zeile?

An einem gelben Autodach
Blitzt Sonne wie in Friedenstagen.
Und wieder einmal bin ich wach
Und werde nach der Zeitung fragen.

Was tat der Krieg in dieser Nacht?
In großen Lettern werd ich's sehen,
Um endlich, ganz und gar erwacht,
Angstvoll das Radio anzudrehen.

Der Hitlertod

Der Hitlertod ist noch immer in der Welt!
Ob in der Nacht wir aus schlecht vernietetem Schlafe fahren,
Oder weit in den Tag hinein dämmern, das Kissen wie einen
          Verband,
Der sich lockert, rund um unsere Ohren gestülpt –
Wann immer wir die Decke lüften vom wachen Bewußtsein:
Der Hitlertod ist immer noch da; da für uns alle,
Erpicht auf uns alle, diesseits und jenseits
Der trügerisch trennenden See, in der alten und in der neuen Welt.
Er macht uns endlich begreifen: die Welt ist nur eine
Und offen, befahrbar in jeder Richtung,
Und es gibt *einen* Tod mehr in der Welt,
Der seine Verbreitung betreibt, den die Alten, die Jungen –
Keiner zu jung und zu alt – heut billig erwerben.
Kinder sind ihm ebenso recht wie die Mütter,
Er läßt sie zu sich kommen, er liebt Waisen,
Aus Weibern macht er gerne Witwen; wer sich entgegenwirft
Oder wer untätig ausharrt, er nimmt beide an;
Auch wer davonläuft, sich versteckt, wer sich totstellt,
Er vergißt ihn nicht.
Jede Art, jeder Stand, jede Rasse stirbt ihn.
Wählerisch ist er nicht, er ist ein zudringlicher,
Ein betriebsamer Tod. Wer ihn kennt, der weiß:
Er ist ein häßlicher Tod, vielleicht der häßlichste
Tod auf Erden, der Hitlertod.

Wir sehen die Menschen fliehen vor ihm: war je zuvor
Solch eine Flucht! Nicht wissend, wohin; schlecht vorbereitet,
Obwohl die Drohung in Jahren wuchs und wucherte;
Alle Wege verrammelt, zu Land und zur See;
Die Grenzen hüben und drüben bewacht und bemannt;
Die Flüchtigen ungern aufgenommen, als brächten sie
Die Ansteckung mit, einer häßlichen Krankheit
Unwillkommene Träger!
              Aber schneller als panische Flucht
Greift diese Seuche überallhin, der Spaltpilz,
Das Geschwür der längst verdorbenen, übel gepflegten

Brüderlichkeit; des verfilzten uralten Unrechts;
Zwischen Stand und Stand, zwischen Mensch und Mensch die
       Schwärung,
Die überall aufbricht von selbst, im Innersten grabend.
Dies ist der Hitlertod, er ist überall heimisch,
Erkennt ihn!

Aber wir wollen's nicht sehen. Wir wagen es nicht,
Ihm in's ungemilderte Antlitz zu schauen, in den heillosen
       Ausdruck.
Wir sagen: »Wo kam er denn her? Hat nicht Natur,
Hat die Menschengeschichte nicht genug der Tode
Vor ihm schon gehabt? Genug der Seuchen?
Haben nicht unsere Ärzte, unsere Lehrer
Viele davon bekämpft, einige ausgerottet,
Manche selten gemacht? Dieser Tod,
Ist er nicht *eines* Stammes und Volkes grausiges Erbteil,
Einer Provinz Entartung, *einer* Gruppe Komplott nur?«
Ja, aber wie wüchse er dann? Wie bedeckte er
Die halbe Erde bereits, immer noch wachsend?
Seht ihn genauer an, den Hitlertod,
Haltet den tolldreisten Blick aus
Seines selbstbewußten Gesichts! Sein Grinsen, ergreift es!
Hat er nicht Züge, die uns peinlich vertraut
Anmuten, manche unheimliche Ähnlichkeit, Züge
Von jedem von uns, die uns äffen? Des Mörders,
Aber auch des Ermordeten Züge, als wären sie
Beide von einer Familie?

       So ist es! So muß es ja sein!
Ein Brudermörder ist er, der Hitlertod,
Auch wo er fremde Rassen sich vornimmt, als wären's nicht
       Brüder!
Altmodisch dünkt er uns in all seiner prahlenden Neuheit,
In seiner Fremdheit vertraut: der Bursche im Stimmwechsel ist er,
Der farzend mit uns auf der Schulbank gesessen;
Der Fußballspieler im Feld, rechts außen der Stürmer;
Einer, der jodeln lernte, um uns das Ohr zu zerreißen;
Eines kleinen Beamten Sohn, eines großen Geschäftsmannes
       Neffe;

Ein Hausbesorger in Wien ist der Hitlertod;
Zugleich ein Tod aus der Bibel, wir hören die Stimme des
           Mahners:
»Kain, wo ist dein Bruder?« Wir hören Kain erwidern:
»Bin ich denn der Hüter meines Bruders, der sich um mich
Niemals gekümmert hat?« Hört doch, versteht doch!
Wenn ihr den Hitlertod nicht erkennt,
Ihn nicht bekennet als euer eigen Versäumen, den Mißwuchs
Des schlecht betreuten Ackers, der eurer Pflege,
Unserer Hut schon immer, gestern wie morgen,
Anvertraut war und sein wird: dann wird nur das Vorspiel
Dieser Tod eines Würgers sein, vor dem
Er selbst erblaßt und sich schämt, weil er so kraß
Überholt sich sieht!
                    Ihr grabet besser
Nach den Wurzeln dieses Giftkrauts in eurem eigenen Herzen,
In eurem Handel und Wandel, Besitz und Vorrecht,
In dem, was ihr eßt und vergeßt, versäumt und verschlafet,
Verträumet: einem ungeheuer unwillkommenen
Erwachen zu!

Morgen in London
(Frühjahr, 1940)

Zertrümmernde Maschinen richten sich auf deinen Leib.
Völker rollen sie heran. Die Luft ist voll Sprengstoff.
Blitze fahren. Absicht ungeheuerster Zerstörung
Grübelt, was sie dir antun kann. Die Ingenieure
Sind rastlos tätig gegen dich, eine kleine Frau.
Alles das geht gegen dich. Es heult in den Lüften,
Maschinenwölfe, eisengliedrige Hyänen.
Mit bekümmertem, verschlossenem Antlitz,
Ein wenig schnupfend, richtest du dir dein Frühstück,
Stellst dem Hund sein Wasser hin, zergliederst der Katze einen
       Fisch.
Du kannst dem gewalttätigen Feinde keinen Abbruch tun.
Die Kunst des Tötens beschäftigt deinen Geist nicht.
Du bist eine Schauspielerin, du erfindest Geschöpfe,
Die eine Seele haben. Das Töten hat keine Seele.
Dieser Jahrmarkt blutigen Fleisches hat deine Kunst
       unterbrochen.
Da ist ein Mensch in der Welt, der will Trümmerhaufen erobern.
Die Leute hier waren Haustiere, nun werden sie geschlachtet,
Es ist gut, daß dein Vater vor vielen Jahren starb.
Er hat in dir eine Märtyrerin gezeugt.
Das Radio hält die großen Reden der Staatsmänner,
Die das Unglück dieser Länder nicht aufhalten konnten.
Sie haben dich nicht gefragt, als sie es herbeiführten.
Du wußtest es besser, aber du bist nur eine Schauspielerin.
Jetzt mußt du deinen alten Hund spazieren führen.

Wir sind im Leben

Wir sind im Leben. – Sag, wie stellst du's fest?
Ist's nicht vielleicht ein übertriebener Traum?

So übertrieben kann ein Traum nicht sein.
Das Unrecht ist zu ausgewitzt und wach,
Zu menschenähnlich die Unmenschlichkeit.
Und daß der Spuk so garnicht enden will;
Zerstörung unermüdlich Fortgang nimmt;
Der Alb nicht abgeschüttelt werden kann;
Unnennbar Weh sich immer weiter pflanzt;
Des Wahnsinns Konsequenz sich höhnisch aufdrängt
Mit peinvoll rohester Absurdität;
Der lange Atem der Erbärmlichkeit;
Die scheinbar grenzenlose Leidenskraft
Der Menschen, die getreu am Leben hängen;
Und wie Voraussicht, Warnung ungehört
Das eine Ohr betritt, das andere verläßt:
Das alles ist nicht Traum, kein Traum so plump,
Keiner so ohne Linderung und Trost.

Wir sind im Leben. Freunde, glaubt es nur!

Die Pensionswirtin

Liesbeth, mir Elisabeth,
Die ich nicht auf der Wartburg traf.
Ein ordentliches Berliner Bett
Mit Pension und gerechtem Schlaf

Und auf deinem Tisch das Berliner Brot
An vielen Sonn- und Wochentagen:
Du sorgtest für uns in der Zeit der Not,
Als die Stunde der Inflation geschlagen.

Was hatte sich denn da aufgebläht,
Nachdem es blutig zusammengebrochen?
Deutschland! Es schien noch nicht zu spät,
Wiederum redlich mit Wasser zu kochen.

Du wußtest das, Preußin, die du bist
Von reinem Blut, vom alten Schlage.
Der Moloch, der die Völker frißt,
Dir war er keine Kindersage.

Auf Sparen bedacht, zum Schenken bereit,
In den Rauchfang schriebst du unsere Posten.
Ein reiches Herz in karger Zeit,
Ließest du dich dein Mitleid was kosten.

So wohnten denn Künstler gerne bei dir,
Wer verstand wie du ihre Sorgen!
Eine Butterschnitte, freies Quartier,
Liesbeth, hört zu, Liesbeth wird borgen.

Du wußtest, was rechte Deutsche sind:
»Wir arbeiten uns schon wieder empor.
Solch ein windiger Krieg verliert sich geschwind,
Was tut's, wenn man nur nicht den Kopf verlor.

Der Rübenwinter ging auch vorbei,
Wir fraßen Sägespäne statt Mehl.
Verdauen und essen war zweierlei,
Und doch gab's kaum wo 'n bisken Krakeel.«

Doch als dann der blutige Hitler kam
Und Görings Polizeipatent,
Da stieg ins Gesicht dir, Liesbeth, die Scham,
Und heimlich, nachts, hast du geflennt.

»Jetzt schießt die Großmannssucht ins Kraut,
Der Krieg wird ernten, jetzt ist's zu spät,
Und der rechte Weg ist für lange verbaut –«
Gott schütze dich, Liesbeth, Elisabeth!

Einem Hauptmann der Reichswehr in deinem Haus
Griffst du in der Seitenwaffe Gehenk:
»Menschenskind, so siehste aus!
An die Höheren nicht, an die Leute denk!

Schämst du dich nicht, ein deutscher Mann,
Daß du heute noch einen Säbel trägst,
Der dir doch zu nischt Gutem dienen kann,
Bevor du die Richtigen niederschlägst.«

Sie rang mit dem Freunde, der, schreckensbleich,
Vergeblich beschwichtigend zu ihr sprach.
»Da hast du dein Schwert und dein Drittes Reich!«
Sie entriß ihm die Waffe und warf sie ihm nach.

Unvergessen, wie sie da stand,
Deutscher hab ich sie niemals gesehen!
Sie wies in die Zukunft mit zorniger Hand:
»Ihr Feiglinge! Knechte ihr! Ihr Pygmäen!«

Dann brach sie in Schluchzen aus, es stieß
Ihren hageren Leib gewaltig der Bock.
Schweigend die gute Stube verließ
Und gebeugt der Mann im Soldatenrock.

Die Frage

Nicht länger fragt die Welt, wofür du lebst,
Nein, wofür stirbst du, Mensch?

Lebtest du für einen Garten, es
Zertrampelt ihn der Krieg.
Just die Parzelle, die du angepflanzt
Mit Beeten oder Bäumen, die du gepflegt
Mit Hilfe und zum Trotz der Jahreszeit,
Vorsehend und vordenkend: sie
Pflügt Eisen auf, das nichts als Wüste sät.
Und das mit Recht, denn solchen Vorbedacht,
So sorgenreiche Vorsicht hast du nicht geweiht
Dem allgemeinen Beet, dem großen Garten
Der Menschheit, der das Paradies beschämen sollte
Und nun, zur Höll' entartet, auch dein Teil verschlingt.

Lebtest du für eine Frau? Und war dein Lieben
So groß, so ausschließlich, daß nichts dir bleibt,
Verlierst du sie? Ihr Körper und ihr Herz
Ward dir zum Leib, zur Seele alles Seins;
Ihr Atemzug dein ganzes Risiko;
Wie sie das Haar trug, alles, was du wußtest;
Ihr Lächeln dein gut Wetter, ihr Stirnrunzeln
Dein Sturm, der Einsturz deines Firmaments;
Und wenn sie vor sich hinsang, war's ein Tag,
Rot angestrichen von dir im Kalender,
Dein Feiertag, der Sabbath deiner Ruh'?
Nun, schau dir jetzt die Vorbereitung an,
Welche, während du solchem Dienst oblagst,
Die Menschheit traf, dein Mädchen zu zerstören!
Vom Flug des Ikarus bis heutzutage
Vervollkommnet, kreuzen mächtige Eisenvögel,
Stählern beflosst, mit furchtbaren Gesichtern,
Und schleppen himmelquer das Dynamit,
Es schreiend abzuladen, wo dein Liebling frühstückt.
Wenn deine Frau nicht früher aufgestanden:
Den Schlaf, der dir wie keiner heilig war,
Sich aus den Augen wischend, und die Glieder,

Die wachzurufen kaum die Liebe wagte,
Hastig in eine Uniform geschnürt,
Vortags zum militärischen Dienst geeilt ist,
Die Jägerin, auf Menschenwild erpicht,
Das ihr ein Fallschirm wo zu Füßen landet.
Du warst schon immer stolz, wie gut sie schoß;
Mancher Spaziergang war vom Glück gekrönt,
Auf dem ihr eine Schießbude besuchtet:
Künstliche Enten, kippend von gemalter Flut,
Ein Trommler, der sich ratternd in Bewegung setzte,
Wenn sie die Büchse sich vom Auge abhob,
Nachdem sie kurz und meisterhaft gezielt.
Jetzt geht's auf Feinde, die vom Himmel fallen,
Die sie nicht ehren und verschonen werden –
Sie nicht, euer Kind nicht, wenn ihr eines habt!
Denn Kinder sind nicht länger Heil und Hoffnung,
Nein, Geiseln, und der Mord von Bethlehem
Ward überall zum christlichen Geschäft.

Erstaunlich ist das, doch nicht unbegreiflich.
Hast du die Freiheit denn, das Menschenrecht,
Das Recht des Volkes wie dein Weib geliebt
Und wie dein Kind sie sorgend auferzogen?
Das waren billige, verbrauchte Worte.
Für sie hast du gelebt nicht! Sieh denn zu,
Wie du – nun, da's vielleicht zu spät ist –
Für sie stirbst!

Letzter Traum von der Geliebten

O unvergeßliches Augenspiel,
Du eines Traumes unverhofft erreichtes Ziel!
Da stand sie, die Geliebte, die Verschönte,
Die über Raum und Zeit hinweg Versöhnte.
Sie stand in einem Kleide ihrer Art
Und sprach vielleicht mit meinem Widerpart.
Sie war, mit wem sie war, recht gerne hier,
Und dennoch spähte halb ihr Aug' nach mir,
Als ob nach meiner Gegenwart es fragte.
Es schien, daß sie sich über mich nicht mehr beklagte.
Sie konnte ruhig jetzt mit jedem scherzen,
Doch ich war anerkannt in ihrem Herzen,
Und recht ist ihr die Liebe, die sie kennt
Als ein ihr zugehöriges Element,
Die nichts verlangt, und die sich doch erhält,
Etwas, das blieb in umgestürzter Welt,
Und das der Tod für länger noch verschont,
Das man nicht mehr wie einen Dienst entlohnt.
Leises Geplauder regte sich im Raum
Und war schön einverleibt dem schönen Traum.
Denn Friede war, das wollte es besagen,
Und wir vereint nach vielen Schreckenstagen,
Die herzlose Verbannung aufgehoben,
Wie jetzt die Welt war, mußten wir sie loben.
Der Blick war fern und doch als nah zu nehmen,
Ja, er war nah genug, mich nicht zu grämen.
Es würde keine neue Zeit der Liebe sein,
Doch niemals mehr ein Mißverständnis, nein,
Kein Zweifel je, der mich verstoßen würde,
Nie mehr des kalten Zornes schwere Bürde –
Denn mild war dieser Blick, der nach mir ging.
Ich sah ihn jetzt, schön wie ein Schmetterling,
Sich auf die Dolde meiner Treue setzen
Und nicht ein einziges Blütenblatt verletzen.
Ach, unverändert war dein Aug', dein Haar! –
Ich wachte auf, getröstet ganz und gar.

Was uns aus allem zuwächst

Was uns aus allem zuwächst, dem Vergangenen,
Das nicht verging, dem Angefangenen,
Das keiner endete, und was noch Zukunft ist
Und uns gemahnt, weil jeder leicht vergißt,
Was er mit Augen noch nicht sehen konnte,
Und was kein Tagesrund bisher besonnte –

Jawohl, es wächst uns zu, aus jeder Sicht,
Aus längst entwandertem und nur erträumtem Licht,
Aus unserer Stimme, unserer Lebensmelodie,
Was je wir sangen, es verklingt doch nie,
Bleibt nicht der Kuß, verwelkte auch der Mund,
Und wer und was ging ohne Spur zugrund?
Verwandtschaft spannt sich, die niemals erlischt,
Vom Wellental zum hochgeworfenen Gischt.

Vom Meer ein Flocken lag auf deiner Wange,
Der feuchte Glanz blieb in mir, schön für lange,
Traf sich in meinem Herzen mit der Mutter Wort,
Die Gute ist schon ewig von mir fort,
Und nur erzählt ward mir, wie es geschah,
Als sie das Meer zum ersten Male sah,
Und wie die Welle, die ans Ufer eilte,
Ihr Herz von der Enttäuschung eines Lebens heilte.

So hat sich durch Verwandtschaft zweier Stunden
Mit der Geliebten meine Mutter mir verbunden.
Ich sah sie beide sich am Meer entzücken
Und sich nach einer rosigen Muschel bücken.
Auch beider Tadel, beider kritische Meinung,
In meinem Ohre kam auch sie zur Einung:
Was ihnen beiden hat an mir mißfallen,
Begleitet mich auf meinem Erdenwallen
Weit über Länder und gewaltige Zeiten hin,
Und wo ist Ende, wo ist Urbeginn?

Und ist der Feind, der sich im Haß versteift,
Nicht schließlich auch als meine Lebensfrucht gereift?
Schon schmeckt er mir, mein Sinn kann ihn verzehren,

Was in ihm etwa Sinn ist, bringe ich zu Ehren,
Ja, seine Halbheit lerne ich ergänzen,
Zur Einkehr kommend hinter seinen Grenzen.
Entfremdet bin ich nicht, den er verjagte,
Nur schöner ward das Licht, das im Exil mir tagte.
So geht es fort, es wächst von allen Seiten
Im rastlosen Verbrauch der Möglichkeiten,
Die unerschöpflich strömend uns erwarten,
Mangel in Fülle drehend, die Wüste in einen Garten.

Das zu Sagende

Gleichgültig, beinahe gleichgültig, *wer es sagt*:
Ob du, dem ich es noch am nächsten gönne,
Auf den die Eifersucht gemildert wird
Durch Wohlgefallen, weil du mir gefällst
Und Sympathie mich sanft mit dir vereint,
Sodaß ich bis in deine Wärme reiche,
Die, wie ein Mantel, beide uns bedeckt
Im eisigen Wüstensturme des Exils –;
Oder ob es sogar dem Feind gelingt,
Das Wort, das mir am Herzen wächst, zu sagen,
Und wäre die Bevorzugte der Seelen
Allerzuwiderste, mir ganz verhaßt –;
Kurz, wer es sagt, des Sagens Ruhm einheimst
Nach der geformten Worte Selbstgenuß,
Nach dem ermüdend guten Glück des Formens,
Das ich am dringlichsten beneiden muß –;
Wer immer es denn ausspricht, knapp vor mir,
Da endlich ich zum Worte Atem hole,
Doch wieder stocke, weil mein Ohr bereits
Den Ansatz der zum Spruch bestimmten Stimme
Dicht neben mir vernimmt: wichtig ist nur,
Daß es gesagt wird, – nicht, von wem!

Die neunte Symphonie

Wenn heute, da der Haß die Meere unterwühlt,
Sie aufzusprengen mit magnetischen Minen,
Ein Abend uns Beethovens »Neunte« spielt,
Die alten Töne sind's: was hören wir aus ihnen?

Wie ein Erdbeben kommen sie heran,
Uns tief Verstockte anders aufzusprengen.
Der Einsamste, der alte taube Mann,
Schon droht er uns mit jubelnden Gesängen!

Schon locken Melodien, die Pauke streicht sie aus.
Noch ist das Herz nicht reif, sie einzunehmen.
Grelle Zerrissenheit, endlosen Krieges Graus,
Das Chaos selber muß uns erst durchgrämen –

Bis tief im blutigen Dunkel sich's entzündet!
Ganz ferne erst. Dann nähert sich das Schreiten
Des tapfern Chors, der unser Heil verkündet,
Als käm es wirklich schon zu diesen Zeiten.

Die große Freude, immer näher bebend,
Wann wird sie, schöne Tochter, bei uns wohnen?
Beethoven, vor dem Tod die Arme hebend:
Seid umschlungen, Millionen!

Er, Einer gegen die Usurpatoren,
Den kein Napoleon niederhält,
Er bietet unbeirrbar, ewig unverloren
Diesen Kuß der ganzen Welt!

Dazu gebot er Geigen und Trompeten!
Er hört sie nicht, sein heiliges Ohr füllt Staub.
Doch wir, wir horchen: nie mehr auszujäten
Sei dieser Ruf! Kein Herz sei länger taub!

Von innen auf beginnen wir zu weinen,
Wir Hörer alle, alle – alt und jung.
Kommt er zu spät? Zu früh? – uns zu vereinen,
Soldaten menschenliebender Begeisterung?

Einem Beethoven-Spieler

Die Flamme lebt hier freundlich mit der Welle –
Doch sieh dich vor bei Beethoven, Geselle!
Zuviel des Unrechts haben wir geduldet,
Daß uns der Taube auch nur eine Note schuldet.

Der Zeitungsverkäufer

Von den Gerechten, die unerkannt die Welt bestehen,
Konnten wir einen gestern Nacht mit Augen sehen:
Ein alter Mann, sein Haar und Bart von Schnee beglänzt,
Ging er an uns vorbei, ein freundliches Gespenst,
Mit dem Pack Zeitungen, von frischem Druck geschwärzt.

Er hielt sie lächelnd wie ein Enkelkind geherzt,
Er trug sie ungebeugt, und was für eine Last:
War es doch das Gewicht von einer Welt, die haßt!
Er trug sie federleicht, er bot sie unserer Sicht
Wie eine gute Ware, denn er liest die Zeitung nicht.

Der Schmuggler

Zuviele Silben! Einsilbig wie die Tat
Müßte der Zuspruch sein in dieser Zeit,
Die einen Vorrat blutiger Taten häuft,
Dessen Verbrauch nach großer Dauer schreit.
Was jetzt geschieht, entzieht sich allem Sagen
Und jedem Wissen, das erst später, später
Aus ungezählten Gräbern keimen wird.
Was in Schallwellen-abgesperrter Zelle
Und was im Angriffslärm Unhörbares ertönt,
Ja, jeder Seufzer endenlosen Wartens,
Zerrissener Familien Herzeleid,
Nächtliches Weinen in der fremden Stadt,
Jeder Versuch, Undenkbares zu denken
Und bitteres Unrecht knirschend zu zerkauen,
Der Ohnmacht halb erstickte Herzenstöne,
Die Grübelei des ausweglosen Hassens,
Gestörter Liebe innerliches Bluten,
Der Schweiß der Trennung in zerwühltem Haar,
Alles wird wiederkommen, ein Jahrhundert
Wird sich Zeit nehmen, langsam es zu hören,
Was nur die mitleidlose, taube Nacht gehört hat,
Und um Verantwortung erschreckt zu ringen.
Doch jetzt schon, heute, brauchten wir ein Wort,
Was wir jetzt fühlen, es hineinzupressen,
Ein Kennwort, das Gewalt nicht tilgen kann,
Das ihr durch ihre groben Maschen schlüpft
Wie durch den Zoll ein Kleinod: wie erwünscht,
Der Schmuggler so verbotenen Guts zu sein,
Das gut ist, ob auch Wahrheit, und verboten
Wie nur die Wahrheit – und wie unser Herz!

Die ruhigen Tage

Die Tage, an denen nichts geschieht,
Nur daß die Zeit von hinnen flieht
Und unser Leben schwindet!
Es schläft die Lüge uns im Mund,
Krankheit wächst und scheint gesund,
Wachsamkeit erblindet.

Lästige Bettler, die wir verjagen,
Sind die Stunden, die stündlich schlagen –
Die Folter aber rastet nicht.
Sie wird noch lange nicht müßig bleiben,
Gewalt muß ihre Räder treiben,
Keine Pause macht das Hochgericht.

Keine Stunde wird verschonen
Die Völker, die ums Dasein fronen,
Solange unsere Duldung währt.
Keinem Kind, bedroht vom Kriege,
Hilft's, daß ich auf der Bettstatt liege,
Dieweil die Zeit von hinnen fährt.

Trägheit stopft Watte in die Ohren,
Der Schrei des Flüchtlings bleibt verloren,
Wer zahlt das Schiff, wer schreibt den Paß?
Unser Versäumnis wird Exempel,
Kein Beamter drückt den Stempel
Auf das Papier, von Tränen naß.

Die Tage, die vorübergehen,
Ohne sich nur umzudrehen,
Zum Dienst der Hilfe nicht gepreßt!
Die Sonne lagert auf dem Meere,
Doch was sie brütet, ist die schwere
Saat: Krieg, Hunger, Pest.

Die Rast

Laß, du Gute, die du mich
Verloren in der Fremde schautest
Und auf deinem Herzen mir
Den Weg zurück ins Dasein bautest –

Denn wir neueren Nomaden
Auf unserer Exile Wegen
Gehen zuletzt ins Irre, keinem
Menschenherzen mehr entgegen:

Aller Sinn und alle Seele,
Unsere Kindheit, ja, und unser Lieben,
Alles ward mit uns vertrieben
Und ist auf dem Wege irgendwo geblieben.

Als ich schon verschwebte zu den Toten,
Die uns vorwurfsvoll umringen,
Klang im Ohr mir, rein erklungen,
Nachbarlich dein unbesorgtes Singen.

Und zu dir zurückgezogen,
Reichem Klange zugetastet,
Fand ich jenes Haus, die Schwelle,
Deine, und ich hab in deinem Bett gerastet –

Laß, du Gute! Neuer Wanderung
Kräfte hast du mir gespendet.
Unter vielen Wegen einer
Ist der meine, bis er anlangt oder fern vom Ziele endet.

Denn Spanien –

Die sanft Beherzten, die geboren waren,
Sich abends um den Lindenbaum zu scharen,
Und wo die heimatlichen Brunnen laufen,
Am heißen Mittag Mund und Stirn zu taufen,
Im Felde hinter Mädchen herzuwandeln
Und ihnen frische Kirschen einzuhandeln –
Was ist aus diesen Zärtlichen geworden?
Was haben sie gelernt von diesem Brudermorden?

Lernten sie Krieg und List? Gebrauch der Waffen?
Sich nach dem Ebenbild des Feindes umzuschaffen?
Es wird gefragt, ob nicht sogar die Liebe
Sie besser an die Front, wo die Liebe standhält, triebe?
Denn wer den Garten sucht, er findet nur den Graben,
Den die Verteidiger des ärmsten Landes aufgeworfen haben.
Denn Spanien reicht jetzt über diese Erde,
Daß es gerettet, daß gerächt es werde.

(September 1937)

Der Fall von Paris

Man hört kein Herz mehr schlagen,
Die Fremde wächst.
Es folgen taube Nächte stummen Tagen,
Die Fremde wächst.
Wir sind es müde, noch zu klagen,
Die Fremde wächst.
Hat es noch Sinn, ein Liebeswort zu sagen?
Die Fremde wächst.
Wir müssen diesen Krieg wie eine Buße tragen,
Die Fremde wächst.
Und alles, war wir lebten, liegt geschlagen,
Die Fremde wächst.

(14. Juni 1940)

In schlafloser Nacht

Die Nacht, mit Pferdeaugen,
Sieht allen Gram so groß –

Der Vergelter

Vielleicht bekommt er unsere Köpfe noch alle,
Der rasende Eber, der pestwindige Österreicher,
Der weiter reichen mag als je ein Habsburger reichte,
Weiter als Karl der Fünfte, der von zweien Welten
Seinerzeit sich ins Kloster zurückzog, der alten,
Deren er satt war, und der neuen, die er noch nicht gekostet.
Sein unglaublicher Nachfahr, eines Zöllners Sohn,
Der Europa bereinigt und schon nach Amerika ausholt,
Überallhin seinem Schergen den Weg bereitend, dem höllischen
      Himmler,
Der wie ein Schatten ihm folgt, wie ein Schatten ihm manchmal
      vorausläuft,
Je wie die Sonne steht, die Uhr seiner Pläne und Taten:
Jeden, der gegen ihn zeugte, für ewig mundtot zu machen,
Ja, aufs Maul uns zu schlagen, das vorlaute, das ihn bezichtigt.

Alle wird er uns haben, so hofft er: wir, überall ausgeliefert,
Wir entkommen ihm nicht, denn wie ein Wiesenbrand läuft
Der helle Verrat, seinem Winke gehorchend, über die Erde,
Überall, wo das Gras des zeitlichen Vorteils wuchert,
Züngelt die Flamme dahin, der Verrat, mit unheimlicher Eile,
Der kein Fuß entgeht, kein Kreuzer, kein Zug und kein
      Luftschiff. –
Muß er nicht glauben, daß ihn fürchten, die ihn hassen:
Da das stolzeste Volk Europas, seinen Waffen und seinem
      Werben zuwider,
Ihm mit stoischem Zoll den Tribut an Toten entrichten muß;
Und das eigene Volk ihm noch nicht die Maschinen des Todes,
Die es blutend bedient, in heiligem Zorn zertrümmert,
Sich das Leben der Zukunft und die Seele zu retten!

Ein Gegner aber, der tot ist – glaubt er – ist kein Gegner
Mehr, wird nie mehr wieder ein Gegner sein.
Vielleicht stimmt das, vielleicht stimmt es auch nicht.
Schon wahr, ein Toter ist nicht mehr vorhanden – und bald
Vergessen ist ein Toter, noch eh' er zu Staub wird.
Neues Gras und neuer Same keimt auf dem Boden,
Der den Toten bedeckt, und üppige neue Meinung.
Der Erlegte ist widerlegt, wenn er liegt – so scheint es.
Aber es kann geschehen, daß dieser und jener,
Mancher, der nach uns kommt, sich an Einen von uns erinnert,
Und Erinnerung gibt dem Wunsche, gibt dem Gedanken
Einen leisen Stoß in eine uns suchende Richtung.
Solch ein Gedanke gräbt vielleicht einen Kopf aus
Hier oder dort, und der Kopf ohne leidenden Körper,
Den die Folter einst bändigte, öffnet die Augen,
Blickt um sich und sieht: zwei Lippen beginnen zu reden,
Die keiner fleischigen Zunge mehr bedürfen, keine Zange reißt
                    aus dem Munde
Den Klöppel der Warnung, die Stimme der Belehrung,
Den Orgelton des Aufruhrs, das Schmeicheln, das Grollen
Der Ueberzeugung, die dereinst auch ihn überwindet,
Dem Interregnum des Usurpators ein Ende
Für immer bereitend! –

Verzögerungen des Todes

Seit fünfzehn Jahren nehme ich nun Abschied,
Möchte mich gerne hinlegen und das Licht auslöschen –
Aber die Welt ist zu schlecht geworden,
So kann man sie nicht lassen.
Nein, so kann das nicht sein, so kann es nicht bleiben.
Zwar besitzt man die Macht nicht, es zu ändern.
Man vermag jedoch den Atem anzuhalten,
Während die furchbaren Schlachten geschehen,
Die sich wie ein Waldbrand verbreiten –
Und doch erschöpft sich dieses Schadenfeuer nicht.

Die Totschläger wurden von den Opfern angestiftet,
Die Angreifer von den Verteidigern bewaffnet,
Und die Gefährlichsten waren jene, die untätig zusahen.
Die deutsche Jugend hält den für ihren Lehrer,
Der sie zu Henkersknechten erzogen hat.
»Schon *vor* dem Verbrechen hat er uns die Reue erspart«,
Sagen sie, »das heißen wir Ökonomie.«
Darauf schaffte auch der Rest der Menschheit
Die Gnade ab.

Die Geschichte wiederholt sich wie wiederkehrende Krämpfe.
Nicht zum ersten Mal ward ein Unteroffizier zum Cäsar,
Aber das Unglück wird immer größer.

Und da sollte man abgehen, ohne das Ärgste erfahren zu haben?
Muß man nicht wissen, wie weit sich das treiben läßt?
Wo die Grenze des Abscheus erreicht ist?
Es gibt eine Neugier auf die Steigerungen eines Angsttraums,
Die einem Selbstmörder das Motiv zum Weiterleben verschafft.
Davon also leben wir in diesen Wochen, diesen Jahren,
In diesen Jahrzehnten, fast seit wir Kinder waren.
Kann einer sagen, daß dieses Erdenleben nicht auch seine
            Freuden hat?
Sie erscheinen uns groß, wir unterwerfen uns ihnen,
Wir hören nicht auf zu lieben,
Auch wenn wir zu hoffen aufgehört haben.
Vor dem Grauen fliehend, suchen wir die Freude,
Wie einer, der morgen gehenkt werden soll, den Schlaf.
Wenn er aufwacht, steht der Galgen da!
So sind wir, seit wir leben, aus den Armen der Liebe erwacht.

Sintflut-Sage

Erhalten haben sie sich, im Fleisch und im Geiste,
Wie von Kind auf sie waren. Es erfolgte nicht die Beschneidung,
Nicht die Wiedergeburt. Die fallenden Reiche,
Der Umsturz alles Glaubens riß sie nicht mit.

Die ungeheure Lawine
Ging an ihnen vorüber, betäubend, begrabend
Den nächsten Freund, manche Frau, die Städte,
Die Häuser, darin sie gewohnt, die Spielplätze ihrer Jugend,
Ihre Schulen: all das ward ergriffen
Wie von Gigantenhänden, ein Donner ging,
Der wie satanisches Lachen klang, wie höhnisches Gepolter.
Aber unverändert blieben sie, sie liebten zu leben
Mit dem Appetit ihrer Kindheit. Und Kunst
War immer noch ein Jagdgrund, Rehe und Hasen zu schießen,
oder ein Blumenbeet, im Wald eine liebliche Stelle,
Forellenfangen im Fluß, wo hinter Steinen der Fisch steht.
So blieb die Erde ein Tal, bewohnbar trotz giftigen Schlangen,
Trotz dem Kriege, der überall mit Indianergeheul
Hereinbrach, alle die wellenden Kräfte,
Die sprengenden, sich zum Dienste pressend, zur Tollwut.

Von den Geräuschen, welche die Angreifer planvoll erzeugten,
Wird man später grimmig erzählen, mit tiefer Verachtung.
Unberührt blieb ihr Ohr – so wie eine Sage aussagt,
Daß zu Zeiten der Flut in der heftig schlingernden Arche
All die geretteten Paare der Tierheit von Gott, ihrem Retter,
Mit rettender Taubheit geschlagen, den Groll der Tiefe nicht
          hörten.
Noah allein vernahm's und ergraute! Sein Weib nicht,
Nicht die übermütigen, lockenden, singenden Töchter.
Denn so war es beschlossen: es sollten für künftige Zeiten,
Wenn sich die Wasser verlaufen, gelegt sich der knurrende
          Urgrund,
Die neuen Geschlechter mit ihrem Spiele dann wieder beginnen,
Unangesteckt vom Grauen, geschreckt nicht, doch auch belehrt
          nicht!

Barmherzig ist diese Sage, zugleich ist sie furchtbar!
So, als ob umsonst das Wetter getobt, der Weltschlamm
Sich umgewälzt, doch ohne zu fruchten. Kommendes Beben
Bliebe so der Erde gewahrt, Strafe drohte ewig dem Menschen,
Der in Unschuld verbricht, was zur Schuld wird, die ihn dann
          umbringt.

Denen, die nicht sahen, was sie sahen

Ihr habt es nicht gesehen. Auch wenn ihr es gesehen habt, ihr
      saht es doch nicht.
So lebtet ihr, so sterbt ihr, blind zu sein blindlings gewillt.
Der euch zerstören, knechten wird, ihn wähltet ihr wissentlich
Und bargt doch euer banges Wissen vor euch selbst.
Mit den Mitteln eures Lebens mästetet den Zerstörer ihr.
Ihr zeigtet ihm, wo euch packen, jede schwache Stelle
Ihm zu verraten fieberhaft geschäftig,
As könntet ihr den Streich kaum mehr erwarten,
Der euch fällen wird. War's euer Ratschluß denn,
Wenn auch unausgesprochen, euren eignen Untergang
Herbeizuführen? Warft ihr darum die Warner ins Gefängnis
Oder ließet als Spaßmacher sie gelten, gegen lohnendes Entgelt?
Vor Gelächter selbstgefällig gröhlend, saht ihr euch gezeichnet
Mit dem absurden Todeszug, der euch entstellte.

Dies unterhielt euch: der schläfrige Löwe eurer Weltmacht,
Wie er bedächtig sich vom Piedestal erhob und einmal mit dem
      Schwanz schlug,
Den Rachen aufreißend, aber zu einem Gähnen freilich nur,
Und sich dann beruhigt wieder legend, wo er noch lag,
Als ihn der meuchlerische Fangstoß im Genick traf.
Festungen, so schön gebaut, daß man in ihnen wohnen
Wie in Karthago konnte, hinter ihrer schirmenden Herrlichkeit
Vergaßet ihr die Gefahr, gegen die ihr sie gebaut.
Unüberwindbar von vorne, doch von hinten
Den Feind einlassend, der euch wohlversammelt fand
Wie Wild im Netz des Treibers, Schafe in der Hürde.
Wart ihr so scharf bewaffnet, nur um die Waffen abzuliefern?
Bald schlagt ihr dem, welcher an euren Widerstand noch glaubt,
Den Schädel ein! War dieses euer Krieg?
Oder war's eine grenzenlose Hingabe ans Unglück ohne
      Grenzen?
Verrat, den ihr bezichtiget, ihr nennt ihn besser Selbstverrat!
Liefert nur aus die Opfer, die bei euch Zuflucht suchten!
Ihr seid ja selbst nur Geiseln, die sich selber banden.

War dies noch Weltgeschichte?
Spielte sie als eine blutige Travestie sich ab,
Wie? als ein lächerlicher, lächerlicher Angsttraum
Altersschwacher Spieler um betrogene Kontinente?
Falle der Vorhang denn über der besudelten Bühne,
Wo Schattenspieler echte Tode starben!
Lasset die Rüpel ein, sie räumen
Die tote Herrschaft fort! Laßt, ihr Sieger,
Denen der Sieg so leicht ward, keine Leichen übrig!
Spielt jetzt ihr uns was vor, wie's euch gefällt,
Zu eigenem Applaus! Ihr bleibt nicht lange.
Und es kann sein, daß mit der Zerstörung,
Die auf das Stichwort ihr an allzu Zerstörbarem geübt,
Auch eure Rolle ausgespielt ist.

Zum Leben oder zum Tode

I.

Daß wohl Autorität zum Kriege da war,
Aber keine zum Frieden.
Kein Plan und kein Wille zum Leben,
Nur einer zum Tode! –

Hätte dem Zusammenbruch vielleicht doch vorgebaut werden
      können,
Ein neues Fundament gelegt, wo der Riß immer breiter klaffte? –
Es war aber so viel unnützes, vom Genuß verwöhntes Gesindel
Zwischen den Völkern und ihrer Notdurft eingenistet.

Wir wußten das, doch wir gehörten leider dazu.
Wir verstanden, daß es nicht leicht ist,
Aufzugeben, was man besitzt,
Daß man also eher die Menschenhekatomben
Wehrlos Bewaffneter in aller Welt hinopfern würde.
Auf diesen Versuch ließen wir es ankommen,
Auf ihn wurde sogar von Glücksspielern gesetzt.
Und wir fuhren fort, siebenzuschlafen,
Uns mit hautschlechter Kunst und madiger Liebe zu unterhalten,
Während die Völker für uns zu sterben begannen.

Aufgegeben mußte ja etwas werden,
Warum sollten dann nicht die ihr Leben aufgeben,
Die nie ein sich wahrhaft lohnendes gehabt hatten?
Sie waren ohnehin von Geburt auf verschwendet,
Das achtlos auf die Erde geschüttete Salz,
Der Pfeffer, der uns die Speisen gewürzt.

Der Eine aber, der es mit uns aufgenommen hatte,
Der beschlossen hatte, alles an sich und sein Interregnum zu
      bringen,
Der Henker des gemächlichen Lebens,
Der fieberisch angeregte Räuber einer fahrlässigen Welt,
Er hatte unsere Blöße geschaut.
Beschränkten Geistes, verstand er doch unsere Ohnmacht,

Unreinen Geistes, war er sich doch quellenklar über unsere
        Mächte.
Sie ließen seinen vielverzweigten Mord geschehen
Um ihres vermeintlichen Vorteils willen,
Er, um des vermeintlichen Vorteils seines Reiches willen, verübte
        ihn.

Der Bedränger sann schlaflos nach über unseren Untergang,
Nicht faul in umgreifenden Vorbereitungen,
Während wir die letzte Frist verschliefen.

II.

Wir heißen ihn, der sich des brachliegenden Willens bemächtigte,
Mit Recht böse – aber war darum unsere Willenszerstreutheit gut?
Wir werfen ihm vor, daß er den Menschen zur Maschine gemacht
        habe,
Aber der Mensch war schon vorher seinem Menschsein
           entfremdet gewesen
Und die Maschine noch nicht zur Menschlichkeit erzogen!
Alle die Riesenraupen, die stählernen Drachen,
Bereit, gute Arbeit zu tun, wo man sie einsetzt,
Unsere Felder abzuklappern, die Frucht zu pflücken,
Zu säen und zu ernten mehr, als wir gebrauchen können:
Aber wir hielten Leerlauf und Mangel nicht weniger eisern fest.

Diese urweltlichen Geschöpfe, die mit gewaltigen Gliedern
        dahinrasen
Und den Menschen eifersüchtig vom Acker stoßen,
Wenn sie erst losgelassen sind, ist der Mensch ihnen nur im
        Wege.
Ein paar von ihnen tun das Werk von Tausenden von uns,
Schwäche des Fleisches ficht sie nicht an,
Auch keine Atemnot, und sie vergießen keinen Schweiß,
Kein Gliederreißen überkommt sie.
Der Zweck, für den der Mensch sich nur mühsam erzieht,
Hat sie gezeugt und so riesenhaft gebildet.
Ihr Gehirn ist der Extrakt der Wissenschaften,
Genaue Rechnung ersetzt ihnen unsere unsicher tastenden Sinne:
Die Ungetüme früherer Perioden, hier kehrten sie zurück,

Um uns weiterbauen zu helfen.
Aufräumen könnten sie die ganze Welt,
Als wär's nur eine enge Stube.
Das Gebiet neu aufzuteilen, zu besserer Wirtschaft und Übersicht,
Das hätte die Maschine wohl geraten, könnte sie reden,
Könnte sie rufen: »Mensch, hier bin ich! Bruder,
Erkennst du mich denn nicht?« Die Maschine
Beklagt sich aber nicht und klagt nicht an,
Sie dient – zum Leben oder zum Tode!

So hat denn jener Eine sie zum Tode dienstbar gemacht
Und ein furchtbares Muster ihrer Fähigkeiten entworfen!
Die Kraft und die Schwäche aller Dinge hat er gnadenlos
            auszunützen verstanden,
Sie sinnlos zu mißbrauchen im peinlichsten Gebrauch.
Denn die Vernunft der Dinge, ihr guter Sinn
Ist dem Vergelter fremd, dem Überbieter unserer Entfremdung!

III.

Die Söhne und Töchter der Menschen
Werden ihn aber wissender beerben.
Nach so viel blutigen Hin und Her
Wird eines klärenden Tages
Die Waage wieder stillstehen über gerechterem Wachstum.
Das mag Kämpfe kosten, die wir noch nicht ermessen können.
Denn manch Einem werden die Finger
Vom Schaft unmenschlicher Macht
Einzeln heruntergebrochen werden müssen.
Das ist eine bange, eine beklemmende Voraussage.
Man spricht sie nur stammelnd aus.
Und doch wird denen, die das so furchtbar verheißene Land
Eines gesegneteren Tages erreichen wollen,
Um die erste gute Gemeinde zu gründen,
Fürwahr nichts geschenkt werden.
Sei es denn zum Leben, nicht zum Tode!

Gemurmel in schlafloser Nacht
(23. Mai 1940)

I.

Die in den Tanks lebendig verbrennen,
Deren Pein die großen Kanonen überbrüllt,
Hängen sie nicht ihren Fluch über die Landschaft?
Das arme Volk, das sich auf den Brücken drängt,
Damit der von falschen Vögeln wimmelnde Himmel
Sie umso sicherer zerschmettere,
Gibt es seinen Angstschweiß an die Kräuter und Farne ab?
Da mischt sich die Erde mit den brandigen Geschwüren
Der hauslos gewordenen Völker. Das Idiom des Todes
Eint endlich die vielfachen Sprachen Europas,
Wenn die Sterbenden nach ihren Müttern rufen.
Belgische, flämische Bauern, Frankreichs und Hollands
Wie Vieh getriebene Bürger, und auch der Deutsche
Stirbt nicht weniger gründlich in dieser Zeit!
Soweit die Erde, flach oder gebuckelt,
Noch Vorrat an Leuten hat, werden überall
Die jungen Burschen eingesammelt und bereitgestellt,
Für den weltweiten Betrieb der Vernichtung.
Das Meer bietet keine Grenze mehr, und auch die Luft bleibt
           nicht ausgespart,
Alles *ein* Tiegel, in den sie alle gestoßen sind,
Die auseinandergewachsenen Geschlechter der Menschen.
Zu diesem blutigen Teig werden sie alle geknetet.
Was für ein Brot daraus werden soll, das weiß
Nicht einmal der Herrgott, der die Küche
Längst an den Teufel abgab, und sogar der
Soll gestern wahnsinnig geworden sein.

II.

Ein tröstlicher Gedanke: es ist ja nur unsere Menschenwelt,
Die so ungeheuer kläglich mißriet. Bäume und Gräser,
Gesteine, Kristalle trafen es besser seit je.
Und die Tiere erscheinen dem bangen Vergleiche musterhaft,
Begrenzt, doch besonnen, und in Raub und Mord
Von greifbarer Notdurft hinlänglich gelenkt.

Aber der Mensch muß erst bitterlich es erfahren,
Was seine wahre Notdurft sei, und wie sich zu betragen,
Daß nicht aus allem *ein* Haufen des Grauens werde,
Daß die kurze Zeit, da er leben darf, sich nicht
Zu endenloser Hölle schändlich zerdehne.

Oh Größenwahn Europas! Deiner Reichtümer, deiner Künste
Erbschaft soll nun diese eitrige Verarmung sein?
Diese vom Krampf zerrissenen Gedärme
Einer Welt, die mehr verschlang als verdaute:
Dieses das Ende unserer griechischen Tragödie?
Einst war dieser Mensch so stolz, er gedachte,
Würdig gegen Dämonen und Götter zu stehen.
Nun beklagt ihn jedes Ebers liebende Sau!
Die Hasen weinen sich blind über ihn,
Sie, die er so ruchlos gehetzt hat. Es geht ein Gerücht,
Das Wild versammle sich in den Gehegen der Parke,
Und in Whipsneads seligen Schluchten
Lassen die Biberratten vom emsigen Graben ab
Und, im Kreise sitzend, schütteln sie traurige Köpfe
Darüber, was der Mensch aus sich gemacht hat!

Aber das ist nur eine Legende. Mehr Wahrscheinlichkeit
Könnte jenem anderen Gerücht anhängen, daß nämlich die
        Mäuse,
Mitleidig oder nicht, bald vom menschlichen Hunger
        eingesammelt werden.
Es heißt, Lords würden sie verzehren, ohne sie erst zu häuten.
Denn über Europa hinge eine grausige Wolke: der Hunger!
Wird er, der Hunger, Vermittler des nächsten Friedens sein?
Bringt er im zahnlosen Maule grinsend den Ölzweig?
Seine erhobene Knochenhand, gibt sie das Zeichen: bis hieher,
        und nicht weiter?
Hier, am Ararat der heutigen, der gestrigen Menschheit,
Wo Eroberer und Besiegte in von Krämpfen geschüttelten
        Knäueln
Gehäuft daliegen, vom Hunger hingeworfen! –

    III.

Glücklich der später Geborene, der uns nicht
Persönlich gekannt hat!

Hilfe

Als der Vergelter kam,
Der eine häßliche Art zu sprechen hatte,
Doch ein jeder verstand seine Sprache,
Denn nichts ist so verständlich wie Zerstörung:
Da stellte sich heraus,
Daß zur Hilfe keiner bereit war,
Kein Land, kaum hier und dort ein Mensch.
Lieber fanden sich überall
Opfer als Helfer.

Hilfe, unbeschränkte, unteilbare,
Hilfe, so groß, so grenzenlos, daß sie die Welt umarmt,
Und klein genug, durch's Schlüsselloch zu schlüpfen,
Hilfe, zu allem entschlossen und vor nichts zurückschreckend,
Hilfe, die den Schlaf aufgibt und zu essen vergißt,
Hilfe, Sporn der Faulheit, Geduld des Tätigen,
Hilfe, ruhevoll bis ans heftig schlagende Herz hinan,
Hilfe, weise wie Sokrates, mitleidend wie Christus,
Hilfe, die das Kind im Manne rettet und den künftigen Mann im
            Kinde,
Hilfe, brennend wie das erregte Geschlecht,
Heiß wie ein Kuß, stark wie eine junge Umarmung,
Hilfe, zeugend und überzeugt –
Hilfe, wo warst du? Wo bist du?

Den Helfern.

Über das Warten

Wir gehen weiter, wir essen, wir schlafen, wir lieben uns,
Wir treiben's bei Tag und Nacht.

Aber was gleichzeitig geschieht – ja, in jeder Stunde!
Die Belagerung von London! Sie zieht sich hin,
Und wir, wir warten! – Denn die Beschießung
Aus der weglosen Luft ist eine neue Errungenschaft,
Ein Modell, eben eingeführt. Unsere Kindeskinder
Werden davon erzählen und die Methode beurteilen,
Haben wir nicht mit wunderbarer Geduld neun Monate lang
          gewartet,
Bis das große Schlachten begann, die Ausladung von Dynamit
Auf die Völker Europas, sie zeitgerecht zu zertrümmern?
Die jetzt verstümmelt sind, auch sie warteten darauf.
Die ohne Dach und Bissen umherirren, Völkerschaften
Von überzähligen Flüchtlingen, auch sie warteten darauf.
Die jetzt unterjocht sind, die keinen eigenen Satz mehr sprechen
          dürfen,
Deren Gedanken auf den Kopf geschlagen wurden, deren Köpfe
Auf den Gedanken geschlagen wurden: jetzt wissen sie,
Worauf sie neun Monate lang in Geduld gewartet haben.
So warten nun auch wir, und manche haben beten gelernt:
»Gott, gib uns ihre tägliche Zerstörung, damit ein Ende wird!«
Und die innerhalb der belagerten Stadt, was sonst können sie tun
          als warten?
Beten sie, um mit dem Herzen den Lauf der Bomben zu
          bestechen?
Betet ein Schwacher: »Herrgott, gib, daß es den Nachbarn treffe,
Der Nächste ist er zwar, aber mir nicht so nahe wie ich selber,
Sei er denn der Nächste, der getroffen wird!«?
Ich möchte nicht alle stummen Vaterunser hören,
Die aus den Herzen aufsteigen, während die Bomben
          niederfallen.

Kinderscharen werden auf fremde Küste ausgestreut,
Wie der Same, den der Wind auf ein benachbartes Feld trägt.
Ganze Völker werden verschickt und umgesiedelt,

Sie kennen den Stein noch nicht, an den sie sich lehnen werden –
Niemand tötet aber die, deren Name unter solcher Verordnung
                    steht.
Obwohl sie wenige sind, bekannt von Namen und Angesicht,
Jeder weiß ihren Wohnort, sie sind stündlich erreichbar,
Sie sind tötbar, denn auch sie sind von Müttern geboren,
Aber sie gehören nicht zu denen, deren Tötung im Tagesbefehl
                    vorkommt.
Vor den Verursachern, die Übles im großen Maßstab tun,
Hat jeder einen heiligen Respekt. – Und dann:
Wir alle ziehen es vor zu warten, zu warten,
Bis das historische Programm erledigt ist,
Bis jede blutige Nummer zu Ende gespielt wurde.

Dies ist der Zug der Zeit, die ein schwarzes Los gezogen hat
Für jene, deren Zeit bald um sein wird,
Worauf wir eben warten, bis wir selber darankommen,
Wo also unser Warten sich gewissermaßen gelohnt hat.

Mit dem Warten hat es aber seine besondere Bewandtnis.
Es muß nämlich gewartet werden auf etwas, das versäumt
                    worden ist,
Das also bereits vergangen ist – gewartet,
Bis jene Konstellation wiederkehrt,
Welche die Völker verpaßt haben. –
Bis dieser Augenblick, der leider verfehlte, zurückkommt:
Bis dahin könnte, was geopfert wird, vergebliches Opfer sein. –

An den Nebel Londons

Nebel Londons, plötzliche Nacht am Tage,
Gelber Nebel, dicker schwarzer Nebel,
Der uns im Nacken und an den Gliedern fröstelt,
Rieselnde Kälte, stickiger Geruch,
Der mit dem Atem kämpft, die Nase kitzelt,
In Lungen schleicht, durch Fensterritzen sintert,
Die Farben schluckt, die Töne tappen macht,
Als wären sie erblindet, Hustenreiz,
Der in die Kehle, in die Brust sich krampft,
Und uns die Augen aus der Nase rinnen macht!

Von hoch, vom Luftschiff aus gesehen, liegt
London verpackt in schweifiger Watte da,
Als läg's in einer ungeheuren Spielzeugschachtel.
Die drinnen stecken, finden nicht den Weg,
Es liefen denn Laternenträger mit.
Und tut ein Freund nur einen Schritt voraus,
Verschwindet er durch schwärzliche Magie.
Wie oft erlebt, Vergasung aller Lampen,
Des Rot, des Grün, des Gelb Verdämmerung,
In der sich Schatten albdruckhaft verschieben.

Nie hätte ich gedacht, daß eines Tages,
Dreitausend Meilen ferngerückt von London,
Ich unter Tränen bete: falle ein,
Du Nebel Londons, komm und steh und bleibe,
Verhülle und beschirme, Nebel Londons,
Scheinst du Erstickung auch, nur halte fest,
Sei treu, du Blackout Gottes, Nebel Londons!

Friedenshoffnung

Bis die unendliche Langeweile
Und der Schmutz des endlosen Krieges
Alle Seelen durchdringen –:
Bis dahin ist wenig Hoffnung.

Bis die Zeitungen weislich zögern,
Kriegsneuigkeiten zu drucken,
Weil keiner sie mehr lesen will –:
Bis dahin ist wenig Hoffnung.

Bis der Folterknecht mit erhobener Stahlrute
Zum Zeitlupenbild erstarrt,
Weil niemand mehr prügeln will –:
Bis dahin ist wenig Hoffnung.

Bis die Einnahme von Kontinenten
Mit ihren Friedhöfen, Kloaken und Trümmerhaufen
Lächerlich wird, und keiner mehr erobern will –:
Bis dahin ist wenig Hoffnung. –

So lange muß also wohl dieser Krieg geführt werden!

Der Hund auf dem nächsten Dach

Der Hund auf dem nächsten Hochdach, wo ein paar Sträucher,
Die Kriegsgefangenen von Stahl und Stein,
Einen Garten vortäuschen, höher als die Erde,
Der Sonne und dem Regen etwas näher –
Der Hund, der dort so dicht am Abgrund lebt
Und ihn vergaß, wie wir ihn auch vergessen,
Die wir in hochgestockten Türmen leben –
Der Hund schlägt täglich seine Purzelbäume,
So wie wir unsere Übungen vollführen,
Im Chaos uns geschmeidig zu erhalten.
Dann liegt er wieder friedlich in der Sonne,
Ein eingeborener Bürger von New York,

Der annimmt, daß sein Futter ihm verbürgt ist,
Wenn er dem Boss das, was der Job heischt, leistet.
Juckt ihn die Nase, nützt er seine Pfoten
Und krault sich eins, vor Wohlbehagen knurrend.
Dann hebt am Dachrand er ein Hinterbein,
Den Abgrund sanft mit seinem Naß besprengend,
Das in dem Lärm von Stein und Stahl zerstäubt,
Im Staub der Höhe, im Betrieb der Tiefe,
Wo Räder dröhnen, grelle Hupen höhnen
Und Puppenmenschen sich verwirrt bewegen.

Ein Aeroplan dröhnt blitzend drüber hin!
Dem Hunde nötigt er kein Blinzeln ab.
Denn der vierschrötige, wohlgenährte Bulldogg,
Der wie ein selbstgerechter Babbitt aussieht,
Verschwendet keinen Augenblicksgedanken
An seine Brüder, Bürger anderer Städte,
Die Hunde von Warschau und Rotterdam,
Von London und Berlin, Turin und Hamburg.
Von London – ja, wo Hunde sehr geschätzt sind
Und gut behandelt und in hohen Ehren
Gehalten – nur daß sie das Menschenschicksal
Verpflichtet sind zu teilen, das kein Hund
Als hundewürdig anerkennen könnte,
Dem Sohne keiner Hündin angemessen,
Die je ihr Junges hoffnungsvoll gesäugt.

Nein, unser Hundebürger von New York
Ist dessen unbewußt, und wohlbehaglich
Verschwendet er kein Blinzeln an ein Luftschiff,
Das weniger ihm gilt als eine Mücke,
Die, wenn er schlummert, ihn zum Nießen bringt.

Die Dichter im Kriege der Welten

»Wenn die Völker bedenken, was sie verlieren, was dennoch
       erhalten sie können,
Da ist am Ende ihnen nichts so teuer wie ihrer Dichter Wort,
Das ihren Geist verbürgt und ihnen verklärt ihr Antlitz,
Welches das Angesicht ihrer Welt ist, die ruhmvolle Spur ihres
       Daseins.«

So sagen ihre erleuchteten Redner: als ob die Völker, die tief
       verheerten,
Sind ihre Wohnungen erst zerstört, in Worten weiter zu leben
       vermöchten,
Welche sie, wie Schnecken ihre Häuser, mit sich tragen würden
In die Zerstreuung, die Verbannung, in die Knechtschaft sogar.

So sagen sie. Wer ihnen lauscht, der muß es am Ende wohl
       glauben,
Der Stolz auf ihre Dichter hülfe den Menschen, das Chaos zu
       überdauern:
Zerstörte Staaten, Schutt gewordene Städte und das verbrannte
       Fleisch,
Das wieder wild gewordene Tun der uralten Stämme,
Den rasenden Vormarsch ererbten Irrwahns, der sich selbst
       verschlingen muß;
Wahn reißt den Wahn hinab in Brudermordexzessen,
Auf weiten Strecken ist das Leben aufgegeben,
Das ihr geringstes Gut zu sein scheint heute überall;
Wenn Weib und Mann das eigene Kind weglegen, um zu morden,
Schon vor dem Frühstück Mord, der wenig Schlaf läßt,
Der die Verdauung unterbricht gehetzter Mahlzeit;
Der Mensch wischt sich den Mund ab, denn ihn hungert
Nach Mord mehr als nach Speise.
                  Aber die Angreifer,
Die diesen Ausverkauf des Fleisches eingeleitet haben,
Die immer weiter drängen, ins lebendige Fleisch hinein,
Als ob die Menschheit keinen andern Weg mehr wüßte
Als über frisch gefällte Menschenleiberhaufen hin,
Über Ruinen, Trümmer, aufgerissenen Friedhof –

Dies der so schöne Name des einzigen Ortes, wo noch Friede
    herrscht –:
Auch sie sprechen in Bildern, auch sie schleppen ihre Dichter mit,
Und stolz gereifte Menschendichter sind die ihren wahrlich auch!

Wo ist da Unterscheidung? Und muß nicht tief sich schämen, wer
    noch dichtet?
Müßte denn nicht zunächst der Worte überreiches Gut begraben
    werden,
Bevor die Menschen alle haßgegürtet in den blutigen Mordsumpf
    steigen?
Und der noch Worte formt und träumt von heilgebliebener
    Sprache,
Verschiebt er es nicht besser für nachher, wenn sich die Hundswut
Gelegt, wenn Ohren, Herzen sich vom Urschlamm dieser Kriege,
Dem Kindspech zukünftigen Friedens, erst gereinigt haben,
Und sich die trockenen Spuren zeigen eines Lebens ohne
    allgemeinen Mord.

Das Tagebuch

Dies Tagebuch, es ist ein Nächtebuch,
Bis in den nächsten Morgen reicht es nicht.
Noch weiß ja keine Seele, wann der anbricht.
Noch hat kein unbesorgter Hahn gekräht.
Was Morgenrot oft scheint, ist nur der Blutschein,
Dess' flackernd Rot die bangste Nacht befleckt.

Die bangste Nacht, zugleich die längste Nacht!
Sie streckt sich über unser Leben hin.
Daß sie der Kinder Leben einschließt, fürchten wir
Und fragen, welch Geschlecht sich ihr entringt,
Dem Albdruck ihrer schreckgespenstigen Horen,
Während die Flut uns immer weiter drängt
Von einem Land ins andere. Nachtversprengt,
Suchen den Grund wir, wo der Friede anhebt,
Der nicht Ermüdung ist und Atempause

Im Würgen dieser Kriege, die sich mehren
Zu immer unumschränkterem Verheeren.

Der Friede, der den allgemeinen Mißbrauch endet,
Das Chaos wendet, das verschlingende,
Der Friede, den wir nie gesehen haben! –
Denn jene Friedenswelt, in die geboren
Wir uns, als wie auf einem Jahrmarkt, fanden,
Sie feilschte schon um schonungslosen Krieg,
Des eigenen Zustands satt und überdrüssig.
Nicht solchen Frieden wieder, möchte beten,
Wer doch auch einen knappen Waffenstillstand,
Den schmachvollsten, aus Menschlichkeit ersehnt!

Die Söhne werden dieses Los entscheiden,
Falls wir es ihnen überlassen müssen,
Wenn wir verschwunden sind, und das ist bald.
Sie werden wählen, was ihnen genügt,
Oder was sie in neuen Umsturz treibt,
Der unsere Gräber sich zur Kampfstatt wählt.
Uns bricht die allerlängste Nacht heran.
Es kann geschehen, daß dann der Tag sich vorwagt,
Der Morgen, der dem wahren Tage vortagt!

Der Treffer
(Getroffen wurde die Westminster Abbey,
wo Shakespeare begraben liegt.)

Birst, Shakespeare's Staub!
Verteil dich auf die Menschen,
Fahr du in vieler freier Männer Herz,
Lebendigen Geistes ungestorbener Same,
Auf daß sich der barbarische Treffer lohne,
Verheerung für den Wurf der Zukunft sorge,
Der nicht mehr Bombe sein wird,
Sondern Saat.

Kutusows Schatten

Im Osten sitzt der mächtige Schatten Kutusows –
Des Mannes, der den unbesiegbaren Napoleon besiegte –
Und flüstert: »Ich warte wiederum . . Ich warte . .
Und denke an ein großes, raubgewohntes Heer,
Das wie ein Strom hier einbrach – und zerrann . .«

Kutusow sitzt und lächelt halb verschmitzt:
»Ein großes Heer . . ein großer Führer auch . .
Zerronnen . . Kaum entronnen . . Rußland blieb zurück . .
Erneute sich . . befreite sich . . verjüngte sich . .
Seine breiten Steppen, bewohnt von steppenbreiten Völkern,
Oft mißbrauchten, die befreit sich haben
Von manchem schweren Joch . . Auf, Erde, auf!
Wirf ab! wirf ab! . . Volk der unendlichen Geduld!
Volk, das zu tragen wußte . . zu dulden . . zu warten . .
Und zu kämpfen . . Mann und Weib . . und Weib und Mann . .
Zu kämpfen mit dem harten Boden . . und gegen den,
Der des geliebten harten Bodens sich bemächtigt . .
Volk, das in ungezählten Wellen sich umwälzt . .
Das wie ein Meer verschlingt . . In dürrer Zeit
Zerbricht's zu vielen Schollen . . und jede stößt und kämpft . .
Im Regen wird's zu Lehm und würgt hinunter . .
Den Eroberer! . . Jeden Eroberer! . .
Den Usurpator! . . Alle Usurpatoren frevelnder Gewalt . .
Denn irgendwo muß Volk sein, das sich stellt . . das übersteht . .
Im Widerstand . . im Aufstand . . innen . . außen . .
Bis es mit den Völkern aller Erde vereint ist,
Die unterdrückt sind . . im Widerstand . . im Aufstand . .
Neues Leben anzubauen auf alten Feldern . . Schlachtfeldern . . «

Kutusow murmelt – und schweigt – und lächelt . .
Ein Schatten fällt über das bedrohte Land . .

Gestern und Morgen
(1910–1940)

> *Ein Wolkenarchipel mit seinem goldenen Rand*
> *Reicht übers Meer herüber als ein Morgenland.*
> *Während bei uns die Sonne sinkt und Nebel brauen,*
> *Herrscht dort oben schon ein Sonnenaufgangsgrauen.*

Am Morgen

Hufschlag, Hufschlag, helles Traben,
Helle Welle stößt ans Ufer,
Und ich höre junge Rufer
Morgendliche Zwiesprach' haben.

Weißer Sand trug schwarze Föhren.
Dies geschah an schönerem Strande.
Und zu Wasser und zu Lande
Kann ich noch die Stimmen hören.

Heimkehr

Das Meer hab ich wiedergesehen,
Es geküßt auf den salzigen Mund.
Und das Meer hat mich wieder erkannt,
Mich mit nasser Schnauze beleckt wie mein Hund.
Meeres groben Atem
Hör ich jetzt wieder in der Nacht,
Wie es keucht, wie es schnarcht und krächzt,
Wie es spuckt und lechzt und hustet und kracht.
Und wie es die strotzende, kotzende,

Wellenschäumige schleimige Brust dem Strand zuhebt –
Ich fühl es in der Nacht,
Wie das Meer im Meere lebt.

Mein Vorhang ist zu, ich weiß nicht, ob jetzt der Mond
Auf den nassen Sturzgebirgen schaukelt und fährt,
Oder ob schwarz der Schlund des Meeres
Ins lichtlos Schwarze sich kehrt,
Ob der Schoß des Meeres funkelt,
Ob er sich mondsüchtig hebt –
Oder gallenbitter erdunkelt,
Sich in eiserner Kälte begräbt:
Ich kümmere mich nicht darum,
Ich lege mich in die warmen Kissen,
Ich höre nur das Geschnauf, das Gebrumm
Wie von tausend Bären im Meer,
Als ob die Bestien wütend wären,
Als saugten sie schmatzend
An ihren sechzigtausend Tatzen,
Als würden sie eben jetzt
An Riffen, an Felsen kratzen.

Es rinnt auf mein Gehör
Noch im Schlaf die gewaltige Brause,
Und habe ich denn (so ist sie ewig geflossen)
Meine beiden Augen dicht geschlossen:
Ich bin zuhause.

Am Abend
(Santa Monica, 1930)

Der graslose Hang gegenüber vom Haus,
Da ruhen am Abend die Augen aus.
Und das rauschende Meer, ohne Worte ein Chor,
Sagt nichts und beruhigt am Abend das Ohr.

Ohne Gras ein Hügel, darauf nichts sprießt,
Kein Schiff, nur Wasser, das wäscht und gießt.
Ist es Glas, ist's Luft, ein Blau ohne Saum,
Himmel ohne Sonne, Straße ohne Baum.

Ein Stein vor dem Haus mit blauschwarzem Bruch,
Auf dem Fensterbrett ein gelbes Tuch.
Und das Schlagen der See, die nur immer so tut,
Herankommt und nicht ankommt, ankommt und nicht ruht.

Und die Nacht, die dem Tag in den Nacken weht,
Denn der Tag hat sich lautlos umgedreht.
Ein Stern, der steigt, weil die Sonne fiel.
Und das Kind im Haus legt zu Boden sein Spiel.

(Für Salka)

Ja, es ist gut –

Ja, es ist gut, im Arm der Frau zu schlafen
So wie der Mäher, der ins Feld sich legt –
Ein weit gereistes Schiff im Hafen –
Ein Kind, das sich am Abend aufgeregt –

Ja, heiß ermüdet und den Ort vergessend,
Wo hingesunken man den Weg verlor –
Ein Schlaf, mit tiefem Lot und nicht nach Ellen messend,
Der das Bewußtsein wie ein Schäflein schor –

Es trinkt das Dunkel sich in langen Zügen –
In die Geliebte friedsam eingehegt,
Als würd' es für die Ewigkeit genügen –
Ja, wie ein Mäher, der ins Feld sich legt.

Kleine Schuhe

Ein Bildnis guter Ruhe:
Vor geschlossener Tür
Zwei Paar kleiner Schuhe,
Knabenschuhe an der Tür.

Es sind ja nur die süßen
Muster von Kinderfüßen,
Die erst den Anfang gehen
Und neu vor Türen stehen.

Doch ist die Form gegeben
Von angelebtem Leben,
Je eine Seele fuhr
Auf so gemäßer Spur.

Vier Bänder hat für Stunden
Der Eigensinn entbunden.
Wenn er dem Tag zuhüpft,
Er rasch sie kreuzt und knüpft.

Ein Schuh blickt humoristisch,
Der größere ernst und mystisch.
Vereint gibts *einen* Takt!
Jetzt sind die Füße nackt.

Jetzt laufen sie mit Träumen
Und morgen unter Blumen.
Wo man die Schuh' hinstellt,
Dort will man in die Welt.

(Für Hans und Peter, 1928)

Der Weinende

Was weinst du, sinnloser Mensch,
Da du doch in der Gunst der Liebe bist?

Ich weine nur voraus,
Leid holt mich ein.
Mein Liebling wird mich treffen,

Und er trifft mich gut!
Er weiß es selbst noch nicht,
Er zielt vielleicht noch nicht,
Aber er trifft mich im gerechten Augenblick!

Schonung wird nicht gegeben.
Wer in Liebe ist, wie ich,
Muß weinen,
Früher oder später,
Und niemals zu früh!

Frau im Traum

Gekommen bist du in der Nacht
Und rührtest mich an.
Da bin ich zitternd aufgewacht.
Ein Traum zerrann. Ein Traum begann!
Und wir im Traum. Wir saßen zusammen.
Wir sprachen Worte. Aber es waren Flammen.
Die aßen wir. Der Worte Sinn
Vergaßen wir. Und her und hin
Reichten wir Hände, doch es waren Schwingen,
Wir waren zwei von sieben guten Dingen,
Ach, wir verwechselten unsere Namen,
Wenn wir uns meinten, sagten wir nichts als Amen.
Manchmal, statt was zu meinen, küßten wir uns.
Manches Mal, statt uns zu küssen, sangen wir einen Choral,
Den atmeten wir ein und aus.
Die Töne rochen wie eine Wiese, und das Gras wuchs in unserm
          Haus,
Es wuchs auf dem Fußboden, es wuchs im Bette,
Als ob man seit der Kindheit dort gespielt und gelacht und
          gebummelt hätte: –

War das nur ein Traum? Oder ist nur das Leben verronnen?
Hab ich so schön geschlafen? Oder bist du wirklich gekommen?
Ich weiß, darüber stritten wir am Ende,
Und noch im Streiten hielt ich deine Hände.

Nach der Liebe

Nach dem Sturm der Sinne
Leuchtet rein ein Morgen.
Und wir halten inne,
Arm in Arm geborgen.

Von verzückten Scherzen,
Wundersam gelungen,
Lächeln noch die Herzen,
Die sich frei geschwungen.

Wie am mütterlichen Licht
Dort die hohen Himmel saugen! –
Kleiner ward dein Angesicht,
Größer deine Augen.

Fünfzigster Geburtstag

Die wilden Rosen sind mit allem einverstanden
Wie sie da auf bedornten Ranken schwanken,
Der Kuckuck ruft wie eine Uhr, es landen
Die süßeren Vogel-Stimmen und -Gedanken,
Und Hennen gackern, es rülpst eine Sau,
Der Himmel wird jetzt weiß, am Morgen war er blau.

O Sonnentag, heut werde ich fünfzig Jahre alt.
Auch dieser Sommer ist vorüber bald.

Langsam zu sprechen

Und die glückliche Liebe
Gleicht auf ein Haar
Der unglücklichen Liebe.

In der erhobenen Fackel
Der glücklichen Liebe
Sehe ich schon flackern
Die gesenkte Fackel
Der unglücklichen Liebe.

So nimmt die Kindheit
Die bitterliche Not des Lebens
Als Angst voraus.
Und in das goldene Spiel
Geistert der Abgrund.

Der schöne Abend

Paradiesischer Widerschein
Der Sonne, die schon drüben steht.
Wie rein der Tag zu Ende geht
Und ist schon nicht mehr mein und dein,
Ward Wind, der warm von hinnen weht.

Sonne, der große Diamant,
Schneidet die Welt zur Silhouette
Und gibt ihr einen schwarzen Rand,
Als ob sie keinen Namen hätte.
Ja, unbenannt und ewig unbekannt,
Dient unseren Toten sie zum Bette.

Die Wiese, die sich tiefer bückt
Vor unserem fensterroten Hause,
Auch ihr war noch ein Schein geglückt.
Nun lehnt sie heimlich in der ungeheuern Pause,
Die uns das letzte Licht entrückt.

Schwerer Schlaf

Es hat mich was in Schlaf versenkt,
Vergebens streb ich aufzuwachen.
Wird morgen nicht mein Freund gehenkt?
Schwebt nicht mein Kopf in Todes Rachen?

Mir ist: es wird im Haus gepackt
Mein Koffer für die große Reise.
Sie finden mich und ich bin nackt!
Sie heben mich und fluchen leise.

Im Nebenzimmer weint die Frau,
Ich höre meine Söhne flüstern,
Und noch im Schlaf weiß ich genau,
Daß kalte Kerzen mich umdüstern.

Das kann doch nicht das Ende sein,
Es hat ja noch nicht angefangen.
Nur Schule war und Schülers Pein
Und nach dem Leben ein Verlangen.

Ist es so spät, wer schob die Uhr,
Das ist Betrug, das darf nicht gelten!
Ich muß verfolgen eine Spur,
Die führt gewiß in bessere Welten.

Ich sprach mit meiner Mutter kaum,
Wo ist die Gute hingegangen?
Ich hatte eben einen Traum,
Und nichts behielt ich, nur ein Bangen.

War ich der Zwerg, der Äpfel stahl?
Die Knechte sind mir nachgelaufen:
Ist Gott ein Blitz? Ist er die Zahl,
Die zählt, wie hoch wir uns verkaufen?

Wann war's, daß ich um Hilfe schrie?
Die erste Hose hatt' ich gestern.
Ich hatte einen Bruder nie,
Doch pflegten mich barmherzige Schwestern.

Da bläst ein Wind, und wunderlich
Spielt er mit meinem ersten Drachen.
Nun wein ich gar und schäme mich!
O könnte endlich ich erwachen!

Schulzeit

Die Zeit dreht ihre Spule.
Einst war ich in der Schule
Und saß in Ruh,
Hörte nicht zu.

Da weckte mich ein Wort wie ein Stoß!
Was war denn los? Was war denn los?
Es klang so traurig, süß und groß:
»Achill weint in der Thetis' Schoß.«

Schon sagt der Lehrer: »Heutzutage
Weint nie ein Offlzier.
Die Griechen waren nicht wie wir,
Und alles ist zuletzt nur eine Sage.«

Ach, sage, Sage, noch einmal
Das Wort vom holden Schoß!
Gern wär ich wie Achill so groß
Und litte seines Stolzes Qual,

Dürft' ich nur weinen wie Achill,
Wenn Thetis, Thetis trösten will
Mit ihren schönen Armen
In griechischem Erbarmen.

Einsagen

»Einsagen« hieß es, wenn ins Ohr mir sagte
Mein Nachbar in der Schulbank jenes Verb,
Wonach der Lehrer mich vergeblich fragte.
Die Rettung war's aus schmählichem Verderb.

»Was hast du in der Lebenszeit vollbracht?«
Wenn mich's der Schöpfer fragt, wer sagt mir ein?
Ich schwätzte viel, nur selten gab ich acht,
Den Lehrplan missend, im Vollbringen klein.

Könnt' ich nur wem über die Schulter schielen,
Daß ich aus fremdem Heft ein Körnchen stehle!
Es bürge denn, daß meine Söhne schöner spielen
Und besser lernen, für des Vaters Seele.

Traum von Wien

Wien hat von mir geträumt letzte Nacht –
Oder hab ich von Wien geträumt,
Wo ich einst meine Kindheit versäumt,
Zum Manne geworden, eh' ich's gedacht!

Da liegt er wieder, der tiefe Platz,
Den eine einsame Hure kreuzt.
Soeben hat sich ein Stern geschneuzt. –
»Wohin gehst du so spät, mein Schatz?«

Sie öffnet den Mantel, sie ist nackt:
»Alles, mein Schatz, was du verlangst!«
Da hat mich die alte Knabenangst,
Die Wiener Angst am Genick gepackt.

Ich renne Stiegen hoch, oben steht
Der alte Brunnen und plätschert fromm
In die Schale aus Stein, die übergeht.
Das Wasser flüstert: »Komm, mein Schatz, komm!«

278

Lebensgang

Erdnähe, Sonnenferne
Ist unser Los.
Winzig sind uns die Sterne
Und New York riesengroß.

Das Meer schmiegt sich uns in die Poren,
Wenn es zu Tropfen zerrinnt.
Wir haben den Weg verloren,
Den wir begannen als Kind.

Der Judenknabe

Seine mystischen Hände hebt
In mir der Knabe, der ich war.
Er hat heimlich in mir gelebt
Seit frühestem Jahr.

Was soll ich nur, wenn er fragt,
Dem Judenjungen sagen?
Ich habe nicht das Herz, wenn er klagt,
Ihm die Hände herunterzuschlagen.

Ich weiß doch, warum er die Hände hebt
In meiner dunkelsten Nacht.
Wir haben zu lang in der Fremde gelebt –
Ich hab ihn nicht in das Land,
Das ich ihm gelobte, gebracht.

Der alte Jude

»Der Baum? Ein Baum!« murrte der alte Jude, der dem Dorf
        zuschritt.
Und seine Schläfenlocken gingen wie zwei kleine Glocken mit.
»Ein Baum? Wie lebt ein Baum?
Man sieht es nicht, er atmet kaum,
Doch schlägt er grüne Blätter wie der Dorfbarbierer Schaum.
Wie aber trägt er es und dreht er es,
Wie übersteht er es, der Baum?
Wie fühlt er sich in einem vollen Wald
Und wie allein im Raum?
Was denkt er, was verschweigt er,
Was verzweigt er, so ein Baum?
Er geht nie in den Tempel
Und er küßt auch nicht der Torahrolle Saum!
Ist er ein Christ, und lebt er unbeschnitten,
Wächst nur wie im Traum?
Oft hab ich mir gewünscht, ich wär' kein Jud
Und keinem Juden für fünf Gulden gut,
Und wäre unbekehrt und unbelehrt
Und in Geschäften keiner Art begehrt –
Und hätt' dafür ein Herz so leicht wie Flaum
Und wär' ein grober Bauernbaum!«

Abisag

So lag der König David
Bei dem Mädchen Abisag,
Auf daß er nicht vergesse,
Daß sein Fleisch ihn nicht mehr plagt.

Sein Fleisch gab ihm wohl Ruhe,
Unruhig blieb der Sinn.
Drum konnte er nicht schlafen
Mit seiner alten Königin.

Abisag, das Mädchen,
Hat ihm Ruh gebracht,
Weil sie mit ihm lag und schwieg
Die ganze, lange Nacht.

Sie tat an nichts ihn mahnen,
Was er von je versäumt.
Sie macht ihm keinen Vorwurf,
Wenn er nicht von ihr träumt.

Wird tragen ihm keine Kinder
Und trägt ihm kein Begehr.
Sie hält ihn nur und wärmt ihn –
Er hat keine Mutter mehr.

Nun ward sie seine Mutter
Und schickt sich gern darein,
Die Jungfrau, von so altem Kind
Das Mütterchen zu sein.

Je länger sie ihn wiegte,
So besser er verstand,
Daß er zum Tod geboren war
Im schönen Judenland.

Mannah

Als es Mannah schneite und das Volk beglückt
Seine Speise aus der Luft empfing,
War es Mose, der da starr entrückt
Durch die schluckenden, schmausenden Reihen ging.

Wie sie sich beugten, knieten, haschten,
Am Boden lagen, gierig schleckten,
Hier von des Bruders Schulter naschten,
Dort Zungen gegen Himmel streckten –

Kinder sich balgten, Greise Kinder schlugen,
Weiber sammelten im breiten Schoß,
Bedächtige in Mützen schlau beiseite trugen,
Was niederströmte grenzenlos –

Doch ließ es sich nicht häufen, nicht bewahren,
Was nicht gegessen wurde, schwand,
Man konnte nicht ein Körnchen sparen,
Das floß in den Magen, das zerging in der Hand:

Da konnte Mose sich nicht entschließen,
Mitzugreifen, wo es vom Himmel floß.
Er sah die ganze Welt genießen,
Und keiner fragte, ob auch er genoß.

Im aufgelösten Rettungsschauer,
Der segnend aus den Wolken fiel,
Schritt er fastend und mit Trauer
Durch das üppige Zauberspiel.

Er konnte nicht die Not vergessen,
Die schwere Not der schweren Zeit.
Ihm ward es bitter, Mannah zu essen,
Das geschenkte Brot der Vergänglichkeit.

Abrahams Kindschaft

Unsere Sprache wächst mit uns, es wächst
Unsere Sprachlosigkeit. Denn die Geschichte
Steht nicht still. Es wachsen
Unter der Erde die Sünden der Väter,
Die wir vermehrten. Uralte
Prophetien, längst verschüttete,
Heben ihr vermodertes Haupt, die Drachensaat
War gut gesäet, wir werden
Blutig geerntet, eingebracht
Auf den jubelnden Wagen der Rache.
Jehova hat es gewußt. Und Wotan,
Einäugig ist er noch immer. Die Wölfin,
Die den römischen Zwilling säugte, sie lebt
Und leckt sich die eiternden Wunden.
Vergewaltigend stürzt sich der Stier
Auf die arme Europa. Da sind sie,
Die neuen Heiden, stolz es zu sein!

Aber ihr, Juden, wozu
Erhieltet ihr euch den Namen?
Nur um den Fluch zu vererben?
Anrüchige alte Geschichten
Kleben an euch, ein Geruch
Von Gewalttat und biblischem Frevel:
Aus- und Einwanderung,
Der Bußweg quer durch die Wüste,
Märchen vom Mannah, das fiel,
Nicht gepflanzt, nicht gepflegt, nicht geerntet
(Solches geschieht nur einmal),
Rotte Korah, auch sie, die aufsässige,
Unsterblich wie die Legende auch sie,
Die niemals verschwindet.
Zwar, Sodom verschwand, und die Weisen
Rätselten dunkel, warum es verzehrt ward –
Doch vergaßt ihr die seltsame Deutung:

»Mein ist mein«, sprach die Gottlose Stadt,
»Und dein ist dein.« Darum fiel sie.

Nicht weil sie mit Engeln gebuhlt,
Nein, mit leblosen Dingen,
Herzend den Besitz, den herzlosen,
Streuend den Samen
In den Ertrag, daß er schwoll
Und schwanger ward.
(Den Engeln schob's eure Scham zu.)

Doch so wart ihr nicht gegründet! Hieß es doch,
Daß Abram den eigenen Sohn
Sogar zu geben bereit war, den späten,
Den einzigen. Daß auch ein Sohn
Kein Besitz sei, dessen ein Zeichen
War die Beschneidung einstmals.
Dies war der Bund. Vergaßet ihr's?
So war ein Land euch verheißen,
Es zu heiligen – es
Dem Geist des Lebens getreu zu verwalten,
An die Gewalt zu verlieren es
Jederzeit gewärtig, aber in euren Herzen
Es weiter zu tragen, bis dorthin,
Wo die Menschheit rechtens wohnt, die immer noch
Ganz und gar nicht behauste. Vergaßt ihr?

Vergaßet ihr eure Redner, eure Propheten,
Nur die Quäler erinnernd? Dieses Mal
Geht kein Ezechiel
Mit euch in das Exil,
Es sei denn, ihr zeugtet ihn.
Jeder von euch sei der Vater!
Dann werdet ihr ohne Bedauern,
Ohne Angst – und Sodom
Seine geilen Güter nicht neidend –
In der Fremde das Brot
Der Sorge, der Mühsal verzehren.

Lied von der Galeere

Bruder in der Galeere, gefesselt an das gleiche Ruder,
Mit der gleichen Kette beschwerter Bruder,
Nun da wir nicht schlafen können unter der Last
Des Eisens, das sich uns angepaßt,

Erinnerst du dich: als wir noch in Freiheit waren,
Wie sich die Leute freiwillig paaren?
Hast du wen beseligt zu diesen Zeiten?
Erinnerst du dich an solche Kleinigkeiten?

Erinnerst dich, wie ein Lob dir das Blut in die Wange trieb?
Die Freude rötete sie wie ein Hieb.
Ein Gesicht ward heiß vor Freude und fühlte
Das Leben wie einen Westwind, der es kühlte.

Mein Bruder in der Galeere – bedenke,
Da draußen reichen sich Kinder Geschenke.
Du, verwirrt von Meeres und schwarzer Gedanken Tosen,
Weißt du noch, wie sich Armut schmückt mit papierenen Rosen?

(Für Christopher)

Der Kinderkreuzzug

Dort! – von unsern Füßen unbegangene
Und mit Wolken halb verhangene
Abendliche Himmelsfelder
Prüft der Blick.
Die so groß in Welt verfangene
Sonne schlingt das Blut der Wälder
Heim in ihren Kreis zurück. –

Dreht sie niederwärts die Scheibe
Unter unsern Horizont:
Gehe sie denn ewig fort und bleibe,
Wo sie hingeht! Sei entthront!
Erde sei von neuem Tag verschont! –

Aber da erwacht der Kinder
Hoffnungsheischend klare Schar,
Hebt die Augen: Wiederfinder
Unter all dem moosgekrausten Haar
Steigen aus den kleinen Betten.
Tagentschlossen, nachtgeheilt
Schließen sie sich rasch zu Ketten,
Kinderkreuzzug, eng gekeilt.

Kinderkreuze ihre Hände,
Ihre Arme hochgeschwungen
Zu den bleigedeckten Bergen
Eines sonnenleeren Himmels –
Und sie ruhen eher nicht,
Bis sie wieder, heiß durchdrungen,
Eine Sonne hergezogen
Und ein neues Tageslicht.

Das Dunkel der Nacht

Das Dunkel der Nacht war so sanft um uns gebreitet.
Ein Duft von Honig kam aus deinen Haaren.
Zum Willkomm war ein Mahl mir zubereitet,
Da aß ich von deinem Trotze, dem wunderbaren.

Da spannte ich deinen Willen, der ist ein Bogen,
Von dem die gefiederten Wünsche schnellen.
Da ward ich in das Laub deines Vertrauens gezogen.
Da hatte ich deinen Seufzer als einen Spielgesellen.

Da war mir das Lager in deinen Armen offen
Wie eine Wiese im Sommer im Schatten der Buchen.
Da hab ich deine Schwermut beim Weinen angetroffen,
Da kam mich dein Mund wie ein verlaufenes Kind besuchen.

Und ich bedeckte meine Augen mit deinen Händen.
Daß ich je gezweifelt, wollte ich vergessen.
Ich wandte mich dir zu, um dir Trost zu spenden.
Ich brach das Brot deiner Liebe, es weinend zu essen.

Drei Dichter

CLAUDIUS

Ein Mann wie Claudius
Weiß rührender zu klingen
Als all der Überfluß
An Sagen und an Singen.

So hört ihn nur: er tönt
Wie eine Abendgrille,
Die mit dem Tag versöhnt.
Er ist das Herz der Stille.

LENAU

An Lenau muß ich denken,
Den wahnsinnigen Lenau,
Lenau der Melancholie,
Lenau der Freiheit.
Er hat ein Herz im Leib gehabt,
Das war ein Falke,
Der stieß durch den Leib.

Ein Falke? War es denn nicht eine Lerche?
Und kletterte an ihren Liedern in die Luft?
Ein Falke war's, ein unzähmbarer Falke.
Lenau!
An seines Falken Flügelschlag ward er verrückt.

TRAKL

Trakl. – Wer gab diesen stummen Namen
Dem dunkelsten Vorabend-Dichter?
»Spät ist's«, sagte Trakl. Und der Tod sprach: »Amen.«
Weiter keine Silbe spricht er.

Der Engel Shelley

I.

Der Engel Shelley trat auf diesen Stern.
Er litt vom Qualm, der sich auf Erden ballt
In Haß und Liebe, Wolken ungestalt.
Doch hatte er die Blitze gern.

Er sah die Freiheit, jene Lerche, steigen.
Sie sang, und singend schwand dem Auge sie.
Wann wird sie ihres Fluges Rhapsodie,
Um hier zu landen, diesen Fluren neigen?

Ach, Shelley, abgelegt die schönen Schwingen,
Will gern sich dem geringsten Dienste weihen,
Wär's möglich, diese Breiten zu befreien,
Die, schwer geblendet, hängen an den Dingen.

Wär's möglich, aus der Trübung sie zu heben!
Die Erde wagt ja selber ihren Flug,
Warum ist denn ihr Mensch nicht kühn genug,
Auf Herzen frei und brüderlich zu schweben?

Warum sind nicht vereinigt eure Scharen,
Wie es die Wälder und die Meere sind?
Warum nicht, wie des Westens großer Wind,
Brecht durch's Gewölk ihr, siedelt euch im Klaren?

Ihr Völker, eures Lichtes schwer bestohlen
Und eures Schwunges unverschämt beraubt,
Braucht ihr die Lüge, daß ihr hofft und glaubt?
Kann nur Gewalt euch, was euch frei macht, holen?

Entringet euch der knechtenden Verschwörung,
Zu leben und zu sterben gleich bereit!
Durchbrecht die Zwingburg eurer toten Zeit!
Shelley wird führen, wagt ihr die Empörung.

Jedoch sein Ruf auf keinen Hörer traf.
Ehe sein erster Morgensang verklungen,
Verlor er sie in ihren Niederungen,
In ihrer Ängste, ihrer Fesseln Schlaf.

II.

Beiseite stieß sofort er Land und Habe
Und war allein mit seinem Herzensschlag,
Des Dichters Traum sein einziger Ertrag,
Gejagt von Wolken, ein verbannter Knabe.

Es sitzt der Schmerz bei ihm die längste Nacht,
Schön wie ein Weib und wunderbar bekleidet.
Fühlt denn kein Mensch, was diese Seele leidet
Nach ihrer ohne Kampf verlorenen Schlacht?

Wir haben diesen Engel feig verstoßen,
Nun tritt der brüderliche Tod zu ihm,
Der Tröster, weisester der Cherubim,
Und ruft ihn heim zum Ungekränkten, Großen.

Das Meer ist abgesandt, ihn einzuholen.
Den Schwimmer, der die Furcht nicht kennt,
Ihn überschleicht mit tausend feuchten Sohlen
Und zieht in die Gezeiten das geliebte Element.

Da Shelley seine Flügel abgelegt,
Leiht ihm der Bruder Tod die stärkeren Schwingen.
Er ist die Glut, den Holzstoß zu durchdringen,
Er ist die Flamme, die ihn aufwärts trägt.

Full speed

Das Meer war die Milchstraße,
Darauf wir in den offnen Himmel fuhren.
Die Wellen hatten's eilig,
Fliegende Fische eiliger als sie.
Wenn sie aufsprangen,
Um die Wellen zu überholen,
Schlug die silbrige Milch Funken.
Ein rosiges Feuer der Erwartung
War im Himmel entzündet.
Überall, mit vielen Zungen,
Züngelte Feuer aus Meer und Luft.
Der Rauch, den das Schiff ausstieß,
Blieb so weit zurück,
Daß wir dort, wo er hinter uns wehte,
Andere, fremde Schiffe vermuteten
In der Vergeßlichkeit unserer Eile.
Aber da waren keine anderen Schiffe,
Wir allein berannten das Meer.
Die stöhnende Maschine,
Die das Gebäude des Schiffes erzittern machte,
Tat uns nicht leid.
Unsere eigenen Leben, so schien es,
Hatten wir hinter uns verloren.
Unser Kurs ging vorwärts,
Als wollten wir die Zukunft überholen
Und früher ankommen als sie,
Vielleicht an barbarischen Ufern,
Nie begangenen Küsten,
Wo Altäre unser warteten,
Die nicht von Menschen gerüstet waren.
Flüchtlinge aus der Zeit,
Die uns vergeblich nachjagte,
Sahen wir den Himmel
Uns winken mit einem rosigen Schleier.
Als hätten wir Opium genommen,
War das Gewissen des Gewesenen
Zerstreut wie ein Nebel in uns.

Nichts, was je geschehen war,
Konnte länger haften
An unserem blanken, metallenen Seelen,
Welche die Eile reingescheuert hatte.
Unsere Augen, glänzende Lichter,
Den fliegenden Fischen ähnlich,
Sprangen vor und übersprangen
Den Horizont.

Die Schildkröte

Die Schildkröte, die sich auf einem Steine sonnte,
Während Jesus auf dem Kreuze fror,
So daß er sich nie mehr erwärmen konnte:
Sie liegt und faulenzt heute wie zuvor.

Sie denkt: »Die Zeit ist mir so schnell verronnen,
Zweitausend Jahre wie ein Atemzug.
Ich könnte eine Ewigkeit mich sonnen
Und hätte des Behagens nie genug.

Inzwischen höre ich sie Kreuze zimmern,
Sie sperren mir doch nicht den Horizont.
Die auf dem Holze schattenwerfend wimmern,
Sie haben nie sich schön wie ich gesonnt!«

Eiche in Versailles

In diesem Feld steht ein gewaltiger Baum
Und füllt mir das Oval, den Fensterraum.
Was soll ich fern zu Kathedralen schweifen:
Ist's nicht genug, den Wuchs des Baumes zu begreifen?

Hinaufgewachsen bist du ungeheuer,
Gestalt des Baums. Was war dein Höhensteuer,
Als du, mit allen Keimen aufgeflogen,
Die Wurzel sprengtest, die, hinabgebogen,
Dich wie ein Anker in der Erde hält,
Dem dunklen Hafen dieser Sonnenwelt –
Doch dich, Baum, hat sie nicht hinabgezogen!

Nein, mit den Ästen in den Himmel schweifend,
Mit jedem Blatt nach aller Bläue greifend,
Hast du hinauf, hinauf die Wucht geschwungen,
Gestalt, gestellt gegen die Niederungen.
Geschlossener Bau der Zweige, die sich bäumen,
Einheimisch bald in höheren Räumen,
Und, wie sich deine Krone schließt, gehalten
Im Abschluß der vollendeten Gestalten.

Geselligkeit der Triebe, die du eintest,
Oh große, grüne Einheit, die du meintest!
Für immer festgegründet, dennoch Flug
Für immer, hemmt nichts den Vollzug
Der großen, der gewaltigen Figur –
Protagonist der grünenden Natur,
Ich sah erstaunend dich mit einemmal
Im Rahmen meines Fensters, dem Oval.

Musik

Musik, du letzter Trost, so lange abgewehrt,
Weil das Getöse meines Innern mich besaß,
Der Lärm der Worte und das Übermaß
Chaotischen Wunschs, der ohne Pause gärt.

Da war nicht Raum für deiner Töne Werden,
Den Anfang, der du bist, am ersten Tag,
Du Schöpfungsmeer, du erster Wellenschlag,
Du Ufer, Weide ungezähmten Pferden,

Du Galoppieren in des Morgens Helle,
Du Tau auf Gräsern, die kein Schnitter kränkt,
Du Wald, der über einen Hügel schwenkt,
Und tief im Tale findet er die Quelle:

Sie, sickernd, unversehrte Melodie,
Einzelne Stimme in dem großen Rauschen!
Und Stille ist bereitet, ihr zu lauschen.
Die Botschaft miß' das Herz des Hörens nie!

Und niemals wird das Raunen sich verlieren,
Das ohne Ende seine Sage spinnt.
Der Chor der Greise schart sich um das Kind:
Geburt und Tod, gewillt zu harmonieren.

Nun scheint's der Sterne Chor um eine Sonne,
Die kreisend von gewaltigen Themen klingt.
Und als die ganze Sphäre von ihr schwingt,
Löst sich der Sturm der Schmerzen in harmonischer Wonne.

Der Kontrapunkt ist's, der die Reihen hält,
Die sich entfalten zu den Weltorkanen.
Sie kommen heim auf weit entlegenen Bahnen,
So wie die Frucht zuletzt zur Erde fällt. –

Völker der Zukunft, Menschheit, unbefreite,
Auch du hörst diesen Braus und Töneschwall.
Du tauchst dein Ohr in das symphonische All,
Und Friede wächst aus vielstimmigem Streite.

Denn hier ist schon der Sieg vorweggenommen
Und seine Feier! Schon zu singen wagt
Der Sklave, eh' den Dienst er aufgesagt:
Ehe zur Freiheit er, ist sie zu ihm gekommen. –

Die Uhr schlug eins

Es schlug immer nur eins,
Es schlug immer nur eins,
Wie lang ich auch lag und wachte.

Und mein Herz sprach: »Verzeih!«
Ich hörte mich gut.
Ein Herz, zur Antwort,
Sagte: »Vielleicht.«
Und ich hörte auch dies,
Die Stunden entlang,
Und ich weinte sogar –
Doch schlug es immer nur eins.

Mein Leben seit je
Kam vorüber geweint,
Und ich starb sogar.
Ich starb meinen eigenen Untergang,
Die Stunden entlang,
Die Stunden entlang.

Und ein liebes Bild,
Zum letzten Mal,
Kam traurig schweigend
Nun auch vorbei,
Vorbei, vorbei!
Da hörte ich
Meinen letzten Schrei:
»Verzeih!
Verzeih mir du! Verzeih! Verzeih!«
Doch schlug es immer nur eins.

Schnee

Daß ich nicht mehr jung bin,
Wo heut doch frischer Schnee fällt!
Mich freut der Schnee nicht mehr.

Wieder alles weich und weiß,
Macht mir nicht kalt, macht mir nicht heiß.
Ja, die Flocken, Flocken stieben,
Ich kann sie aber nicht mehr lieben.

Der mich nicht mehr freut,
Unverhoffter Schneefall,
Trifft mich jung nie mehr!

Gesundung

Unten im Garten marschiert eine dicke Katze –
Und langsam beginnt der Urgrund der täglichen Dinge
Wieder in mir sich freundlich zu regen:
Wie immer nach den Tagen, da ich am Menschen gehangen,
Wie an ein Seil geklammert, schwingend über dem Abgrund,
Mit hämmernden Schläfen und mit ausgetrocknetem Gaumen,
Nicht mehr des Atems gewahr, der uns Kinder der Ohnmacht
Mit der freieren Welt im Lichte verbindet.

Wenn von der Liebe, wie ich in jenen Tagen sie liebte,
Unwilligen Freunden Bericht ich müßte erstatten,
Glaubt mir wer, so nur mit bleierner Trauer
Und staunend, da ich es sage: an einem Menschen hing ich,
Wie an ein Seil geklammert, schwingend über dem Abgrund,
Mit hämmernden Schläfen und mit ausgetrocknetem Gaumen,
Nicht mehr des Atems gewahr, der uns Kinder der Ohnmacht
Mit der freieren Welt des Lichtes verbindet.

Hausgenosse

Je wie mein Herz dich fühlt, so spielt dein Bild an meiner Wand.
Doch immer hält es mir und meinem Wunsch nach dir gelassen
     Widerstand.
Heut ist es gern mein Gast, es lächelt fast und blickt vertraut.
Gewähren zögert noch, es hat jedoch erhört mich meine Braut.
Und diese hat gegeben und im Leben sich mir schön gewährt.
Da kannt' ich sie, sodaß es nie verkümmert und niemals verjährt.
Jetzt tief verbohrt in Frage ist, in Klage ist sie eingehüllt.
Und brächt' ich jedes Opfer, nie – nein, nie wird sie, und was sie
     sucht, von mir erfüllt.
Der Abschied ist genommen, und beklommen ist's geschehen.
Wir werden uns auf Erden nicht, wir werden nicht uns
     wiedersehen.
Ein Feind blickt von der Wand, und wäre anerkannt vor dem
     Gericht
Als Zeuge dies Gesicht, es spricht: »Begnadigt wirst du aber
     nicht!«
Gleichgültig bist du heute, und wie fremde Leute folgt dein Blick
Mir auf dem langen bangen Pfad zu niederem Grat und
     Mißgeschick.
Wie nur vergeß ich mich, ermeß ich dich, die einsam ragt!
Was ist ein Dasein wert, dem du, von mir bekehrt, entsagt!
Was will ein Mensch noch treiben, dem kein Bleiben du
     gewährst?
Und wann geschieht es, Bild, daß du mir mild den Rücken
     kehrst?
Das ist ein schwieriger Gast, in meinem Zimmer fast zu
     eingewohnt,
Der niemals zu mir spricht und auch im Traume nicht mich
     schont.
Herr über meinem Sein, thronst, Antlitz, du allein an meiner
     Wand
Und leistest immer mir, und meinem Wunsch nach dir,
     verschlossen Widerstand.

296

Der Traum vom Tiger

Vergiftet noch vom Schlaf – wir sind's zu oft –,
Ermeß ich meinen Tigertraum,
Aus dem ich schreiend und gerettet auffuhr.

In einem Zimmer saß ich, und die linke Hand
Hing ungefähr mir übern Stuhlesrand.
Am Flure unterm Tische lag der Tiger,
Ein zahmes Exemplar und hier ganz heimisch,
Und meine Hand hat ihm das Haupt gekraut.
So oft er, wie im Spiele, sie erfaßte,
Mit eingezogenen Krallen meine Haut betastend,
Rief von der andern Seite jener Freund,
Der viel an mir verbrochen hat, das Tier –
Und immer wieder ließ der Tiger ab.
Bis plötzlich ich es spürte: daß mit Vorsatz
Und wissentlich der Tiger meine Hand hielt,
Mit offenen Krallen immer schärfer schneidend,
Sodaß es peinlicheren Schmerz erregte;
Auch drehend, ziehend die schon wunde Hand,
Zu sich hinüber, da der Tiger Blut roch,
Wie seine Kralle aus der Hand mir's schnitt;
Auch fühlend meine Angst, nun jäh erweckt,
Und meine Schwäche, als ich wieder zog
Und jetzt in Angst und immer höherer Angst
Und lauter, immer dringender nach meinem Freund rief,
Den oft verfluchten Namen meines Freundes –
Und flehend sah ich hin: mein Freund war fort!

Pax vobiscum

Verruchte Kämpfe, o was Leben ist!
Wir morden uns im Dunkel.
Es scheint so wenig Raum bereit,
Wir drängen uns, wir stoßen schmerzhaft an,
Wir ringen uns hinunter.
Keiner spricht je davon.
Es ist in den Gesichtern eine Stelle
Wie ödes Land, von abgehauenen Bäumen
Eine vergessene Stelle.
Daran gehn wir vorbei, geschlossenen Auges,
Wer blickt je hin?
Begrubst du dort ein Kind?
O nein, ein Lächeln nur,
Dies Lächeln war ein Mensch und atmete.
Längst atmet es nicht mehr.
Eine vergessene Stelle in einem Notizbuch,
Nicht einmal durchgestrichen,
Nicht ausradiert, nur, was ein Bleistift schrieb,
Verwischt im Lauf der Jahre.
Eine alte Telephonnummer – ein Mord.
So steh auch ich in manchem Leben da.
Jenes Gesicht vergaß ich,
O umsonst versuch ich es zu formen.
So soll auch ich vergessen sein. –

Der Trichter

Sich höher schrauben an den unbarmherzigen Tagen,
Ja, höher als Ertragen und Entsagen,
Und auf so glatter Bahn sich weiterwagen –

In diesem dunklen, wegelosen Trichter,
Und immer über uns die Himmelslichter
Und immer unter uns das Dunkel dichter.

So streben wir, und so sind wir gefangen
Und wissen nur mit ungeheurem Bangen,
Daß wir nicht lebend an das Ziel gelangen.

»Es wird auch ohne mich gehen«

Da ich erwache am Morgen –
Es hatte die Nacht ihre Sorgen,
Ohne sie mir zu klagen,
Denn sie wollte nichts eingestehen –,
Da hör ich mich leise sagen:
»Es wird auch ohne mich gehen –.«

Es kommt dieses Wort wie verspätet,
Sein Anlaß ist ausgejätet,
Als wär's in die Luft geschrieben.
Soll's eine Antwort bedeuten,
Die im Traum ich schuldig geblieben?
Ach, wem nur? Welchen Leuten?

Das ist vorübergegangen,
Ich kann es nicht mehr erfangen,
Dem Dunkel muß ich es lassen,
Wie sehr ich's zu haschen mich plage.
Doch scheint das Wort zu passen
Auch jetzt noch, am hellen Tage:
»Es wird auch ohne mich gehen.«

Das Sterben

Er soll ja nicht die Tränen sehen,
Die um seinen Tod geschehen,
Weil sie alle doch nicht wagen,
Laut heraus um ihn zu klagen,
Weil sie sich die Schuld zuschreiben,
Daß sie gern am Leben bleiben,
Die zum Ausgang hinbegleiten
Ihn, der geht für alle Zeiten.

Sie, die sich zu sagen haben:
Morgen ist er schon begraben.
Bis dahin nur wenige Stunden,
Und sie haben's schon verwunden.
Fleisch und Brot sind schon bemessen,
Die sie, wenn er tot ist, essen.
Keiner glaubt ein Wiedersehen,
Keiner hofft ein Auferstehen.

Und der Sterbende weiß alles,
Jedes Item seines Falles,
Und er hofft sich gut zu halten
Bis zum gänzlichen Erkalten.
Wird er sich auch recht benehmen?
Muß er sich des Schweißes schämen?
Soll er aus dem Raum sie schicken?
Denn er fürchtet das Ersticken.

Werden sie's vom Aug' ihm lesen,
Daß er nie ein Held gewesen?
In der Schule, wenn den Knaben
Einst geprüft die Lehrer haben:
Nur nicht stammeln, nur nicht stocken!
Aug' und Stirn und Hände trocken! –
Welches Datum ist nur heute?
Kommt zu nah' nicht, liebe Leute.

In der Hölle

Auch in der Hölle sorgt sich meine Seele
Und siecht dahin, als wär' es noch die Welt.
Nähert sich dann der unerwünschte Frager:
»Was hast du, als du lebtest, denn getan?«
So sage ich recht kleinlaut: »Ach, ich schrieb.« –
»Und wozu schriebst du?«, fragt sodann der Plager.
»Ich wollte nur – die Wunde offen halten.« –
»Die Wunde?« – »Ja, damit sie sich nicht schließe.
Denn das war meine Angst von Kindheit auf.
Ich wollte, was so weh tat, nicht vergessen.
Was jetzt mich ängstigt, ist, daß es verblaßt,
Das lebensnahe Bild, die Herzensplage.« –
»Sie schwindet dir?« – »Sie scheint nicht mehr so nah.
Ich habe Mühe, treu sie zu verspüren.
Mich kümmert's nicht mehr so, ach, das vernarbt!
Das juckt nur noch, und juckt auch bald nicht mehr.
Was ehmals war, hat immer weniger Sinn,
Was ich erfuhr, bald keinerlei Belang,
Sogar das ewige Unrecht, es versiegt,
Hoffnung scheint nur ein sinnloser Ballast,
Der tiefste Wunsch wird langsam lächerlich,
Was stets mich rührte, will sich nicht mehr rühren,
Und Eifer wäre wirklich fehl am Ort – «
»Das eben«, sagt der Prüfer, »ist die Hölle.«

Wolken

Der Wolken Weg und Schrift
Auf Himmels blauem Blatt,
Und wessen Silberstift
Sie hingeschrieben hat?

Sie haben keine Eile,
Sie schweben ohne Schwingen –
Und langsam welche Zeile
Sie doch zustande bringen?

Das wär' es wert gewesen
An diesem schönen Tage:
Nichts tun als nur zu lesen
Der Wolken Sage.

Wir

Ich habe nachgedacht. Ich möchte zeigen,
Bevor ich gehe, daß uns mehr zu eigen
Als nur der Traum und nur der Tod.
Erklären möcht ich mit Geduld,
Daß uns noch immer mehr bedroht
Als unser Wahn und unsre Schuld.

Bevor ich gehe, will ich jeden
Mit meiner Seele überreden,
Daß ich und du und alle wir
Sind so gesellt und so gebunden,
Daß wir in diesem blutigen Dunste hier
Einander und die Welt gefunden.

Und was uns immer tiefer droht,
Ist mehr als Schuld und mehr als Tod.
Ist: daß wir uns verlieren.
Und daß wir sinken in der Welt,
Wo nichts uns mehr zusammenhält,
Tief unter allen Tieren.

Eine Stimme

Eine Stimme, die bald verstummt.
Nur selten war sie rein zu hören.
Nun bricht sie ab, sie schwindet zu den Chören,
Von denen unbestimmt der Äther summt.

So wird sie weiter um die Leben schweben,
Die nie sie hörten und sie nicht entbehren.
Andere Stimmen werden Besseres lehren
Und sich zu glücklicherem Ohr erheben.

Verklungene, du hast gestammelt,
Du hast dich niemals ausgeschwungen,
Es ist dein Wort dir nicht genug gelungen:
So seist du denn zu allem Ton versammelt!

Du magst umschwingen, was die Späteren sagen,
Und, sie umwitternd, ihrer Klarheit dienen.
Ja, streite du und feiere mit ihnen
In besseren, in frisch bekränzten Tagen.

Mit Engelszungen

Es wäre denn mit Engelszungen,
Hülfe sonst ein Singen?
Es haben Tapfere gesungen,
Während sie untergingen.
Das Opfer sang, der Henker sang,
Daß es durch das Jahrhundert klang.
Elend hat seine Lieder
Und singt sie immer wieder,
Die Liebe ihren Geigenton,
David klagt um Absalon.
Hoch klingt die Revolution
Und hat sich ausgeklungen.
Was nützte alles Singen schon,
Wär's nicht mit Engelszungen!

Und wär es auch mit Engelszungen,
Was hülfe alles Singen schon?
Es ist ja nur ein Ohrenschmaus,
Beim Ohr hinein, beim Ohr hinaus,
Und niemals ist ein einziger Ton
Auch wirklich eingedrungen.
Dem Vater glaubt es nicht der Sohn,
Und spräche der mit Engelszungen.
Gesungen wie geklungen,
Die Menschen lassen nicht davon
Und keiner hat's bezwungen:
Die Gier, die Lüge und den Hohn,
Unrecht in allen Zungen –
Geht hin und singt davon!

Salomonischer Trost

Hat alles seine Zeit, spricht der Prediger,
Jeder Vorsatz unter dem Himmel:
Eine Zeit, geboren zu werden, und eine Zeit, zu sterben;
Eine Zeit, zu pflanzen, und eine Zeit, auszureißen, was gepflanzt
        war;
Eine Zeit, zu töten, und eine Zeit, zu heilen;
Eine Zeit, zu zerstören, und eine Zeit, aufzubauen;
Eine Zeit, zu weinen, und eine Zeit, zu lachen;
Eine Zeit, zu trauern, und eine Zeit, zu tanzen;
Eine Zeit, Steine auseinander zu nehmen, und eine Zeit, Steine
        zusammenzusetzen;
Eine Zeit, zu umarmen, und eine Zeit, sich der Umarmung zu
        enthalten;
Eine Zeit, zu bewahren, und eine Zeit, loszuwerden;
Eine Zeit, aufzutrennen, und eine Zeit, zu nähen;
Eine Zeit, zu schweigen, und eine Zeit, zu reden;
Eine Zeit, zu lieben, und eine Zeit, zu hassen;
Eine Zeit für den Krieg, und eine Zeit für Frieden.

Dies ist der Trost des Salomo.

SCHLAFLOSIGKEIT

Auf heimatlichen Kissen ruhte ich in fremder Welt,
Gerechten Schlaf auf irrem Weg zu suchen.

Dreizehnter März 1938

Kaspar Hauser, du Waisenkind,
Im wiener Walde traf ich dich an.
Ach du, so matt und tränenblind,
Was hat man dir, du armes Kind, getan?

Dein Erbteil verjuxt und dein Mutterwitz –
Gabst für einen Rausch du Seele und Sinn?
Hast dein Land du verspielt auf einen Sitz?
Ja, alles – alles ist hin!

Schon wieder März, und dir ist kalt,
Allerseelenkalt wie deinen Toten.
Sammelst du Reisig im Wienerwald?
Oder hat's dir der Preuße verboten?

Mit blauen Lippen, das Herz so leer,
Taumelst du hin, enterbter Sohn.
Bitter beklagst du, tränenschwer,
Deine allerunseligste Illusion.

Hättest du besser dich ausgekannt
Und gewußt, dein eigenes Volk zu schonen,
Vielleicht wärst du jetzt nicht eingespannt
Als Maulesel bei den Hitlerkanonen.

Jenen Deutschen

Sie wissen nicht, wer ihre wahren Helden sind.
So kommt es, daß sie treu an ihre Büttel glauben,
Als wär der deutschen Mutter bestes Kind
Der Folterknecht: Sohn ihrer Gartenlauben.

Neudeutsche

Denen vom Allermenschlichsten nichts fremd geblieben,
Blieb alle Menschlichkeit doch fremd.
Die Väter haben noch Metaphysik getrieben,
Die Söhne lebten schon von Raub und Mord im braunen Hemd.

Ein österreichischer Dichter

Daß er beschränkt ist, ist sein schlichter Fehler,
Ein armer Jonathan, getreuer Knecht
Und seines engen Winkels darbender Beseeler –
Nicht stachlig, hart und streitbar wie der (Deutsche) Brecht.

Ein österreichischer Raunzer ohne Fäuste,
Denn seine Hände streicheln mild das alte Wort,
Zu liebend fromm, als daß er sich des Hungerschreis erdreiste,
Wenn auch im leeren Wanst der Darm rumort.

Im Traum zeigt ihm Schönbrunn die noblen Fronten,
Die Gloriette glänzt wie Elfenbein.
Die Hügel sind für ihn noch immer die besonnten
Wälle des Paradieses, nur –
                    man läßt halt einen Juden nicht hinein.

Tantchen

I.

Tantchen, sie, in Ehren grau,
Hat sich also umgebracht.
Diese kleine alte Frau
Hat sich still davongemacht.

Aus der guten alten Zeit
War sie trippelnd hergekommen.
Unser Weg ward ihr zu weit!
Hat den kürzeren genommen.

Rechtlichkeit, Bescheidenheit,
Taugten fürder nicht zum Segen.
Wie ein altmodisches Kleid
Hatte sie sie abzulegen,

Spät bekehrt zu unsrer Weise,
Änderte sie ihren Sinn.
Was wir laut tun, tat sie leise,
Allerstillste Mörderin!

»Herztritt« heißt unsere Methode,
Über's Herz führt unsre Spur:
Tritt aufs Herz und tritt zu Tode! –
Sie trat auf ihr eignes nur.

II.

Noch einmal fährst du auf den Semmering
Und gehst den Weg, den deine Jugend ging.

Die alte Landschaft, stillstes Österreich,
Labt den Gerechten und den Ungerechten gleich.

Es blaut der Himmel über deinem Haupt,
Dem eigensinnig sechzig Jahre du geglaubt.

Das leise Rauschen du noch einmal hörst,
Die Harmonie, die du gewiß nicht störst.

Altmodischer Hut, der Wind bläst ihn dir schief!
Du merkst es nicht, du schreibst den Abschiedsbrief.

Auswanderer

Wer liebt es, zu packen? Die Siebensachen
In ein Bündel zu schnüren wie ein Jude,
Ächzend sich auf den Weg zu machen.
Wo finden wir eine neue Bude?

Unsere Götter zurückzulassen,
Die nichts im neuen Lande gelten!
Auch dort ist mit den Leuten nicht zu spassen,
In dieser wie in allen Bürgerwelten.

Der Spiegel

Ein Mann in einen Spiegel starrt
Und kann nicht lassen davon.
Oh Römerantlitz, kalt und hart:
Napoleon.

Das Bild im Spiegel starrt auf den Mann
Wie ein Hypnotiseur.
Dazu von Stimmen ein Geisterbann:
Vive l'Empereur!

Und was der Spiegel befiehlt, es geschieht.
Und der Mann steht da,
Bis ein anderes Bild das Glas überzieht:
St. Helena.

Dem »Führer« zu Ehren
Zu Hitlers Geburtstag

Du hast die blutige Suppe eingerührt
Und mußt sie löffeln! Schien sie auch zu munden,
Hast du nicht längst ein Haar in ihr gefunden?
Ehre, wem Ehre gebührt!

Du hast dein Volk in einen Sumpf geführt!
Es folgte seinem Führer, sollte es doch
Die Erde unterjochen, selbst im Joch.
Ehre, wem Ehre gebührt!

Eiswüste starrt auf deinen Rückweg, ungerührt.
Es kam der Winter, und es kommt die Pest,
Wann kommt's, daß dich dein Gott und die Armee verläßt?
Ehre, wem Ehre gebührt!

Hast du nicht einen Stich im Hals gespürt?
Gesprochen hast du viel, bald bist du heiser.
Wie endest du? Im Irrenhaus als Kaiser?
Ehre, wem Ehre gebührt!

An jedem Morgen

Zuerst an jedem Morgen und zuletzt in jeder Nacht
Hab ich an Stalingrad und, was bei Stalingrad geschieht, gedacht.

Gedacht ist nicht getan, denken heißt nicht erleiden,
Wo so viel Tod geschieht, um unser Leben zu entscheiden.

Die Emigranten und das Bett

Es schritten drei Männer, ein Bett zu schleppen,
Hinunter die engen, gewinkelten Treppen.
Sie seufzten unter dem starren Gewicht.
Aber Bomben fielen damals noch nicht.

In Whitechappel fingen sie, drei Mann,
Das geliehene Bett zu tragen an.
Da sprach als erster der Pazifist:
»Was solch ein Bett für ein Umstand ist!«

Der Katholik, dem's an Atem gebrach,
Brummte nur ein wenig nach.
Doch der marxistische Doktrinär
Spuckte aus und fand das Bett zu schwer.

Er murmelte: »Nicht in zehen Tagen
Vermögen wir es bis nach Hampstead zu tragen,
Weil es zuvor uns das Rückgrat zerbricht.«
Die deutschen Bomben fielen noch nicht.

Dem Pazifisten war nicht zum Spaßen:
»Vielleicht hätt ich sie besser in Zürich gelassen.«
Er meinte damit seine Frau, ihr Besuch
War der Grund, daß man jetzt eine Bettstatt trug.

Und der Katholik, in Schweiß getrieben:
»Da wär deine Tochter doch auch dort geblieben!
Mit der Mutter teilt morgen das Bett ihr Kind,
Wenn sie beide erst angekommen sind.«

Und es dachte logisch der Doktrinär:
»Wir holten doch selber die Beiden her,
Weil der Gatte und Vater stets magerer ward
Bei unzulänglich rasiertem Bart.«

Indessen fragten sich alle drei,
Ob nicht wo ein Handwagen mietbar sei,
Dann hätten sie, statt zu tragen, zu schieben
Und wären länger bei Atem geblieben. –

Damals ließen die deutschen Geschwader
Noch nicht das englische Volk zur Ader.
Man pflegte noch nicht wie in späteren Tagen
Kein Bett, sondern nur das Bettzeug zu tragen.

Die Hymne

Der aus dem Schweinekoben die Kleie fraß,
Schwachsinniger Diener, der Alte,
Doch wenn er seinen Hunger vergaß,
Sang er das Gotterhalte.

Die Knecht' und Mägde hinterm Zaun,
Wo sie zusammen lagen,
Hörten erschreckt sein lallend Geraun,
Singend von Habsburgs Tagen.

Sein Freund war der alte Kettenhund,
Den er tätschelte, karge Brocken
Schob er dem Tier in den heiseren Schlund
Und wischt' sich vom Geifer nicht trocken.

Längst gab's keinen Kaiser, der Hitler gebot
Gestreckten Händen und Hirnen.
Dann waren die meisten Burschen tot
Und ohne Bettschatz die Dirnen.

An Hunger verreckten die Schweine sogar,
Wurden sie nicht gestochen.
Der Alte dachte daran, ein Paar
Verschimmelter Hosen zu kochen.

Es kroch der Greis im Hofe umher,
Lallte immer noch Gotterhalte.
Doch sein leerer Magen mochte nicht mehr,
Auf dem Misthaufen starb er, der Alte.

Jüdisches Vermögen

Was mein Vater sich erwarb und kaum besaß,
Was ich nie für mich begehrte,
Als ein billiger Erwerb sich das
Für das Dritte Reich bewährte.

Bethaus, das der Mann im Alter baute,
Dessen Gründerbuch ihn ehrend nannte,
Das der abgefallene Sohn nie schaute:
Sich zu Ehren es das Reich verbrannte.

Lebenslanger Sparer, zu erwerben
Auch ein Stadthaus, drin die Enkel wohnen,
Ein gesichert Heim den späteren Erben:
Nun ging's drauf für Kontributionen.

Ja geschäh' es, um die Not zu stillen
Und das Recht des Volkes wahr zu machen,
Gerne änderte ich meines Vaters Willen.
Doch so fällt es Räubern in den Rachen,

Die das eigene Land nicht minder pressen
Und sein wahres Heil ihm schuldig bleiben. –
Kommt der Tag denn, laßt uns nicht vergessen,
Es auf die gerechten Eigner umzuschreiben!

Camill Hoffmann

Dein Blick ist ausgelöscht, der eulenkluge,
der in der Nacht der Zeit nach Menschen suchte,
der Vielen vieles nachsah, jeden Vorzug buchte,
unabgelenkt vom Welt- und Volksbetruge.

Du konntest hören, andere durften reden,
all ihre Sorgen waren wahre Gäste,
mit Rat bewirtet, ihre Schwächen und Gebreste
von dir gepflegt: bereit bliebst du für jeden,

der zu dir kam, zum Freund, ärztliche Pflichten
still übernehmend, ohne Zahlung zu verlangen,
und keiner zögerte, sein Leid dir zu berichten.
Sie kamen auch, beladen mit Geschichten und Gedichten;
du schlichtetest auch die. – Und doch bist du den bangen,
unmenschlich bangen Weg zum Tod allein gegangen.

Ohne Decke, ohne Kohlen . . .

Ohne Decke, ohne Kohlen,
Frierend bis in die Gedärme,
Züge, vollgepfercht, nach Polen:
Juden brauchen keine Wärme.

Eine dichte Unglückswolke,
Abgetriebene Menschheitsbeute.
Nicht von Völkern, sprecht vom Volke:
Sagt nicht Juden, heißt sie Leute!

Nicht verfilzten Kornes Garben,
Die ein Wucherer verschoben,
Sondern Sterbende, die darben,
Bald der Lebenslast enthoben.

Einer Fremde zugetrieben,
Bis sie wo im Dreck verenden,
Und sie konnten ihren Lieben
Nicht ein Sterbenswörtchen senden.

Alte Männer, alte Frauen,
In ein Land, sie nicht zu nähren,
Wo sie keine Häuser bauen,
Sie, die niemals wiederkehren.

Zöllnersohn, er hat's befohlen,
Sohn der Magd, sein Herz zu heilen:
Ohne Decken, ohne Kohlen
In den Tod, endlose Meilen.

Was für ein Geraschel ...

Was für ein Geraschel
Der abgefallenen Blätter
Die Straße hinunter?
Wohin eilt ihr?
Woher die Flucht?
Wer
Ist hinter euch her?
Der Mond, die Totenmaske
Eines Denkers
Oder Musikers,
Im Dreiviertelprofil,
Gips auf leuchtendem
Lasurgrund,
Unterm willensschwachen Kinn
Ein Halsansatz,
Als wie geköpft –

Auch die Bäume wehen panisch:
Es ist Angst in der Landschaft.
Ein brutaler Eroberer
Scheint auf dem Anmarsch.
Als erste lief die Sonne,
Fiel den Horizont hinab,
Verhehlend in Wolkenkränzen
Ihre Flucht!
Grillen läuten die Alarmglocke –

Das Unheil

Was wissen die noch nicht Getroffenen
von der Treffsicherheit
der schwarzgefiederten
Pfeile des Unheils
mit der vergifteten Spitze!

Wem niemals
das Gift ins Innere des Blutes getreten,
der hat ein anderes Herz,
gehört einer anderen Welt und Menschheit an.

Kein Verstehen
zwischen jenen und diesen.
Und nur zum Scheine
haben sie gemeinsam
das Menschengesicht
und die Sprache der Menschen.

Der Tritt meines Hundes

Der Tritt meines Hundes
Heute auf der Holztreppe meines Hauses
Ist hurtig und menschenhaft.

Oder höre ich das nur,
Weil ich so schleppend müde bin.

Ich liege im Bett wie ein Kranker.
Meine Sohlen brennen mich vom Wege,
Obwohl meine Füße eiskalt sind.

Wer lebt mein nächstes Jahrhundert für mich?

Das Alter

Wenn die Klagen, die Fragen,
Die Gesichte, die Gedichte
Ausströmen,
Werde ich etwas ruhiger.

Ich bin nicht Caesar.
Ich sitze nicht im Zelt und plane,
Den Finger auf der Landkarte.
Es sind keinerlei Cohorten
Mir beigegeben.
Es schnauben keine Rosse,
Wo ich lagere.
Keine Stahlkette klirrt.
Es werden nicht Waffen gereinigt.
Keine Wache geht auf und ab.
Die Sonne mir gegenüber
Findet mich allein
Und ohne Befehl.
Mein sinkendes Leben
Läßt mich gewähren.
Es sagt: du hast mich gehabt.
Was hast du mit mir vorgehabt?
Ich weiß es nicht mehr.
Ich höre ein großes Brausen.
Das ist die Welt.
Jetzt eben
Geschieht ein Aufbruch.
Armeen hinter ihren Caesaren
Setzen sich in Bewegung.
Ich bin nicht eingereiht.
Mein Paß ist ein Freibrief,
Jetzt bin ich zu alt zum Schlachten.
Der Krieg braucht mich nicht mehr,
Auch nicht als Troßknecht.
Ich habe meine Weile.
Ich kann lauschen.
Wie es braust da draußen.

Aeroplane! Bombenwerfer!
Geräusch im All.
Tod in der Luft.

Aber wo – wo
Ist eine Botschaft?
Es kommt kein Meldereiter.
Aber ich bin deshalb
nicht ruhiger.
Daß sie mich allein gelassen haben,
Ist hier auch keine Hilfe.
Mensch, sieh dich um
Nach einer Reihe,
In die du trittst!
Denk nach,
Wofür du sterben darfst!

Am Beginn der Woche

Einatmen. Ausatmen.
Einatmen. Ausatmen.
Ein durch die Nase,
Aus durch die Nase.
Ein durch den Mund,
Aus durch die Nase.
Ein durch den Mund,
Aus durch den Mund.
Ein durch die Nase,
Aus durch den Mund.
Der Krieg geht weiter.
Geiseln warten auf die Kugeln.
Juden warten auf den Galgen.
Die Welt, in sieben Tagen geschaffen,
in wie vielen zerstört?
Es ist Montag. Eine neue Woche hat begonnen.

Die schwarze Kuh

Die Sterne über mir
Weiß ich nicht beim Namen.

Die nächste Zeile, die ich schreiben soll,
Kenne ich so wenig wie meinen nächsten Tag.

Ich ahne das Beste nicht –
Und was ich fürchte, wage ich nicht zu sagen.

Unbewegt – eine schwarze wiederkäuende Kuh –
Liegt diese Nacht!

Das Nebelhorn

Nachts weckt der Haß mich auf und setzt mich hin,
Daß wir im Dunkel uns gegenüber lehnen.
Ich ahne sein Gesicht, das scharfe Kinn.
Ich höre, wie er knirscht mit seinen langen Zähnen.

Er ist der Ohnmacht, fürcht ich, nah verwandt,
Er rät mir schlecht, er ist so unbesonnen!
Und dennoch hab ich ihm mein ganzes Herz bekannt,
Ja, Nacht und Nacht ist so im Flüsterton verronnen.

Die Adern bäumen sich, der Puls klopft hart.
Die Rachepläne werden durchgehechelt.
Ist erst der Feind erschlagen und verscharrt,
Dann, fühl ich, wird der Haß erweicht und lächelt.

Vom nahen Strome mahnt das Nebelhorn
Und warnt die Schiffe, sich nicht unterwegs zu rammen.
Ach, wärst du nicht der Haß, wärst du mein heiliger Zorn,
Ich säße besser mit dir jede Nacht beisammen!

Schlaflosigkeit

Schlaflosigkeit, du Rute aus geflochtenem Draht,
Wer schwingt dich, wenn nicht eigenes Verschulden,
Vergeuden und Versäumen, schmähliches Gedulden,
Gespaltenes Wollen, ungetane Tat!

Zur Geißel wird der Stahl der Unverbrüchlichkeit,
Unwiederbringliches bringt so sich wieder
Und fällt zurück auf Seele, Haupt und Glieder,
Der harte Schlag erstarrter Lebenszeit.

Zwar hilft die Droge, die den Nerv betäubt,
Wo auch die Liebe nicht mehr hülfe und kein Beten.
So können wir die Wiederkunft verspäten
Des Gläubigers, der doch die Schuld eintreibt.

Denn er ist mit dem Schuldner eins, wie das Gedenken
Mit dem, was war; und was er selbst gewesen,
Kann keiner wie ein Pfand aus dem Ersatzamt lösen,
Und kein Verzeihn kann es ihm wieder schenken.

Smolensk

Liegt nicht ein Meer zwischen uns, zwischen uns der Krieg auf
          dem Meere,
Stärker: das Wissen, daß nie wieder ein Kuß uns vereint.
Alle Drähte zerrissen: Kein Brief, kein Hauch, kein Gedanke
Nahm je wieder den Weg, den ich so sicher gewußt.
Nichts gemahnte an dich: Keine Frau, kein eigenes Bild nicht,
Nicht einmal ein Geruch, keine Musik und kein Traum.

Aber am Tag von Smolensk, als die Festung endlich geräumt war,
Als der Räuber sie floh, als die Zukunft sie nahm,
Hab ich wieder zu dir, der Stummen da drüben, gesprochen:
»Weißt du, was heute geschah? Macht es dich glücklich wie
          mich?«

Zwiesprache

Wir flogen einander zu in der großen Stadt
Unserer Verbannung. Zwei ängstliche Vögel,
Kuschelten wir uns zueinander, gesträubten Gefieders.
Noch fielen nicht Bomben auf diese Stadt.

Diese Stadt war so groß, aus Eisen
Gewaltig aufgebaut. Aus Lärm. Menschentrauben
Hingen überall. Menschen auf Dächern. Auf Plätzen.
Straßen wollten bersten vor Menschen.

Da saßen wir zwei am Rande der Gärten.
Ratten liefen unter den Bänken hervor.
»Sahst du das Eichhörnchen?«, sagte ich.
Denn ich wußte, wie ängstlich du warst.

Dein Gesicht an meine Brust gebettet
Im Versteck meiner bergenden Arme,
Flüsterten wir uns Kindermärchen zu.
An denen spannen wir wochenlang.

Überall hielten wir solche Zwiesprache,
Und kein fremdes Ohr wußte darum.
Auf hellen Terrassen. Ein Glas Bier
Gab uns das Recht, hier heimisch zu sein.

Überall war da ein Rand für uns. Eine Bank.
Die Schuhputzer vermieden uns.
Ja, auch am Fluß saßen wir,
Der seufzte, sorgenvoll wie ein Mann.

Immer dunkler und dunkler, diese Stadt.
Immer weniger Prahlerei der Lichter, immer mehr
Bereitschaft. Immer mehr Abschied
Und letzte Begegnung überall.

Jedoch, noch gab es Sonntage hier.
Noch spielten auf den Straßen Kinder.
Sie spielten Krieg. Krieg wie die Erwachsenen.
Es war unser Krieg, dieser Krieg. –

Paß-Photo

Dein fragendes Gesicht auf meinem Spiegel,
Das Herz tut seinen tiefen Forscherblick
Und bricht doch vom Geheimnis keine Siegel:
Doch wurde uns die Frage zum Geschick.

Wir lösten vom Verbotenen den Riegel,
Und in die Kindheit führt kein Weg zurück.
Hin ging es ohne Zaum und ohne Zügel,
Zuletzt genossen wir ein spätes Glück.

Zugschwalbe du mit ungebrochenem Flügel,
Zum Süden ist es noch ein gutes Stück,
Ja, noch ein Meer – ein fernes Haus, ein Hügel,
Und wer zurückschaut, bricht sich das Genick.

Doch strahlt dein Blick und überstrahlt den Spiegel.
Beständig ist und stark ein solcher Blick.
Metall der Güte schmilzt in seinem Tiegel:
Ich sagte Glück und meine mehr als Glück.

Die angenehmen Formen einer Scheune . . .

Die angenehmen Formen einer Scheune –
Die »Keuschen« hieß sie einst in Steiermark,
Und keusch ist dieses holzgefügte Haus-Werk,
In seiner prähistorischen Gestalt,
So übersichtlich und so menschenhaft
Wird Einfalt hier zur Vielfalt, ohne Umweg
Und Transmission geölter Eisenräder.
Dies ist Vermont.

Siesta

Ein Fluß in der Ferne, dessen Ufer du nie betratest,
Und dessen Wasser du nur mit deinen Augen durchwatest,
Und dessen Glanz hohe Bäume dir fast entziehen,
Und der sich jählings krümmt, um sogar deinem Blick zu
            entfliehen,
Und dessen Namen du schon in der Kindheit hörtest,
Dessen Geschichte du nie mit deinen Gedanken störtest,
In dessen Nachbarschaft Freunde zufällig ein Haus gefunden,
In dem du unverhofft Gast bist für wenige Stunden,
Und daß es ein Sonntag im Juli ist, da du eingetroffen
Und hier liegst du in der Hängematte, die Augen offen,
Es ist heiß, es wagt dich kaum ein Hauch zu berühren,
Und daß du hier wunschlos bist, darfst du glücklich spüren,
Reif wie der Pfirsich, den du verzehrst bis zum wehrenden Kerne,
Und daß du keinen Schritt tun wirst zu dem Fluß in der Ferne.

»Wir sind Gefangene«

»Wir sind Gefangene«: ich kenne das Buch,
Das ich mit fieberndem Gefühl gelesen.
Die Zeit verging, jedoch es wuchs der Fluch:
Was damals krankte, ist noch nicht genesen.

Wer da um Wahrheit und um Klarheit rang,
Der deutsche junge Mensch nach jenem Kriege,
Als Mann erlebt er jetzt den Untergang
Des Volksbetrugs nach trügerischem Siege.

»Wir sind Gefangene« – und, ärger noch,
Es gaben viele sich zutiefst gefangen,
Sie spannten Herz und Körper in das Joch:
Wer hilft ihnen, zur Freiheit zu gelangen?

Du Meister deutscher Sprache im Exil,
Du niemals ungetreu den Jugendtagen:
Wenn erst die Macht des falschen Worts zerfiel,
Kommt deine Zeit, das richtige zu sagen.

Der Berg

Da hing an ihrer Wand ein Bild vom Haus,
Vom Haus am Berg, vom Berg am Grundlsee.
Die Sommerluft stand still auf diesem Bild,
Als wäre ewig Sommer, Winter nie.
Und in der Luft sonnte sich treu der Berg,
Geborgen in der sommerlichen Wärme. –
Grad fiel ein Schneegestöber auf New York. –

Die amerikanische Freundin, die das Bild sah
Und nicht den Blick vom Hause wenden konnte,
Weil ihr das Haus so wohltat und gefiel,
Der Berg war bei dem Haus und schirmte es:
Die Freundin konnte nicht das Lächeln fassen,
Das sie im Aug' der Emigrantin sah,
Das wohl dem Hause galt, dem Haus von einst:
Alles verloren haben und noch lächeln?

Da sagte jene, und das Lächeln blieb:
»Der Berg ist doch noch dort und wohl geborgen.
Was soll dem guten Berge denn gescheh'n?
Wenn nicht ein Erdrutsch kommt, der ihn begräbt!
Mich hat der Erdrutsch damals nicht begraben.
Ich bin am Leben. Und seh' ich das Bild,
Den alten Freund, den Berg, auf diesem Bilde,
Wie er das Haus noch immer brav beschützt,
Dann bin ich froh, dann lächle ich ihm zu,
Grüßend, ermunternd, meinem alten Freund.«

Tote auf Urlaub

Tote auf Urlaub, wie der Leviné euch nannte,
als er sich vor Gericht zu euch bekannte.

Eisner: noch hör ich seine Rede Ton um Ton,
auf der Oktoberwiese Deutscher Revolution.
Das Stichwort brachte er, vom Volk umgeben,
das ihm die Stimme lieh, sie zu erheben.

Rosa: zwischen Kerkerwänden
schrieb sie Briefe, den Genossen Trost zu spenden.
Mit jeder Blume, jedem Tier verbunden,
sprach sie zu Wolken in den Abendstunden.
Du rote Rosa, Unhold, Bürgerschrecken,
wann wird die Welt die Heilige entdecken!

Und Erich Mühsam, abgehärmt und mager,
ein Geist auf Urlaub, ging er um im Lager.
Sein Bart war ausgerissen, ums Genick
Hing ihm, von Henkershand geknüpft, der Strick.
Sein Aug gebrochen, doch im Tode mild:
So schufen sie dem Christ ein Ebenbild.

Landauer: dessen Menschliebe wie ein Donner grollte,
der rechthaberisch mit aller Habe rechten wollte.
Dem Staat zu nehmen und dem Volk zu geben
war er gewillt. Er kam zu früh ins Leben.

Ihr, die ihr einig wart im Widerspruch,
im Ruf: »Zur Tat! Genug ist nicht genug!«
Und einig waret ihr im Opfermute,
ein jeder eingesetzt, daß er verblute,
vom Volke eingesetzt, es zu vertreten,
verfrüht am Werke, euch nicht zu verspäten:
Dem blinden Deutschland mußtet ihr erblinden,
sieht Deutschland erst, wird es euch wiederfinden.

Und das war halt Wien, ich würd es erkennen ...

Und das war halt Wien, ich würd es erkennen
An seinem Geruche, bild' ich mir ein,
Wenn auch keine Gaslaternen brennen:
Aprilabend, laue Luft und zitternder Schein.

Von blonden Locken erzählten mir die Tanten
Und rühmten sie als meiner Kindheit holden Preis
Den Leuten, die – wie ich – mich nur schwarzhaarig kannten.
Die Haarfarbe wechselt, jetzt ist sie also weiß.

Ich kannte die Angst auch schon in blonden Locken,
Die Kindheit ist kein Paradies.
Kinderweh weint, reibt sich die Augen wieder trocken:
Ein Kind fragt seinen Herrgott, warum er es verstieß.

Ich weiß noch, daß mein allererster Feind die Nacht war,
Wer geht denn gern schlafen? Ich kämpfte erbost,
Bis ich endlich strampelnd zu Bett gebracht war.
Ein Öllämpchen gab mir sanften Schutz und Trost.

Aber gewaltige Schatten stiegen
Bedrohlich wackelnd zum Plafond hinan
Und sahen mich da unten in Verlassenheit liegen,
Im Exil, das schon in der Kindheit begann.

Die Pferdebahn

Als ich Kind war, war ich ein Judenkind
Und habe zuerst darum nicht gewußt.
Ich wußte, wo Windradeln zu kaufen sind.
Und daß mein Schwesterchen trank von der Amme Brust.

Ich war stolz, fuhr ich auf der Pferdebahn:
Hurtig tanzten die Roßhinterbacken.
Ein Roßapfel fiel, das Pferd hielt nicht an,
Auch wenn es schiß, mußte es sich weiterplacken.

Da kam mir ein leises, banges Begreifen,
Daß es Sklaven und Herren gab auf der Welt.
Ich ließ meinen Blick auf die Häuser hinschweifen
Und sah scheu auf den Kutscher, der die Peitsche hält.

Dies ist vielleicht mein frühestes Erinnern,
Oder legte ich es mir später so zurecht?
Freilich, einmal dämmert den jüngsten Beginnern:
Der eine ist der Herr, und der andere der Knecht.

Mon ami Pierrot

Au clair de la lune hat sie es mir gesungen,
Die eine Gouvernante war und Marie Louise hieß.
Wir hielten uns im Dunkel dicht umschlungen,
Als Schritte kamen, wieder schwanden auf dem Gartenkies.

Ich war ein Knabe und sie nahm mich in die Lehre,
Wie vieles lernte ich von ihrem ersten Kuß:
Das lachend Leichte und das lastend Schwere,
So Sucht wie Eifersucht, Genuß und Überdruß.

Wir lagen im Gesträuch und schauten in die Sterne,
Wir schliefen unterm Mond in jener Nacht.
Mein Vater suchte mich mit einer Handlaterne
Und hat den Sorgenweg umsonst gemacht.

Sie war die Buhlerin, ich war ihr Buhle,
Es kannte uns im Garten jegliches Versteck.
Doch dann war wieder Herbst und Stadt und Schule,
Die Bäume nackt, Schnee auf gespartem Rasenfleck.

Wiederum ging ich schnatternd mit dem Chore,
Den frech geschwenkten Bücherpack am Riemenband.
Und eines Tages stand sie wartend vorm Gymnasiumtore,
Ich grüßte sie verlegen, gab ihr kaum die Hand.

Gekommen mich zur Winterliebe einzuladen,
Der ich nur zögernd sie begleitete ein Stück,
Denn uns im Rücken tuschelten die Kameraden,
Und so verleugnete ich kalt mein Sommerglück.

War's Marie Louise? Sie? So fremd geworden,
Die ältere Frau im winterlichen Kleid?
An jenem Tage blies ein scharfer Wind von Norden –
Ich zog die Mütze: diese fremde Frau tat mir nicht leid.

Ouvrez moi la porte –: da erloschen ihre Augen,
Die mich schon aus der Ferne angestrahlt,
Und Tränen schossen auf, die heißen Laugen.
Ich dachte: Warum hat sie sich die Wangen angemalt?

War es ein Trauermantel? Ein Zitronenfalter,
Der mit dem Sommer starb? Vergaß ich dein Geschenk?
La chandelle est morte. Jetzt, in Krieg und Alter,
Summe ich's plötzlich wieder, deiner eingedenk.

A.P.

Du, mein Freund, bist schön geblieben,
Weißes Haar verjüngt dich fast.
Deine Jahre, zehnmal sieben,
Scheinen eine leichte Last.

Uns erfrischt der ungetrübte,
Klare Geist in deinen Zügen.
Der ihn immer kritisch übte,
Brauchte sich nie zu belügen.

Nicht verzerrt und nicht verschwommen –
Nie aus deinem Stil getrieben,
Blieb dein Witz dir ungenommen:
Frei, auch im Exil, geblieben.

Eine Fliege

Eine Fliege flog und saß,
Wo sie fand, was sie ernährte.
Und ein Nimmersatt war das,
Den's nach immer mehr begehrte.

Lebte von gelebter Zeit,
Meine eigene betraf es.
Fraß mir die Vergangenheit
Aus den Furchen meines Schlafes.

Die Frauen

Die durchs Exil uns trugen,
Die Frauen, uns verbunden,
Die törichten und klugen
Haben den Weg gefunden.

Der ging über Berge und Meere,
Im endlosen Trott und mit Hast.
Und der Mann war oft eine schwere,
Undankbare Last.

Ihn schulternd, Leib und Seele,
Fanden sie keine Ruh,
Den fremden Staub in der Kehle
Und die eigenen Tränen dazu.

Das Geld war aufzuspüren,
wo es sich listig verbarg.
Und Wirtschaft war zu führen
Enger als ein Sarg.

Und Kinder zu gebären,
Von Wehen heimgesucht,
Als ob wir zuhause wären
Auf der ziellosen Flucht.

Nester zu baun und zu räumen,
Wie es dem Zufall gefällt.
Und von Zukunft zu träumen
In zerfallender Welt.

DER LEBENSLAUF

Gefährten im Exil

O säh'n wir lebend die vermißten Freunde!
Shakespeare, MACBETH

Der Wunsch

Den Besten seiner Zeit genug getan zu haben,
Erst dann zu enden: war der Wunsch des Knaben.
Den Schlimmsten seiner Zeit kein Jota vorenthalten
An Zorn und Widerstand: das ist der Wunsch des Alten.

Kinderbildnis

Ich lebe mit dem Kind, das du gewesen,
Mit seinem Lichtbild, von dir abgeprägt.
In diesen Zügen, immerdar zu lesen,
Bleibt, was du warst und bist, stumm eingehegt.

Dir im Gesicht lebt ja noch dies Gesicht,
Ich weiß, du bist es. Deine Hände sind es,
Die ich nun halte: schwerer an Gewicht
Und doch die Hände dieses lieben Kindes.

Gefaltet liegen sie im Kinderschoß
Und haben noch die Puppe nicht verwunden.
Vom Spiele lösten sie sich ungern los,
Müßig zu liegen, Bravheit zu bekunden.

Die Stirn da, aus Verspieltheit eigensinnig,
Das Haar noch sanft, die helle Schleife dran,
Schaust du mich an, vertrotzt und dennoch innig,
Und schmollst, und schaust mich wieder gar nicht an.

Aus jenem Zauberreich, worin du wohntest,
Mit seinen Geistern schreckenssüß vertraut,
Kamst du in deinem Sonntagskleidchen, das du schontest,
Als wärst du auf Besuch und eine kleine Braut.

Hast du geahnt, du Kleine, wie das endet?
Schon angefüllt mit Traurigkeiten scheinst du
Und hast doch deine Heiterkeit noch nicht gespendet.
Ich frag das Bild: sag, lachst du? Oder weinst du?

Es ist schon alles da in diesen Kinderzügen:
Ein Sommer und ein See, ein Berg, ein Haus.
Dem Glück zuliebe können sie auch mächtig lügen.
Manchmal verwirrt sich's: wer wird klug daraus?

Ja, alles, was geschah, ich seh's schon eingeschrieben:
Nichts festzuhalten, liegt im Schoß die Hand.
Lieben und nicht mehr lieben, schließlich gar vertrieben.
Zuletzt verlor auch dieses Bild sein Land.

So ward gespielt, dein Einsatz war im Spiel,
Den der Verlust vom grünen Tuche strich.
Ja, alles war schon damals da: auch das Exil,
Die Hatz, der Zorn, der Kummer – ja, auch ich.

Fünf Minuten

Da hab ich geschlafen, fünf Minuten,
Und war zu Haus.
Wo wir ineinander ruhten,
Losch die Fremde aus.

Doch erwacht, nach fünf Minuten,
Erschrak ich sofort.
Wo wir beieinander ruhten,
Die Fremde war dort.

Häuslicher Zwist

Sie sagt, ich habe sie beleidigt, sagt sie.
Beleidigt, sag ich, ja, mit Leid befleckt.
Denn Leid macht Flecken auf der Seele, sag ich.
Mein Leid, ich hielt es nicht genügend dicht,
So hat es dich beleidigt und befleckt,
So hatt' ich weniger davon bei mir,
Denn was ich fortgab, machte mein Gepäck
Geringer, leichter, und das half ein wenig.

Oh, bitte nächstens um Beleidigung,
Willst du mir beistehn, wenn ich zu schwer trage!
Und gib mir die Beleidigung zurück,
Sobald ich wieder neue Kraft gesammelt!
So leben wir in dieser Zeit des Leids,
Beleidigte, besudelt und befleckt,
Bis uns die Zukunft reinwäscht.

Wo immer ...

Wo immer sie henkten,
Starben mir die Genossen.
Wo immer sie schossen,
Traf's einen Freund.

Die sie drückten und kränkten,
Waren meine Verwandten.
Um manchen Bekannten
Hab ich geweint.

Die Vergasten, Verscharrten,
Die Geiseln, die Bürgen,
Wo sie heute sie würgen,
War ich Vater und Kind.

Wird's täglich nur schlimmer,
Wir müssen's ertragen:
Bis in kommenden Tagen
Wir die Stärkeren sind.

Der Haß

Dein Gesicht, ich sah es wieder,
Ausgehöhlt vom Haß,
Der in deine beiden Wangen
Schwarze Löcher fraß,

Der aus deinen Mädchenzügen
Jede Duldung ausgebrannt.
Einen Bogen des Triumphes
Seh ich drohend hochgespannt,

Deinen Mund, der ohne Gnade
Das Todesurteil spricht:
Ins Massengrab des Krieges seh ich,
Blick ich in dein Gesicht.

Der Hund

Während ich im Zimmer auf und nieder gehe,
Heult im Hause wo ein eingesperrter Hund.
Arme Kreatur! Es klagt ihr Wehe,
Was versagt zu sagen meinem Mund.

Könnt' ich mit dem Hund Gestaltung tauschen,
Würde er verstummen und nach mir,
Wie ich heule, voll Erbarmen lauschen,
Mensch und frei, dem eingesperrten Tier.

Teuflisches Vergnügen

Der Teufel sitzt in seiner Lieblingsnuß,
Die taub ist, wie nur je eine gewesen,
Und labt sein Herz am blutigen Weltverdruß,
Nachdem er seine Morgenzeitung ausgelesen.

Er las die Inserate, Stück für Stück,
Berechnete von angebotenen Lehen die Zinsen.
Der Bilderteil war sein besonderes Glück,
Er liebt's vor allem, wenn Staatsmänner grinsen.

Dran hat er sich nie satt geschaut,
Hochstehende Lächler müssen ihm behagen.
Hat ihm vor mancher Modeschrulle auch gegraut,
Ihn freut's, wie ihre Gasmasken die Kindlein tragen.

Doch nichts bereitet ihm so ungetrübten Spaß,
Als wie Vertriebene untereinander hadern,
Die keinen Fleck auf Erden haben, wie sie ohne Unterlaß
Noch auf dem Rettungsboot sich bei der Polizei vernadern.

Glück der Gemeinschaft

Glück der Gemeinschaft, das die Ichsucht leugnet,
Ich habe dich im Schatten des Exils gefunden
Bei denen, die der Massenhaß enteignet.
Mit den Verbannten wußt' ich mich verbunden,

Mit euch Versprengten, durch die Nacht geflüchtet!
Wie bald der Tag kommt, ist noch unentschieden,
Der euch ein Heim und eine Bettstatt richtet.
Wo wäre das, wenn nicht im Völkerfrieden!

Bis dahin soll mir euer Mangel frommen.
Darf ich mit euch am Plan der Zukunft bauen,
Dann weiß ich mich im Geiste angekommen.

Und sollte ich die Ankunft nicht mehr schauen,
In eurer Sorge habe ich vorweggenommen
Die Heimkehr schon vor jenem Morgengrauen.

Die Landschaft

I.

In meiner Zelle zehr ich an der Landschaft,
Frage sie nicht nach Ursprung und Verwandtschaft,
Verlang' nicht ihr Papier und ihren Paß –
Und seh dem Lichte zu in unbefugten Pausen
Und höre großen Wind und kleinen Luftzug sausen,
Das Meer schwätzt ohne Unterlaß.

Gelegt in Eisen von den Dingen, die vergangen,
Um niemals in die Zukunft zu gelangen,
Ja, kriegsgefangen ohne Mauer, ohne Gitter! –
Jedoch berührt mich oft wie Freiheit das Gezitter
Der Brise in der Bucht
Und unterbricht die Arbeit des Gefangenen: die Gedankenflucht.

II.

Die Wolken wechseln unablässig ihre Mienen,
Der Eingeschlossene, er spricht mit ihnen.
Es kleidet sich die Hoffnung oft in einen Schatten,
Der in das Fenster steigt, sich mit dem Zweifel zu begatten.
Auf ihrem Rundgang, Flut und Ebbe, die zwei Wächter,
Sie hören dann ein plötzliches Gelächter.

Es mag der Irrsinn sein, der lacht – vom langen Warten
Wird einer irre auch im schönsten Garten:
Die Schönheit ist zum Ärger nur ergossen.
Und doch spricht manches Grün, sogar die Abendfarben,
Von Freunden, die für unsre Sache starben,
Und Sonnenblicke werden zu Genossen.

Der Haß des Bürgers

Der Haß des Bürgers ist der längste Haß,
Der Bürger kaut ihn ohne Unterlaß.
Wer einmal in die Krone ihm gefahren,
Dem wird er seinen treuen Haß bewahren.

Gib erst dem Haß die Wohlanständigkeit
Und er hat ausgesorgt für alle Zeit.
Dann beißt er zu auch mit plombierten Zähnen
Und scheitelt sich die allerdünnsten Strähnen.

Nimm du dem Bürger den Nachmittagsschlaf,
Da wird zum Wolf das vorher frömmste Schaf.
Aus Landhäusern mit falschen griechischen Säulen
Bricht er in Rudeln aus, du hörst sie heulen.

Die Dividende ist, was Gott ihm gab,
Und er vererbt sie, schlittert er ins Grab.
War's ein Imperium, wie kann er sterben,
Weiß er's nicht ungeteilt bei seinen Erben!

Er ist das alte Männchen Status quo,
So war es und so bleibt es, immer so.
Daß es sich umwälzt, ist, was ihn erbittert,
Bis daß vor seiner Wut die Erde zittert.

Jedoch die Weltgeschichte macht nicht halt,
Und auch der Haß des Bürgers läßt sie kalt.
Sie schüttelt sich, es stürzen die Lawinen,
Begraben liegt der Haß des Bürgers unter ihnen.

Mäuse

Die mitbewohnende Familie einer Maus,
Die rührend für die lieben Kindchen sorgt,
Es selber schafft und nie von Fremden borgt:
Lösche ich endlich die Beleuchtung aus,
Beginnen sie zu trippeln und zu trappen,
Sich auszulaufen, um mal Luft zu schnappen.

Die Kinder brauchen keine Bonne zur Begleitung.
Sie knabbern an den Büchern, rascheln mit der Zeitung
Und schnalzen, wenn sie lesen, was ich schrieb.
Sie nehmen, mangels besserer Kost, damit vorlieb.
Was ich für Gift hielt, ihnen wird's zur Speise.
Ich wußte keinen Weg, sie werden daran weise.
Mit ihren spitzen Zähnchen können sie's begreifen.
Was mich verzagen machte, macht sie munter pfeifen.

Von meinem bitteren Zweifel wird genascht,
Nach meinen Agonien zum Spaß gehascht.
Das geht husch, husch durch meine schwarzen Stunden.
Woran ich darbte, ihnen darf es munden.
Der blutig-wüste Greuel dieser Zeit,
Ich hör's genau, erregt Zufriedenheit.
Und die vergeblichen, stets wiederholten Klagen
Erzeugen bei dem Volk das innigste Behagen.

Kleinbürger sind sie, meine braven Mäuse,
Gut eingelebt im löchrigen Gehäuse.
Zwar sind sie flink, doch ohne jede Hast.
Sie sind die Wirte, und ich bin der Gast.

Mich wird der Wechsel von der Schwelle treiben,
Für sie ist's Heimat, und sie werden bleiben.
Hier werden ihre Enkel und Urenkel wohnen
Bis zu den fernsten Emigrationen.
Zieht von hier ein und aus der Menschenjammer,
Für sie bleibt's eine gut bestelle Vorratskammer
Samt Turngerät und Kirche, Fahnenstangen.
Sie leben frei, wir aber sind gefangen.

Und sehen sie mich schlaflos ihrem Treiben lauschen,
Dann möchten sie gewiß nicht mit mir tauschen.

Lied

Es war dein Kopf mein Kissen,
Drauf ruhte mein Kopf schwer.
Ein Wald von Finsternissen
War um uns her.

Ohne nach ihr zu tasten,
Fand ich deine Hand.
Das war ein großes Rasten
In einem guten Land.

Und mußten doch erwachen
Und voneinander gehn.
Den Starken und den Schwachen
Ist wie uns geschehn.

Kinderstimmen

Immer schwimmen sie obenauf,
Die Kinderstimmen im Straßenlärme.
Bald klimmen sie hoch, im Tonleiterlauf,
Bald summen sie, dumpfe Bienenschwärme.

Ein Lachen klettert frohlockend empor
Und widerhallt von den Häuserfassaden.
Dann brüllt ein rauher Räuberchor,
Dann plätschern grelle Hohnkaskaden.

Das dröhnende Eisen, das Schwergewicht,
Kann nicht die Stimmen der Kinder ersticken.
Das Hupengekeif verscheucht sie nicht,
Sie schreckt nicht die Sirene der Fabriken.

Die frechen Stimmen, sie machen uns Lust
Auf freie Zukunft, im Kerker der Zeiten.
Sie reinigen uns das Ohr vom Wust
Erwachsener Hörbarkeiten.

Einem Schulfreunde

Einst auf dem Heimweg nach der Griechischstunde
Bewies ich dir mit eifervollem Munde,
Daß Gott nicht lebt, kein Schöpfer dieser Erde.
Du hörtest zu, mit wachsender Beschwerde.

In deinen Kinderzügen, noch gerundet,
War einem gütigen Gott das Sein gestundet.
Ich rüttelte an deinem sanften Glauben.
Befreien wollte ich dich, nicht berauben.

Den liebsten Freund wollt' ich zur Wahrheit zwingen.
Plötzlich fing es an, mir zu gelingen.
Und mitten in beredsamen Gebärden
Sah ich dich still gefaßt und traurig werden.

So ist dein Antlitz heute alle Tage:
Gefaßt, daß es ein trauriges Wissen trage.
Der gleiche Blick ob nicht mehr runden Wangen:
Ist nun dein Glaube an den Menschen auch gegangen?

Litanei der Vertriebenen

Wir sind nicht aufgewachsen in Thule,
Nicht im Reich der rechten Gesetze,
In unserem Lande waren wir nie.

Unsere Kindheit bestaunte die alten Gassen,
Die fremden Plätze, die Monumente
Gewesener Taten, zum Lachen fremd.

In Gärten stolzierten die alten Männer,
Säuglinge lagen in rollenden Wiegen,
Greisenhafte Mumien auch sie.

Greisenhaft der Kaiser, er rollte
In seiner Wiege, dem offenen Wagen,
Durch die alten Gassen dahin.

Ewig jung war der Wind im Lande,
Ewig jung war das Volk im Lande,
Wo die sich trafen, wußten wir nicht.

Denn wir saßen in würdigen Schulen,
Greise herrschten, würdige Lehrer,
Über unwürdige Schüler, uns.

Unter dem Pulte lasen wir Bücher,
Die lehrten uns den Verfall der Zeiten,
Ehe noch unsere Zeit begann.

Unsere Eltern lernten die Sorge
Um das Seelenheil der Söhne,
Um ihrer jungen Töchter Glück.

Nicht der Tochter unseres Nachbars,
In verfemter Gasse der Hure
Brachten den ersten Samen wir dar.

Aufgewachsen, doch nicht erwachsen,
Zehrten wir von der Fülle der Länder,
Von der Arbeit, die wir nicht getan.

Schönen Augenblick zu erjagen,
Knüpften wir Liebe, brachen wir Ehe,
Haschten nach Lust mit zerrissenem Netz.

So vertrieben wir die Jahre:
Von uns abgewendet ihr Antlitz,
Ach, beleidigt gingen sie hin.

Kriegsverlust, der Sturz der Throne,
Die Zerstückelung des Reiches
Ließen uns am gleichen Ort.

Immer herrschten noch die Alten.
Volk stand auf und ward geschlagen,
Blutend fiel des Volkes Freund.

Überleben ist nicht leben:
Ausgewandert, eingewandert,
Auch das neue Land war alt.

Nirgends war Thule, keine der Inseln
War das Reich der rechten Herrschaft,
Nirgends fanden wir unser Land.

Häuser

Von allen fremd bewohnten Häusern,
In denen auf der Flucht wir schlafen,
Hängt sich ein heimlich Hindernis uns an:
Zwergartiges, das schwer und immer schwerer lastet,
Da wir es tragen müssen, weiterschleppen
Auf unsern Wegen, die uns westwärts treiben,
Noch lange keinem schönen Abend zu.

Ja, ohne eignes Haus und ohne Abend.
Das Ziel sind künftige Tage, die noch zögern,
Im Wust des Abbruchs uns den Platz zu zeigen,
Der uns zum Bleiben überreden darf:
Den wir uns selber bauen, dessen Hausrat
Nicht den Geruch der falschgeherzten Zeit hat,
Nein, einfacher und besser jedes Ding,
Ohne Erinnerung, kein alter Daumenabdruck
Auf keinem Krug, im Bett noch keine Grube,
Wie sie die Sorge in der Nacht sich wühlt,
Die Schwelle vom Verfolger unbeschritten
Und nicht vom unerwünschten Eintritt wissend,
Der dem beschämten Flüchtling sich gewährt.

Noch ist von diesem Haus kein Grundriß da.
Der Plan schläft uns im Herzen, und die Kinder
Wissen noch nicht,
Daß es sich wohnen läßt
Berechtigt und beliebt und ohne Angst.
Und es wird Morgen und wird Abend sein,
Plötzlich ein Tag!

Rapunzel

Es kommt ein Tag, er kommt, Rapunzel,
Der glättet manche Sorgenrunzel.
Er ebnet, Gute, auch die deinen,
Die Stirn wird wieder heil erscheinen.

Sorgen, die solche Furchen graben,
Wirst du dann plötzlich keine haben.
Für immer sind sie dir zerstoben,
Wenn erst der Bann von dir gehoben.

Aus fremdem Lande heimgekehrt,
Wenn das Schiff erst wieder fährt
Nach drüben, wo sogar die Spatzen
In deiner alten Sprache schwatzen.

Wie wird dir Wald und Feld behagen
In wieder freien Sommertagen!
Grüßt dich vertraulich das Gelände,
Wie leicht gehorchen Fuß und Hände.

Dann, wie in nie vergessenen Zeiten,
Darfst du dich wieder freun und streiten.
Nicht länger gehst du wie auf Kohlen,
Und mancher Tratsch ist nachzuholen.

Die Treue, dort zurückgeblieben,
Wird wieder das Rapunzel lieben.
Und Kinder, die inzwischen kamen,
Lernen gerne deinen Namen.

Wie jung du bliebst! Die Leute staunen.
Sie kennen, achten deine Launen.
Wenn du gar singst, genießen sie
Die nicht versiegte Melodie.

Vorausgesetzt, daß gute Leute
Noch leben, die dein Lied erfreute.
Die Feinde fort, die Freunde nah!
Da wärst du gerne wieder da.

1943

Der Trommelschlag

Wenn in der Liebe
Die Herzen zu schlagen beginnen
Gleich dem Trommelschlag, der im Zirkus
Die Todesnummer begleitet:
Da hält der Mensch nicht inne.

Wenn im Haß
Die Herzen zu schlagen beginnen
Gleich dem Trommelschlag, der im Zirkus
Die Todesnummer begleitet,
Da sollten die Menschen innehalten?

Nach einem alten Lied

Das Unglück, das hat uns getraut,
Kein Pfaffe gab uns seinen Segen.
Wir waren Bräutigam und Braut
Auf aus der Luft beschossenen Wegen.

Wo wir mit einem alten Tuch,
Als wär's ein Schutz, die Blöße deckten
Und uns darunter vor dem Brandgeruch
Und vor dem Blutgeruch versteckten.

So auf der Flucht, auf kurzer Rast,
Gaben wir uns die beste Labe,
Wo du im Straßenstaub geliebt mich hast
Und ich im Staub geliebt dich habe.

Sein und Haben
Ein Frauenporträt

Verwöhnung schwand, die deine Amme war,
Dein Privileg und deine Morgengabe.
Die Schönheit blieb bei dir – doch ward sie bald gewahr,
Wie häßlich sich die Welt verwandelt habe.

Warst du gerüstet für den Schiffbruch, du
Von allen, die sich tief geborgen glaubten?
Wer dich gekannt, sah dir erschrocken zu,
Der einst Geschmeichelten, nun rauh Beraubten.

Des eignen Schicksals nicht bewußt im Untergang
Und nicht gewillt, Schwindendes festzuhalten.
Dich hinzugeben war von Anbeginn dein Hang:
Er wird dich im Verlust noch inniger entfalten.

Die du, von Eitelkeit so selten angerührt,
Sie niemals anerkannt: wie eitel ward jetzt alles,
Was abfiel, was dein Herz kaum schwinden spürt
Im Weltgericht des zeitlichen Verfalles.

Du kannst dort weiterwachsen, wo Verkümmerung
Uns allen droht und Sein wie Schein erschüttert.
Erst jetzt fühlst du dich frei, und jetzt erst jung,
Vom Stundenplan des Habens nicht mehr eingegittert.

Nur noch zu sein: Verlust wird zum Gewinn.
Du Liebende, was gäb' es heute noch zu sparen?
So bist du reicher, die Verliererin,
Als deine Väter im Besitze waren.

Höllenfahrt

Bei Breughel, Bosch, in mancher Höllenschilderung
Sehen wir die Greueltiere, die den Abgestorbenen plagen,
Wie sie in gieriger Verwilderung
Den Sünder fressen oder ihn benagen.

Es sind die Molche, die wir in uns hatten.
Vom Tod befreit, sind sie dem Ich entsprungen.
Wir sehen den Hai sich mit dem Faulpelz gatten.
Den Neidigen küßt ein Olm mit haarigen Zungen.

Manche sind Spieße, eine Seele zu durchbohren,
Wandernde Kochtöpfe mit Pfauenfedern
Kochen uns kitzelnd, schütten siedendes Pech in unsere Poren.
Dort geht ein stacheliges Rad, ein falsches Herz zu rädern.

So krassen Ausbund, so verhexte Mode,
Wer Augen hat, der sehe sie beizeiten.
Das wartet ja nicht erst bis nach dem Tode,
Uns einen schwarzen Sabbat zu bereiten.

Die Höllenfahrt hat längst für uns begonnen.
Der Jüngste Tag ist ehegestern angebrochen,
Und blutig flammt's von roten Abendsonnen,
Grinsend kommt es vom kalkigen Mond gekrochen.

Entschlossene Bestien, endloses Geschiebe,
Oh, welcher Satan hat das aufgeboten!
Die nennen's Krieg, und die Geschäft, die Liebe,
Und weniger weh tut es vielleicht den Toten.

Die Liebe

Ich habe keine Macht, o nein –
Aber dir kann ich noch weh tun.

Ich wohne in einem fremden Land,
Ich esse Gnadenbrot,
Meine Stube blickt hilflos aufs Meer hinaus –
Aber dir kann ich noch weh tun.

Ich gehöre zwei Völkern an
Und habe beide verloren.
Das eine ist machtlos, wie ich.
Das andere wird bald machtlos sein, wie ich –
Aber dir kann ich noch weh tun.

Der Regenbogen

Heute hast du schon am frühen Morgen geweint.
Doch bald gewahrte ich
Durch den Schleier deiner Tränen
Den Regenbogen der Versöhnung.

Da gedachte ich der Gewitter auf dem Lande
In den Sommern der Kindheit.
Da reichte der Regenbogen
In den Himmel der Kindheit.
Aus gegenwärtigen Leiden und künftigen Freuden
Prophetisch gewoben,
Stand er droben.

So saß ich still bei dir, als du heute weintest
Und ließ es sich austoben.
Dann trocknete ich deine Tränen
Mit meinen Lippen.
Und meine Lippen
Schmeckten im Salz deiner Tränen
Den Kirschengeschmack der Kindheit.

Die Botanisiertrommel

Die Botanisiertrommel füllte sich dem Knaben an heißen
       Sommertagen.
Abends wurde sie im Triumph nach Hause getragen
Und umgestülpt: was da auf dem Tischtuch flatterte und kroch!
Schmetterlinge mit einem Flügel, aber den regten sie noch;
Halb verwelkte Blumen; Raupen, die sich vorwärts schoben
Und den Leib zu einem steilen Bogen hoben;
Hirschkäfer, in seinem Ritterpanzer ermattet –
Legt er die Rüstung ab, wenn er sich gattet? –;
Steine, mit Mustern an ihren brüchigen Stellen;
Traurig schwarze Leuchtkäfer, die sich erst im Dunkel erhellen!

So schütte ich heute mein Buch aus, den Fang meiner Tage.
Beschädigte Liebe, einer Raupe gleicht ihre Klage,
Die kriecht und sich bäumt;
Bruchstellen von Träumen, die kein Kitt mehr leimt;
Mit halben Wurzeln schlecht ausgerissene Fragen:
Kurz, das Ergebnis von meinen Tagen.

Bileams Esel

Bileams Esel sprach: i–a, i–a,
So sang er und klagte,
Bevor er sein Maul auftat
Und weissagte.

So auch der Dichter im grauen Haar
Im Exil.
Er weiß, daß auch er ein Esel war,
Und das ist schon viel.

Auch er hat seine Last getragen,
Ward er klüger dabei?
Verfehlte Zeit ist in seinem Klagen
Und vielleicht Zukunft in seinem Schrei.

Der nicht mehr Deutsch spricht

Deutsch zu sprechen hast du dir verboten,
Wie du sagst: aus Zorn und tiefer Scham.
Doch wie sprichst du nun zu deinen Toten,
Deren keiner mit herüberkam?

Zu Genossen, die für dich gelitten,
Denn statt deiner wurden sie gefaßt.
Wie willst du sie um Verzeihung bitten,
Wenn du ihren Wortschatz nicht mehr hast?

Jene Ruchlosen wird es nicht schrecken,
Wenn du mit der Muttersprache brichst,
Ihre Pläne weiter auszuhecken,
Ob du auch das reinste Englisch sprichst.

Wie das Kind, das mit der Mutter greinte,
Und, indem es nicht zu Abend aß,
Sich zu rächen, sie zu strafen meinte:
Solch ein kindisch armer Trotz ist das.

Kalifornischer Herbst

Die Leiter blieb noch unterm Feigenbaume stehen,
Doch er ist gelb und längst schon leer gegessen
Von Schnäbeln und von Mündern, wem's zuerst geglückt.

Wird ihn der nächste Sommer grün und reich beladen sehen,
Und kam der Friede unterdessen,
Mag es ein anderer sein, der hier die Feigen pflückt.

Wir wären dann in kältere Breiten heimgegangen:
Dort wächst kein Feigenbaum, und höchstens noch der Wein,
Ja, Äpfel, Birnen, Kirschen, wenn auch nicht Zitronen.

Trotzdem gedeihn die Kinder dort mit roten Wangen.
Und fällt der Schnee, wir werden um so frischer sein
Und gern im wieder frei gewordenen Winter wohnen.

1943

Das Land

Auch ich habe
In den dunklen Schluchten der Seele,
Von den Irrlichtern meiner Träume geleitet,
Mich einst hinübergerettet:
Ob vielleicht drüben mein Land sei.
Aber ich bin zurückgekommen.

Denn hinter mir ging die Hölle her.
Menschenfackeln zeigten mir den Weg zurück:
Wo der Hunger schrie,
Dort war das Land.
Wo die Leichenberge wuchsen,
Dort war das Land.
Wo jedes Angesicht mit Haß beschmiert war,
Dort war das Land.
Wo überhaupt kein Land mehr war,
Nur Brandstätte und Trümmerhaufen,
Dort war das Land.
Auf den Aschenhügeln, wo die Galgen standen,
Dort war das Land.
Wo sie flohen, und wo sie Widerstand leisteten,
Dort war das Land.
Erst wuchs die Furcht, dann wuchs der Widerstand,
Aber da war das Land.
Wo jetzt noch Sintflut war,
Wo erst in Jahren wieder Gras wachsen wird,
Wo sich dereinst die Weidenschafe versammeln werden,
Um abzustimmen im Rate der Tiere,
Dort wird das Land sein!

Dort will ich dann wohnen.
Ein einfacheres Leben werde ich dort führen,
Denn jetzt erst verstehe ich,
Glücklicher zu sein.

Die Heimkehr

Euer Grab will ich besuchen,
Eltern: unter vielen, neuen
Eines von den alten, scheuen.

Keinem Mörder muß ich fluchen,
Wenn ich an den Hügel trete
Ohne Tränen und Gebete.

Seid vor dem Tumult gestorben,
Der die Stadt ins Elend stürzte
Und so viele Leben kürzte.

Noch war nicht die Luft verdorben
Von dem Brandgeruch der Schande,
Schweiß der Angst im ganzen Lande.

Später Wunsch, wo ihr geblieben,
Heimgekehrt mich einzufinden,
Ehe meine Tage schwinden,

Nicht verbannt mehr und vertrieben,
Bringt mich her, zu euren Füßen
Die befreite Stadt zu grüßen.

Stimmen der Zeit

Eine jede Zeit
Paßt wohl für das, was sie zutage bringt.
    Shakespeare, ANTONIUS UND CLEOPATRA

Wer traurig sein will

Wer traurig sein will, wird vielleicht mich lesen,
Und er wird denken zwischen meinen Zeilen:
»Ja, traurig ist auch dieser Mensch gewesen.
Kann seine Traurigkeit die meine heilen?«

Wir wollen uns um unsre Gründe fragen
Der Traurigkeit, du Mensch der späteren Zeiten.
Die meinen wird dir die Geschichte sagen,
Die Jahresdaten meiner Traurigkeiten.

Totengespräch

Ich kenne Sie ganz bestimmt, mein Herr.
Wir waren einmal auf Erden beisammen.
Wir bauten kein Haus, wir löschten keine Flammen.
Aber wir sprachen einiges zusammen,
Und das soll man weder verachten noch verdammen.

Traf ich Sie nicht im Theater, mein Herr?
Ich erinnere mich: am Büfett, es war im Zwischenakt,
Sie sagten, das Stück habe Sie nur wenig gepackt.
Und die Salondame fänden Sie denn doch zu nackt –
Sie sprachen besonnen, es war kein Wortkatarakt.

Ja, und Sie sagten noch,
        es habe Sie glücklich gemacht, mein Herr,
Daß unsere tapferen Offiziere den Liebknecht
        und die Luxemburg erschlagen,
Man hätte schon zu viel von den Juden ertragen,
Das deutsche Volk habe eben einen zu guten Magen.
Das waren damals die brennenden Tagesfragen.

Wir wurden ein wenig uneins darüber, mein Herr.
Doch Sie sagten, im Ausland könne uns das nur nützen,
Es handle sich darum, die Reichsmark zu stützen. –
Wir vermieden im weiteren Gespräch die blutigen Pfützen
Und begaben uns etwas abgekühlt ins Parkett
        zu unseren Sitzen.

Der Schmutz

Daß sich mein Geist nur noch im Kreis ergeht,
Dem engen Kreis, den Unrecht uns gezogen,
Und daß mir jedes Wort zum Fluch gerät
Auf die Wahrsager, die das Volk belogen:

Das mögen manche tadeln und beklagen.
Daß ich im Schmutz versinke, sagen sie.
Sie können Zorn und Flüche nicht ertragen,
Jedoch den Schmutz – den Schmutz ertragen sie.

Der Regisseur

Er gab Europa einen letzten Augenschmaus.
Dann löschte ihm die Zeit die Lampen aus.
Entriß ihm das Regiebuch. Durch ein Megaphon
Erscholl urweltlich ein Posaunenton.
Der große Angriff blies Alarm.
Das warf sich auf die Seele, schlug sich auf den Darm,
War inszeniert als neueste Geschichte
Und glich dem ältesten der Weltgerichte:
Ein Stück, das die Akteure niederrang,
Gepreßte Völker mitzuspielen zwang.
Entschlossen weder Weib noch Kind zu schonen,
Bedienten rasende Statisten die Kanonen.
Da sah man die Provinz sich groß gebärden
Und den Tenor zum blutigen Heiland werden.

Die Gräber

Wo die Eltern liegen,
Immer noch allein,
Werden ihre Kinder
Nicht begraben sein.

Wie der Krieg sie teilte,
Sterben sie entfernt,
Jedes in der Sprache,
Die es spät gelernt.

Was sie nie vergessen,
Geht mit ihnen heim:
Hier ein Wiegenlied und
Dort ein alter Reim.

Heimweh

O wäre in der Kindheit noch ein Unterschlupf
Mit Fieber, Märchenbuch und Guglhupf!
Doch nicht im Tod, gewiß auch nicht im Leben
Wird es noch einmal unsere Kindheit geben.

Brief aus London

»Alle sind wir jetzt Astronomen hier«,
Hieß es in einem Brief aus London, der beschossenen Stadt.
»Ein Fernrohr jedes Auge, das bis jetzt
Geklammert nur am kleinlich Nächsten hing,
Und das im besten Fall auf einer Hydepark-Wiese,
Meistens im Börsenteil der ‚Times‘ geweidet.
Nun grast auf hohen Himmelsfeldern jeder Blick.
Wer in die Gosse stierte, Tag und Nacht,
Oder den eigenen Nabel selbstgerecht beschaute,
Jetzt, aufgerichtet, prüft das Firmament er.
Und – paradoxe Folge – solcher Weitblick
Umarmt zugleich den Nebenmenschen mit!

Und war bisher ein jedes Home ein Castle,
Ach, eine Festung jedes magere Flat:
Nun lassen wir die Zugbrücke herunter;
Die Inschrift ‚No trespassing‘ wird getilgt,
Die sonst das Grundstück unsrer Herzen schützte.
Seit uns vom Himmel, der gemeinsam ist,
Der Tod droht, uns nach seiner Willkür wählend,
Wächst das Gemeinsame, wär's auch nur Furcht!
Was heute Furcht ist, es wird morgen schon
In besserer Gestalt zur Hilfe werden,
Und Hilfe teilt uns nach dem Maß der Not
Die uns gebührende Parzelle zu
Der Menschlichkeit, sie hilfreich zu bewohnen.«

Liliencron

Wir kennen noch den forschen Ton
Detlevs, Baron von Liliencron.
Als Leutnant verwundet, achtzehnsiebzig,
Nimmt seinen Abschied, wird Dichter, verliebt sich.

Verliebt sich oft und zeugt Gedichte,
Bunter als die preußische Geschichte.
Wird Deichhauptmann im Wattenmeer,
Nimmt das Leben leicht, das Dichten schwer.

Er liebte die Jagd, er traf im Fluge
Die Welt auf ihrem Wildentenzuge.
Den Hans Liederlich besang er gern,
Doch hielt er sich für einen Herrn.

Sekt trank er oft, hatte selten zu beißen.
Froschfrieden hat er sein Traumschloß geheißen.
Ein Mann, ob auch willens, dem König zu huldigen.
Falschmünzer liebte er zu entschuldigen.

Euch aber hätte er nicht geduldet,
Und wie ihr das deutsche Volk verschuldet.
Wie ihr es bis auf den Grund verdorben,
Da wäre ihm sein Hurra erstorben.

Keines Wiesenweges mehr froh,
Säng' er nicht länger Halli und Hallo.
Kein »Poggfred« gewährte ihm Himmelsfrieden,
Säh' er, wie ihr es treibt hienieden.

Totenmaske
In memoriam Karl Kraus

Daß dieses nur ein Abguß deines Angesichtes,
Nur Gips sein soll, von kalten Zügen abgehoben:
Woher – aus hohler Form? – dies Übermaß gelösten Lichtes?
Oder geruhet hier dein Geist, was er gelebt, zu loben?

Kindliches Lächeln, Spiel verschmitzter Amoretten
Um die geschlossenen Lider und die einverstandenen Lippen,
Auch auf den wieder jungen Wangen, sie von aller Müh zu
       glätten
Und sorgenlos von der gewölbten Stirn Gedankenseligkeit
       zu nippen.

Dein Blick darf feiern und dein Mund darf fürder schweigen
Nach überstandenen Kämpfen und bei fortgelegten Waffen.
Gingst du ins Innere heim, dem Ursprung den vollbrachten Weg
       zu zeigen?
Uns ließest du, was du zeitlebens gegen deine Zeit geschaffen.

Upton Sinclair

Der Freund des Volkes hat an unsrem Tisch gesessen.
Die Buben haben zu ihm aufgeschaut,
Ernster als sonst, auch würdiger, und doch vertraut,
Und still bestrebt, manierlicher zu essen.

Sie fühlten, was die Eltern sagen wollten:
»Friede und Ehre diesem guten Gast!
Er weile ohne Sorge, ohne Hast,
Er, der allein geht, wo wir folgen sollten.

Ein großer Arbeiter, der selten ruht
Und Zukunft auf dem graden Rücken trägt,
Vom fremden mehr als von dem eignen Leid bewegt:
Ihr Kinder, merkt euch Upton Sinclair gut!«

1929

Alter Propagandafilm
Nürnberger Parteitag

Der Garant des Friedens,
Da stand er,
Damals noch feisten Angesichts,
In seinem Kraftwagen,
Die Hand ausgestreckt –
Und die Jugend jubelte!
Sie jubelte, die Jugend,
Die er in den Krieg senden wird.
O Kraft und Freude in den Gliedern
Zukünftiger Krüppel!
O Vertrauen in den Augen
Später Blindgeschossener!

Dies hier, zwischen den Riesenflaggen,
War ein modernes Ballett
Gleichförmiger Massenbewegung,
Sprechchöre der Arme und Beine.
Die Kamera wich zurück, zurück –
Und ameisenklein ging der Führer
Zwischen gewaltigen Truppenkarrees rechts und links,
Zwischen gewaltigen Menschenmaschinen,
Die ein Blick von ihm in Bewegung setzt.
Sein tiefer, unersättlicher Blick,
Der massenmörderisch auf der Jugend weidet,
Ein kleinbürgerlicher Lämmergeier.

Er wird sprechen!
Schon steht er auf dem Rostrum, brüllt –!
Er ist das Brüllen des Schweigens unter ihm,
Der brüllende Volksbetrug,
Der brüllende nächste Weltkrieg:
Als wäre alles Brüllen der in Tanks Verbrennenden
In ihm vorweggenommen.
Brüllen mit überspannten Stimmbändern,
Brüllen dicht an der Heiserkeit,
Brüllen, das die Gesichter einer betörten Jugend
Andächtig macht.

»So brüllt nur noch Gott«,
Denken die pausbäckigen Kinder
Einer Zeit am Abgrund.
»Das Brüllen wird uns hinübertragen!«
Aber es trägt sie in den Abgrund.
»Wir werden siegen durch dieses Gebrüll!«
Und sie werden –
Aber dann werden sie untergehen.

Photographien vom Krieg

Immer die gleiche Gebärde,
Die den Henker nicht rührte:
Der Mütter mit zuckendem Mund.

Über ihre Geburten
Klagend hingeworfen,
Den verstümmelten Sohn.

Die an verkohlten Leibern,
An den gefolterten Gliedern
Sinnlos tastende Hand

Weinender Mütter im Kopftuch.
Andre mit Kindern bebürdet,
Tragend, was nicht mehr lebt.

Ja, wir sahn es, wir sehn es
Und wir sehn es schon nicht mehr,
Als hätten sie blind uns geweint!

Ein Fetzen Papier

Ein Fetzen Papier, den brachte
Ein Bote aus der Hölle her
Und glättete ihn sachte:
Kam das Papier doch übers Meer,

Über eine Zuchthausmauer,
Die kein Erbarmen kennt.
Wir prüften den Zettel genauer
Als je ein Dokument.

Papier, schon im Vergilben,
Was war so kostbar daran?
Ein paar gereimte Silben,
Die kritzelte ein toter Mann.

Paar Zeilen und ein Glauben,
Heiß wie ein Liebeskuß,
Den konnte kein Quäler rauben
Dem ärmsten Lazarus.

Hat der Barbar nicht Knechte,
Im Foltern hoch geübt?
Und doch der ungeschwächte
Geist, der ihm Antwort gibt!

Was soll die Macht bedeuten,
Der ein Jahrzehnt gefrönt,
Wenn sie den armen Leuten
Nicht ihren Glauben abgewöhnt?

Ihr Opfer mußtet sterben,
Bald fällt der Henker wie ihr.
Das da half ihn verderben:
Ein Stück bekritzeltes Papier.

Den neuen Argonauten

Fahrt ihr die Kolchiswege, neue Argonauten,
Zu Toren, die schon Dschingis-Khan zerbrach,
Wo Pyramiden sie, wo sie Moscheen bauten?
Gewinnt ihr neuen Ruhm aus unserer alten Schmach?

Sei's afrikanischer Strand, Europas Küste,
Wo einst Prometheus angekettet hing;
Wo manchen Gott gebar der Staub der Wüste;
Wo Io schrie und rannte und der Stier sie fing:

Ihr wißt nicht, welchen Boden ihr betretet,
Den die Jahrtausende vor euch gepflügt,
Wo schon die Urväter gepflanzet und gejätet.
Wißt ihr, wann dieser Boden wahr spricht, wann er lügt?

Ein jeder Möwenschrei äfft Zank und Hader,
Das Käuzchen höhnt euch in Europas Nacht.
Gestorbene Reiche lassen euch zur Ader.
Als sie euch schaute, hat die Sphinx gelacht.

Auf diesem Kreuzzug laßt euch nicht beraten
Von Würdenträgern, Greisen im Talar.
Erkennet sie an ihren eigenen Taten
Und wißt: wo Erben sind, da ist Gefahr!

Stalingrad

Das ist die schreckliche Perlenschnur
Der Tage und Nächte von Stalingrad.
Da schlug die ungeheure Uhr
Die endlosen Stunden von Stalingrad.

Da kämpften Tod und Ewigkeit
Um diesen Platz, um diese Stadt.
Die alte und die neue Zeit
Rangen da, wer die Zukunft hat.

Maschinen – und die Menschenkraft,
Die maßen sich an Stalingrad,
Wer da siegt, und wer es schafft:
Wer erbt die Ruinen von Stalingrad?

Hier werden keine Trümmer sein,
Die das Feuer frißt, die der Sturz begräbt.
Denn Stalingrad wird immer sein,
Als der Widerstand, der überlebt.

Konzert in New York
Frühjahr 1944

Da schwimmt sie vorüber, vorüber,
Die Kunst des neunzehnten Jahrhunderts:
Die romantischen Berge und Täler,
Eine Landschaft, verschlungen von der Sintflut;
Siegfrieds Rheinreise, der Raub des Goldes,
Das von den Völkern geschleppt ward,
Und der Totenmarsch des Deutschen Reiches.
Alles ist Tod, der Liebestrank ein Todestrank,
Alles Siechtum und die Wunde des Amfortas.
Der ahnungslose Parsifal und die Ostertodesglocken,
Kirchenbesuch der Schwerindustrie,
Bevor sie die Welt zum Friedhof machte,
Die Hekatombe der zerfleischten Jugend,
Verwüstung weltweiter Schlachtfelder,
Bombenwurf des Himmels, das brennende Firmament,
Die in Asche gelegten Städte:
Gottvater steht am Dirigentenpult,
Der weiße Baton regelt die Zeit des Untergangs,
Seine alten Hände walten gewissensselig,
Die strengen Vollzieher der letzten Frist.
Mit beseligter Innigkeit hebt er die Schätze
Aus den Tönen, die dem Gurgeln des Gischtes gleichen
Vom auflösenden Todesmuttermeer.

(Oh, eine Insel, wo Kohl gebaut wird,
Kinderlachen und das Einmaleins
Der Mühe im täglichen Umkreis!)
Da endet das Konzert mit den Tränen des Krieges,
Den Gelöbnissen derer, die ihre Söhne draußen haben,
Den patriotischen Schreien der Weltbürger aus Not.
Wir wischen uns den Todesschweiß der Soldaten ab.
Erschöpft vom Jubel aus Verzweiflung
Gehen wir in verschiedene Richtungen auseinander
Wie die Schulklassen am Ende des Unterrichts.
(Haben wir noch eine Hausaufgabe zu machen?
Ein anderes Leben und eine andere Kunst!)

Most und Wein

Es ging mit viel Versprechen
Ein großes Maul umher,
Der Welt sich zu erfrechen,
Als ob sie erobert wär.

Als ihr in großen Scharen
Dem Maul euch beigesellt,
Da mußtet ihr erfahren,
Verloren war die Welt.

Der Most hat wild gegoren,
Doch gab es Essig statt Wein.
Und Kinder sind geboren,
Die werden euch nicht verzeihn.

Die müssen für euch leiden
Hunger und bittern Frost.
Wir hoffen, sie entscheiden:
»Nie wieder solchen Most!«

Freiheitssender

Freier Weg zum Ohre durch die Luft,
Willige Welle, die dem Wunsch sich fügt
Auch des Redners, der unendlich lügt:
Trage nun den Ehrenmann wie sonst den Schuft!

Abgesandter du der Freiheit, schwinge
In die waffenstarre Festung dich!
Zu den dort Gefangenen sprich und sprich,
In das Innerste des Landes dringe!

Nur im Innern kannst du dich entfalten,
Was kein Heer von außen trifft, triffst du.
Sprich dem Volke Mut und Hoffnung zu,
Falsche, nur erzwungene Einigkeit zu spalten.

Stimme du der Revolution,
Sprichst du erst, wer kann dein Wort verbergen?
Es vernimmt den Spruch das Ohr der Schergen,
Einer Stimme können sie nicht drohn.

Können sie die Luft zu Boden schlagen,
Die dem Volk die wahre Losung weiß?
Freiheitssender! Frei um jeden Preis!
Krähte da ein Hahn? Bald wird es tagen.

Auf einem Schlachtfeld

Dort bin ich vorgedrungen,
Wo sie erschlagen lagen,
Von den verstummten Jungen
Antwort zu erfragen.

Die da in Reihen lagen,
Vereint im stummen Sterben,
Konnten sie es mir sagen:
»Was war unser Verderben?«

Hier wo so viele lagen,
Kläger und Beklagte,
Konnte keiner die Antwort sagen,
So ich sie nicht selber wagte.

Begrüßung des Friedens

Laßt uns sagen: Willkommen
Zu den Nöten des Friedens.
Dieser Engel bringt
Auf seinen noch immer bluttriefenden Schwingen
Viele neue Gewichte.
Welche die alten sind,
Nur schwerer geworden
Um so viele Pein der Geopferten.

Ach, die verkrampften Hände des Besitzes,
Wer wird sie vom Leichnam der Epoche lösen?
Werden sie nicht heruntergehackt werden müssen?

Neues Leben auf den Ruinen,
Neue Gier auf den Ruinen,
Neuer Raub auf den Ruinen.
Der Friede kommt, er ist beinahe da –
Laßt es nicht heißen:
Er ist schon wieder vorüber.

Die rückflutenden Armeen,
Übersättigt von der Arbeit des Krieges,
Nehmen die Arbeit des Friedens wieder auf.
Durch die Triumphpforten
Marschieren sie in die Werkstätten.
Es sind so viele Mauern niedergelegt worden,
Der Heimweg scheint frei:
Laßt es nicht eine Täuschung sein!

Ist schon mehr Licht?

Ist schon mehr Licht in den Gefängnissen?
Schrumpft das Dunkel in den vergitterten Herzen?
Dringt Luft herein, ein frischerer Hauch?

Wieviel Übel kann sie noch vollbringen,
Die stürzende Tyrannei,
Wieviel Marter und Mord!

Aber einer wird auf der Folter
Der Letzte sein.
Eines Tages werden die Geiseln
Nicht mehr abgeholt,
Der Henker flieht und läßt den Galgen
Unbedient.
Ein Schmähwort erstirbt in seinem Munde,
Der aus Angst erblaßt.
Die Stahlruten wenden sich
Gegen ihre Träger, die Schläger.
Die Schläger werden die Geschlagenen sein.
Schon fürchten sie den Vollzug der Rache.
Sie hören in der nächtlichen Stille
Den unaufhaltsamen Schritt der Vergeltung,
Der ihre Straße kennt.

Ist das ein Kettenrasseln –
Oder das Rasseln der Uhr,
Bevor sie die Stunde schlägt?
Mit einem Male bricht viel Licht und Luft herein,
Auch in die Gefängnisse,
Wenn ihre Tore sich öffnen.

Die Gräber bleiben zu.
Aber auf ihren Hügeln
Erhebt sich die Fahne der Zukunft.

Der Wandsbecker Bote

»Gut sein! Gut sein! ist viel getan,
Erobern ist nur wenig;
Der König sei der bessere Mann,
Sonst sei der Bessere König!«

Dies wünschte in seinem Neujahrslied
Der Deutsche Claudius
Den Deutschen, die er recht beschied.
Wer zog daraus den Schluß?

»Was hülf mir Kron und Land und Gold und Ehre?
Die könnten mich nicht freun!
's ist leider Krieg – und ich begehre
Nicht schuld daran zu sein!«

Ach, Kron und Gold und Land und Ehre,
Sie sind doch alle hin!
Wenn nur kein Deutscher schuldig wäre
An Majdanek und Lublin!

Eines Tages

Eines baldigen Tages kehren sie heim,
Die Älteren und die Jüngeren.

Einige wurden um Rat gefragt,
Andere zögern, sich aufzudrängen.
Viele haben nachgedacht,
Wenige vorgesorgt.

Ich sehe einen, dem es die Rede verschlägt:
Er geht in den alten Straßen umher,
Steht vor Ruinen, die Häuser gewesen,
Und erkennt sie nicht wieder.
Überall fremde Gesichter.
Augen, fremder als die Gesichter.

Fremd auch die Sprache:
Sie wurde die Sprache der Gewalt,
Nun ward sie die Sprache der Not,
Bald wird sie wieder die Sprache der Arbeit sein,
Zuspruch den aufbauenden Händen.

Und aus dem Schutt erhebt sich wieder
Hier und dort ein freier Blick.

Ist dieser Mann zu alt,
Jener zu jung?
Die Stunde, die es weisen wird,
Hat geschlagen,
Die neue Stunde!

Ode an Deutschland

I

Zertrümmertes Land!
Zu Narben geschrumpfte Städte!
Denkmäler, zu Schutt geschlagen!
Aber auch die Brand- und Schädelstätte
Ist ein Mal des Gedenkens
Bösen Ausgangs, böseren Beginns.
Die Wüste rufe euch auf
Zu neuer, gesünderer Pflanzung!
So halte Zerstörung Schule
Mit den verstört Überlebenden!

II

Unvergiftet sind euch Brunnen im Lande geblieben,
Wascht mit dem klaren Wasser die Augen der Kinder,
Daß die sehend werden,
Deren Eltern blind gewesen!
Holt Heilkraft auch aus spät bekehrten Herzen!
Entzündet im zugigen Aschenherde des Hasses
Die erloschene Flamme der Liebe!
Bald blühen wieder die Apfelbäume.

III

Noch sind viele betäubt
Vom selbstverschuldeten Unglück.
Falsche Hoffnung mißriet,
Noch keimt die wahre verborgen.
Hört endlich auf die lange verschmähten
Warner!
Entdeckt und ehrt
Eure wahren Märtyrer!
Entsühnt euch
Von den Verbrechen der verwüstenden Epoche,
Ehe ein langsam grauender Tag
Euch wieder zur Arbeit erweckt,
Und das Brot und die Milch euch bedeuten:
Ihr bliebt am Leben!

Spanischer Spruch

Während der Gärtner seinen Saum Erde betreute,
Und in der Nachbarschaft die Granate streute,
Lernten die spanischen Kinder lesen.
Bomben sind ihre Rufzeichen gewesen.

Die heranwuchsen, bald konnten sie buchstabieren
Den alten Satz: »Der Antichrist wird uns regieren,
Wie schon immer in Christi Namen –
Aber gewiß nicht in Ewigkeit. Amen.«

Die Glocken von Erfurt

Die Glocken vom Erfurter Dome,
Aus den Kanonen gegossen,
Womit Frankreichs Soldaten
Auf deutsche Soldaten geschossen:

Sie waren im siebziger Kriege
Erbeutete Kanonen;
Der Kaiser hat sie gespendet,
Im Dome als Glocken zu thronen.

Sie klangen, als ob im Erze
Gewaltig verschmolzen wäre
Die Niederlage des Erbfeinds
Mit Deutschlands Ruhm und Ehre.

Neunzehnhundertvierzehn
Kam es wieder zum Streite,
Da wurden die Glocken Kanonen,
Diesmal auf deutscher Seite,

Wieder eingeschmolzen
Zu donnernden Feuerrohren:
Aus Betern wurden Soldaten. –
Der Krieg, der ging verloren,

Doch hatten die Deutschen wieder
Französische Kanonen erbeutet.
Aus ihrem Erz die Glocken
Haben wieder in Erfurt geläutet.

Sie riefen zum Gebete,
Den deutschen Herrgott zu rühren,
Er möge sein Volk zum Kriege
Der großen Vergeltung führen.

Der Hitler hat's geschworen,
Da ging's aus andrem Ton!
Neunzehnneununddreißig,
Glockenmobilisation!

Wiederum sind Kanonen
Die Erfurter Glocken geworden.
Sie fuhren, die Welt zu bekriegen,
Mit den braunen Horden.

Sie sind nicht wiedergekommen,
Sie werden nie wieder klingen,
Ohne sie muß Erfurt
Sein Miserere singen.

Gedenkstein

Man sagt, es starben viele um das Recht.
So merkt es euch: sie sind ums Recht gestorben.
Vergeßt es nicht! Sonst war ihr Sterben schlecht,
Und nur am Unrecht wären sie verdorben.

Man sagt, für Freiheit gaben sie ihr Blut –
Ein Tauschgeschäft, das sie nicht überleben.
Ihr, die ihr überlebt, merkt es euch gut:
Für Freiheit haben sie ihr Blut gegeben,

Der Zukunft opfernd ihre Gegenwart –
Und mehr hat keiner, mehr nennt keiner sein.
Die ihr es später lest, bedenkt es hart,
Denn eurer Gegenwart gilt dieser Stein.

Farewell

Nein, Kinder, schmeichelt nicht dem argen Schicksal,
Schmückt's nicht mit eurem Kummer; heißt
willkommen,
Was uns als Strafe naht: so strafet ihr's,
Indem ihr's leicht ertragt
Shakespeare, ANTONIUS UND CLEOPATRA

Farewell

Da Schuld und Irrtum mich befleckt,
Da mein verräterischer Sinn,
Wie Gott ihn mir ins Hirn geheckt,
Den Nacken mir zerbricht: fahr hin,
Du Kindertraum vom Ehrenschild!
Ans Steuer greife, starke Hand!
Und steuere mutig, denn es gilt
Die Fahrt durch keines Freundes Land!

1900

Ich, dein Gedicht

Ich, dein Gedicht, bin nicht der Schmuck, den eine Frau sich
wählt,
Bin nicht die Blumenzierde in kristallener Schale.
Ich bin die schwerste aller Stunden, die dein Herz gezählt,
Ich bin der Widerstand, den ich mit deiner Lebenskraft bezahle.

Ich bin das Eingedenk des Knaben, der in dir errötet,
Ich bin die Besserung, die noch spät dein Sinn beteuert,
Ich bin der Rosenkranz, den deine Angst in diesen Nächten betet,
Ich bin die nimmerstille Sorge, die zur Warnung dich befeuert.

377

Die Kindheit

In der Badeanstalt war ein Geruch,
Darein die Kindheit sich verfing,
Von trockenem Holz und nassem Tuch.
Es irrte und flirrte ein Schmetterling,

Von Sträuchern verlockt, an uns Knaben vorbei,
Und wir wußten, er wäre ein guter Fang.
Zwar brachen oft die Flügel entzwei,
Und das Töten machte uns manchmal bang.

Im Sommer geschah, was der Winter vergaß:
Die Sonne kochte die Faulheit gar.
Wir liefen, wir schliefen im weichen Gras.
Der Wald flocht Spinnweb in unser Haar.

Am Abend hing die Dämmerung herein
Beschwichtigendes Perlmutterband.
Und es klopfte ein letzter roter Schein
An die Fenster und schwand an der Zimmerwand.

September. Man kehrte zur Stadt zurück,
Die Schule begann, und Pan war tot.
Wieder kamen wir weiter ein Stück
Im Wissen und in der Herzensnot.

Schlaflosigkeit

Um drei Uhr früh vibriert bis in mein Bett –
Vom Fahrdamm, der sich bis ins Land des Traums erstreckt –
Das Rattern eines Motors, Ungeduld
Großrunder Räder, die gefesselt stehn
Und stampfen, viele Pferdehufe stark.
(Sie zittern mir bis in das Rückenmark.)

Da ich im Bett mich hebe, sehe ich,
Wie dort aus einer Bogenlampe, die auf Halbmast brennt,
Glühende Ströme grellgeschminkten Lichts
Auf den Asphalt hinunterstürzen.
(Als wär's aus meinem Hirn.)

Und diese rote Bogenlampenspätnachtsonne
Hat einen dunklen Hof, der schreckt und lockt,
Als wär's der Vorhof der Hölle!
(Aber auch die Hölle ist
Nur eine Garantie, daß ich am Leben bin.)

Die Umarmten

In die Halbmond-Sichel
Deiner Wange
Berg' ich meine Augen
Lange – lange.

Und wir beide liegen,
Ohne uns zu regen,
In des Atemzuges
Doppelt einigem Bewegen.

Ja, geschlossene Lider
Hören stumme Lieder,
Und es tönt im Blute wider,
Immer wieder.

Ohne Wort, kein Jubel,
Seufzer nicht, und keine Klagen –
Nur des Pulses
Pendelschwung und Flügelschlagen.

Gram

Gram ist der Grimmste.
Er weint nicht einmal mehr,
Der alte Mann Gram.

Gram schaufelt Erde auf das Grab
Und wischt sich den Schweiß nicht ab,
Der ihm in den Kragen rinnt.

Gram sitzt auf einem umgestülpten Schiebkarren
Und fährt nicht mehr nach Hause.
Bis hier und nicht weiter!

Als dem Gram ein Zahn ausfiel,
Ließ er ihn auf dem Boden liegen.
Gram sammelt nicht sein Gebein.

Gram ist so vergeßlich.
Man muß ihm alles aufschreiben.
Aber er verlegt den Zettel.

Die Tote

Wie eine Tote ausbricht aus dem Grabe,
Ihre Hände sind umwickelt, ihre Füße zusammengebunden,
Und sie läuft nach ihrer zurückgelassenen Habe,
Und sie glaubt: wo man es ließ, da wird es gefunden –

Es hängen die Fetzen des Hemdes ihr von Händen und Füßen,
Und die Nachthaube, die man ihr mitgab, sitzt schief.
Bekannte von einst, die ihr begegnen, zögern, sie zu grüßen,
Und fremde Leute stehn und starren, wo sie vorüberlief:

So rennt meine Seele atemlos hinter meinem Leben,
Hinter dem, was ich verlor, hinter dem, was mich verwarf,
Und was ich verließ, ich seh' es vor mir schweben,
Und was ich versäumte, ist all mein Bedarf. –

Du Tote, was rennst du? Es hat sich alles verändert,
Dein Haus ist bewohnt und dein Bett ist besetzt! –
Aber sie hört nicht, sie läuft nur, seltsam bebändert,
Die Schlafmütze verschoben, das Totenhemd zerfetzt.

Das Tal des Alters

Durch das Tal des Alters sind schon viele geritten,
Schief im Sitz und halb vom Pferd geglitten,
Schwüre murmeln sie oder sinnlose Bitten.

Der auf einem Esel und der auf einer Mähre,
Jener wischt sich den Schweiß und dieser streicht seine Schwäre,
Wünscht dabei, daß er nie geboren wäre.

In das Tal des Alters fallen violette Schatten.
Es reiten da auch Paare, ungetrennte Gatten.
Viele flackern noch vor Begierde, selten sind die Satten.

Ein roter Schein reicht herüber von Blut aus allen Ländern,
Der Hall vom Lärm der Zeiten, die sich häßlich verändern.
Die Alten kennen die Schande, gehören sie doch zu den
            Schändern.

An ihrem bitteren Gaumen ein Nachgeschmack von Gewissen,
Von Schwüren, früh gebrochen, von Treue, längst zerrissen.
Was sind das für staubige Fahnen, die sie noch immer hissen?

Einschläfert sie der Trott, ob auch die Rosse schnauben,
Doch weckt das Asthma sie, den Schlummer jäh zu rauben,
Klammert sich der an den Sattel, und jener an einen Glauben.

Im Schlafe

Auch mitten im Kriege, auch im Gefängnis
Durchfluten uns die Landschaften und Lebensschaften
        des Friedens,
Wenn wir, zurückgelehnt in den Schlummer,
Den Halt loslassen unseres furchtbaren Wissens.

Der Opiumdämmer des Halbschlafschattens
Wiegt den hoffnungslos Ermüdeten ein.
Er nimmt den Flüchtling aus den Armen der Frau
Und bettet ihn weicher, streicht seine Hände glatt
Und das angstverworrene Haar.

Da kommen und gehen sie auf nackten Sohlen,
Die einfachen Handlungen und Wandlungen,
Lautlos, schonend das von schlimmen Neuigkeiten kranke Gehör.

Das frostige Exil wird zur warmen Nähe.
Die in den Krieg zogen, sind zu Hause geblieben.
Verschollene tauchen auf, Vermißte sitzen mit uns zu Tische.
Die Liebe, die Liebe ist nicht versäumt worden.
Hilfe war da schon vor dem Hilferuf.
Kinderträume reifen allmählich heran.
Der Schlafende, der morgen sterben muß, lächelt.

Ungehindert gehen und kommen wir durch vertraute Türen,
Und keine Geisel wartet auf ihren Henker.
Da ist kein Raum für Verschickung, denn überall ist Heimat.
Ich habe keine so freie Wanderung je gesehen,
Aber nun bin ich auf ihr begriffen, allerorts grüßt Ankunft.

Das Alter ist ein Freund der Menschen geworden,
Und der Tod berät ernsthaft die Lebenden.
Ich blicke dem meinigen entgegen
Wie einem Schulfreund, den ich nie vergessen habe.
Auch er ist älter geworden, aber wir verstehen uns jetzt besser.
Denn der Durst ist gestillt, die Sorge abgeladen
Und der Krieg für immer zu Ende.

Traum

Ein Kind kam in der Nacht zu mir, im Traum,
Und sagte: »Weil ich reisen muß,
So kam ich heute.«

Ich fühlte einen sanften Kuß,
Doch als ich's näherzog, war es ein Baum,
Der auf mich seine Blüten streute.

Es sprach der Baum: »Nun ist's geschehn,
Nun hast du alle Huld genossen,
Du wirst mich nie mehr wieder sehn.«

Erschüttert rief ich: »Wen?«
Ein altes Buch schlug auf, doch war es eine Gruft,
Und während meine Tränen flossen,
Erwachte ich von einem starken Blütenduft.

Ein Vater

Ich sehe, wenn ich dich, mein lieber Sohn,
Betrachte, grauend in deinem Blick uralten Hohn:

Ich sehe den Wolf, den hungernden,
An Waldesrändern lungernden,
Durch fremde Dörfer lebenslang gehetzten,
Vor Stein und Prügel, vor dem Schießgewehr entsetzten,

Den haarigen, den zungenzeigenden Patron
Mit räudiger Schulter – und mit meinem Blick, mein Sohn.

Sokrates
Nach Plato

»Ja, herrlich wäre für mich ein Leben im Hades!
Würd' ich doch dort dem Ajax begegnen,
Dem Sohne des Telamon, und dem Palamed,
Sowie auch anderen ungerecht Verurteilten.

Dann könnte ich mein Schicksal dem ihren vergleichen,
Unrecht mit Unrecht, wie es erlitten ward,
Recht mit Recht, wie es uns zukommt,
Jedem von uns: was für ein vorzüglicher
Zeitvertreib wäre da die Ewigkeit!

Und wahre Richter träfe ich dort –
An eurer Stelle, die ihr hier auf Erden
Vorgebt, Richter zu sein:
Den Minos, Radamanthys, Ajakos, Triptolemos
Und die anderen alle, die gerecht gerichtet:
O unvergleichliche Gelegenheit, sie an meinem Falle zu
           erproben! –

So denke ich denn, wir irren,
Wenn wir meinen, der Tod sei ein Übel.«

Späte Wissenschaft

»Du sollst es noch einmal lesen«,
Befehlen die späten Jahre,
»Damit dir widerfahre,
Was in dir Kind gewesen.«

Was du gelernt, kommt wieder
Auf lebensletzter Stufe:
Die frühen Kuckucksrufe,
Die ersten Amsellieder.

Ein Heerwurm ohne Ende,
Nahen auch die Insekten,
Die fremde Fühler streckten:
Vertraut deiner letzten Wende.

Von den enterbten Geistern
Die stummsten, unbezwungen,
Sie kommen mit haarigen Zungen,
Sich deiner zu bemeistern.

Näher kommt dir die Erde,
Dich, Säugling, zu empfangen
Mit kristallinischen Wangen,
Mit moosiger Gebärde.

Der Kiesel und der Schiefer,
Die weichen Sedimente;
Der sich von ihnen trennte,
Bald betten sie ihn tiefer.

Schon bilden sich Kristalle
Wie Blüten dir im Blute.
Dir wird wie Stein zumute,
Und du verstehst sie alle.

Dem Knaben war's ein Wunder,
Der Greis, der wird's erlernen.
Es fällt von allen Sternen
Die Ferne, mürb wie Zunder.

Die Nähe, dich begrabend,
Wird für dein Wissen sorgen,
Was dir einst sang der Morgen,
Es deutet's dir der Abend.

Der Klavierstimmer

Der Klavierstimmer tritt lautlos ein.
Er ist ein Mann mit einem Birnenschädel,
Darauf ein wenig Moos wächst.
Er kommt auf Zehenspitzen ins Zimmer.
Er verbeugt sich gegen die Türe,
Als bäte er sie um Vergebung, daß er sie hat öffnen müssen.
Er wagt es nicht, jemanden zu grüßen.
Er flüstert: »Oh, die Gnade –
Die hohe Gnade, daß ich –
Ihr hochedles Piano stimmen darf.«

Er zieht seine Schuhe aus,
Wie der Mohammedaner in der Moschee,
Moses am Dornbusch.
Es gilt, einen hochedlen Teppich zu betreten.

Er öffnet den Klavierkasten.
Er verneigt sich immer wieder:
»Nein, was haben Sie da für ein vorzügliches Klavier!
Man muß es wirklich ein Instrument nennen!«
Und sein Finger schlägt eine Taste an.
Ein falscher Ton erklingt.
Er neigt seinen Birnenschädel
Tief zu diesem Tone hinunter.
Nochmals diesen Ton! Nochmals!
Sein Schädel steht schräge.
Er horcht. Er lauscht.
Sein Gesicht verzückt sich.
Die Welt versinkt. Sein Leben beginnt.
Jetzt wird er ihnen aufhelfen, diesen unglücklichen Tönen!

Hier wird er mildern, da verschärfen.
Er wird sie fest anziehen,
Daß sie wieder reine Töne werden.

Mit manchen wird er streng umgehen.
Denn er versteht keinen Spaß, da, wo er herrscht,
Er, der Herr über verdorbene Töne,
Über ein A, ein Es, ein B, ein Cis,

Er, der Musiker vor den Musikern.
Wenn er fertig ist, mag Busoni beginnen!
Vorher ist Busoni hilflos, ein Stümper.
Erst muß *er* geherrscht haben.
Vier Stunden lang
Ist sein Regiment aufgerichtet.
Welch ein inbrünstiger Herrscher,
Der Napoleon des verstimmten Klaviers!
Wer kann so richtig hören wie er,
So genau unterscheiden
Zwischen Ton und Unton
Und Zwischenunton.

Stille! Schweigen ringsum.
Nun liefert er der Armee verrotteter Töne
Die große, die siegreiche Schlacht.
Einer gegen viele! Einer gegen alle!
Sein Finger, der vergrößert ist,
Wie das Gehirn Kants,
Hämmert, hämmert!
Durch sein Ohrlabyrinth geht der sichere Weg.
Die Büschel ergrauten Haares
In seiner rechten Ohrmuschel
Sträuben sich.

Sonst ist er fahlblond,
Aber das Moos im rechten Ohr ist gebleicht –
Merkmal am siegreichen Organ des Genies.
Harmonien tausender Klaviere
Sind mit diesem frühen Altern bezahlt.
Denn nichts ist umsonst gegeben.

Wenn alles wieder stimmt,
Wenn die Töne wieder
Hochedle Töne geworden sind,
Dann wird er klein vor ihnen,
Überzählig wird er, wird schlecht und gering.
Er wagt nicht, nach dem Gelde hinzusehen,
Das man ihm, in ein Kuvert gesteckt,
Geheim auf das Klavierbord legen muß.

Ein letztes Mal kniet er,
Wischt die Politur mit einem Lappen ab,
Sehr sanft, sehr gebeugt.
Er verbeugt sich vor dem Klavier.
»Es stimmt«, flüstert er traurig,
»Es stimmt!«

Ein letzter Blick nach den reparierten Tönen hin,
Dann verläßt er den hochedlen Teppich,
Schlüpft in seine Schuhe,
Schlüpft in seinen Überrock.
Er verneigt sich gegen die Tür.
Wehmütig blickt er zu den Tönen hin
Ein allerletztes Mal.
Dann schlüpft er zur Tür hinaus.

Ein Vater spricht zu seinem Sohn

So fügen sich die Lippen der Liebenden
An einem Tage sanft.
Am andern Tage
Stoßen sie aufeinander, hart und mörderisch.
Dann wieder sind sie Fremde,
Die sich nie gekannt,
Nie kennen werden.
So geht es mit den Lippen und den Leibern
Der Liebenden.
Sei du dessen gewahr, mein Sohn!

Es grünt das Einverständnis,
Blüht und verwelkt,
Samt und trägt Frucht,
Bleibt ohne Frucht
Wie jede Erdenpflanze.

Uns Menschen trennt der Tod,
Am Leben bleiben trennt oft tiefer.
Zeit ist eine Schlange, die sich windet,
Und Windung kennt die vorige Windung nicht.
Oder vergleich's dem Strome, dessen Ufer
Dem, der auf einem Schiff fährt, immer neue Sicht gewährt:
Da bietet sich ein See, von Wänden abgeschlossen,
Die, wenn du näher kommst, sich plötzlich öffnen,
Und wieder ist's der Strom, der weiter fließt.
So bei einander folgenden Geschlechtern,
So innerhalb einzelnen Daseins:
Es löst ein Sein das andere ab
In dir, in der Geliebten.

Wege, die du an jedem deiner Tage gingst,
Sie führen dich mit einemmal nicht mehr.
Da scheint das liebe Haus verschwunden und verbaut,
Das sonst so gerne offene Tor vermauert.
Es bedarf keines Engels, wachend mit dem Schwert.
Aus Paradies ward Wüste.

Wer drauf besteht zu bleiben, der verschmachtet.
Und fürchterlich Getier gebiert die Wüste,
Skorpione, geharnischt und mit giftigem Gebiß,
Mit Fängen, grausam greifenden, begabt.

Meide die Stelle!
Daß sie grün war von weichem Gras,
Mit vielen Blumen überwachsen, vergiß es!
Sonst kommst du nicht lebend davon,
Wo du geliebt hast.
Leben aber sollst du,
Um wiederum zu lieben!

Auf den letzten Weg

Die durchgeweinten Kissen laß zurück! Die sind
Nur ein Gepäck für fromme Leute,
Die wähnen, weint sich einer hüben blind,
Daß es für drüben reiches Licht bedeute.

Behalte lieber deine schiefgetretenen Schuhe
Mit dem Exilsschmutz an den abgeschabten Hacken:
Die möge man dir in die letzte Truhe
Statt eines Passes und Geburtsscheins packen!

Die Vielheit

Die ungeheure Vielheit zieht vorüber,
Gesichter quellen auf wie Blasen,
Und Witterung von Millionen Nasen
Macht dieser Städte Luft nur immer trüber.

Die Zeitung jedes Morgens deckt mit Lettern
Die Hirne zu, und plump erzählte Fälle
Trüben den Strom der Nachricht und die Quelle,
Das Unglück wächst, geschürt von falschen Rettern.

Indessen in den rasch erreichten Betten
Wird Zeugung unerschöpflich fortgesetzt,
Geburt, als Glück und Gnade hochgeschätzt,
Schlägt neue Sklaven in die alten Ketten.

Da ist kein Halt der flutenden Bewegung.
Und aus den Menschen formen sich Armeen,
Die Felder immer größerer Schlacht zu übersäen.
Und der Maschinentod vervollkommt seine Prägung.

New York klimmt in den Himmel, die Termiten,
Die solches bauten, ahnen nicht den Schrecken,
Nach dem sie unbesorgt die Fühler strecken,
Und wie sie ihre Kräfte überbieten.

Als würde niemals mehr die Erde beben,
So haben sie vom Grunde sich erhoben,
Und bis zum nächsten Bombenwurf von oben
Sehn wir sie prahlend auf Gerüsten schweben.

Sie werden bald gelehrig sich besinnen
Und sich tiefschachtig in die Erde graben,
Ins Dunkel siedelnd ihre Bienenwaben,
Und doch der Katastrophe nicht entrinnen.

Indessen schaut, wer durch die Straßen geistert,
Vorbei an seines Nebenmanns Gesicht,
Denn wir ertragen unsre Vielheit nicht,
Sie hat sich unsrer hinterrücks bemeistert.

Oder mit Bangen forschen wir in Zügen,
Worin sie gleich, worin sie anders sind.
Ein jeder Unhold war ein süßes Kind,
Und jede Freundschaft wird uns bald betrügen.

Auch du bist Mensch? Auch du bist meinesgleichen?
Doch kann ich nicht verstehen deinen Glauben.
Und lächelst du, will's mir den Atem rauben.
Gibst du dem Manne hinter mir ein Zeichen?

Denn daß so viele sind, ist unerträglich.
Ein jedes Glück, das keimt, ist rasch gewendet,
Wie eine Welle eine Welle überblendet
Im Meer! Und nur der Wechsel ist unendlich.

Das türmt sich auf, das bricht in sich zusammen,
Rollt vor und weicht zurück und ist vergangen,
Um, neu erregt, von neuem anzufangen –
Und ewiger Leere scheint es zu entstammen.

Spiegel an der Wand

Was ist das Fremdeste
Im ganzen Land? –
»Was du geliebt hast«,
Spricht der Spiegel an der Wand.

Du kommst heim

Du kommst heim von der Gesellschaft.
Voll Charakter hat dein Zimmer
Sich erhalten –; nicht wie du!
Nicht verbeugt und nicht gelächelt,
Nicht verhaßte Hand gedrückt,
Nicht auf fremdem Stuhl gesessen,
Nicht aus fremdem Napf gegessen,
Nicht Vergebliches geredet,
Nicht auf feigen Klatsch gehorcht.

Nicht Zerstückelung der Länder,
Nicht die eigensüchtige Rache,
Nicht arglistiger Pläne Spinnen,
Falsches Lachen, falsches Äugeln,
Ausverkauf des künftigen Friedens:
Nichts davon ist hier geschehn.

Hohe Würde deines Zimmers:
Ruhe eines griechischen Weisen,
Indische Zeitlosigkeit
Und chinesische Artigkeit:
Ohne dich war alles da.

Trotzdem bist du hier willkommen,
Langmut hat ein Bett für dich,
Zuflucht bietet es dir an,
Dir, sogar auch deinen Träumen
Bis zurück in deine Kindheit
Und zu deinem ersten Mord . . .

Ein toter Schmetterling

Wie ich ihn an der Blüte hängend traf
In regungslosem Wintertodesschlaf,
Den Schmetterling, als Einzelsein erledigt,
Als Formgestaltung völlig unbeschädigt.

Wie er da hing, beflügelte Maschine,
Gebremst, daß er des Honigs sich bediene,
Und so erstarrt im schönsten Flügelspreiten,
Den Motor abgestellt für alle Zeiten,

Den Leib gereckt, als wär's mit strengstem Willen,
Mit Appetit, lebendige Gier zu stillen,
Und war ein Toter, ohne es zu spüren,
Sich bäumend in lebendigen Allüren:

Das fesselte den Blick! Ich ging vorüber.
Versetzte man ihm einen Nasenstüber,
Er fiel' herab und wäre bald zertreten.
So hängt er hier im Herbst an einer späten

Süßblauen Blüte, bis sie selbst verwittert
Und, wenn sie fällt, auch er zu Boden zittert.
Ich seh ihn ausgestellt nun seit drei Tagen,
Jenseits von Honigseim und Vogelmagen.

Leerer Abend

Bevor es Abend ist
Und die Fledermaus ihren Dienst antritt –
Der Mond wird heute nicht erwartet
Und es nebelt –

Geistert der vertane Tag noch einmal vorüber,
Und was versäumt ward,
Bäumt sich auf und seufzt: »Zu spät.«

Daneben spricht schon eine Grille
Vom Gleichmaß aller Zeit, die leer vergeht,
Und ist's zufrieden.

Gleichmütig zieht die Stille
Ihren Rand,
Den Horizont der unverbrauchten Möglichkeit.
Ganz unerwartet heult ein großer Hund,
Als wär sein Herr gestorben.

Aber Geburt und Tod
Sind wesenlos in der getrübten Luft
Dem, der nach Hause geht,
Wo ihn der Schlaf erwartet,
Der ihm zukommt, der bewußtlose.

Sogar die Liebe zweifelt
In diesem Zwielicht,
Ob sie im Recht sei.

An einem Sterbebett

Wir verstanden erst nicht, was der Sterbende tat,
Er war nicht so bald zu verstehen,
Der uns um kein Wasser, um Luft nicht bat
Und nicht, ihn umzudrehen.

Er röchelte nicht, nur leise Geräusche –
Mit dem Gaumen, mit der Zunge?
Erst glaubte der Arzt, daß er sich täusche,
So seltsam hat das geklungen:

Zirpen von Grillen, Windessausen,
Der Abend wallt in leisem Brausen,
Sommerstimmen, ein Amselflöten,
Es hackt der Specht, der Kuckuck zählt
Die schöne Zeit, daß kein Schnabelschlag fehlt.

Macht er das mit dem Fingernagel?
Nun klingt es wie Regen, nun wie Hagel.
Es klopft seine Hand an die letzte Planke –
Irrt um den Sommer sein Gedanke?

Mitten im Winter, in eiserner Stadt,
Im verdunkelten Raum, vom Fiebersturm matt,
Genießt er noch im fahlen Verglimmen
Die ein Leben lang geliebten Stimmen?

Besteht er mit seinen verwirrten Visionen
Noch einmal, auf dem Lande zu wohnen?
Und Regengetropf, das Geglucks einer Quelle,
Begleitet's ihn über die dunkelste Schwelle?

Oder sind's, da die Angst ihm den Sinn verdrehte,
Sind das vielleicht des Mannes Gebete?

Abends

Am Abend, wenn die Sonne ins Meer gefallen ist
Und die Farben nach Hause kommen,
Die Farben, unsere Söhne und Töchter,
Die übertags von uns fortgelaufen waren,
Um sich an die vielen Dinge zu hängen –
Die nun, noch heiß von so verlorenem Umgang,
In unser Herz zurückschlüpfen wollen,
Sich da neue Wünsche zu erschlafen.

Sie bringen verdunkelnde Bilder mitgeschleppt,
Einen ganzen wirren Haufen.
Auf dem Rasen vor dem Haus liegt noch eines,
Das ihnen entfallen ist im Laufen:
Ein Fetzen Frechrot, das nun mit den Fensterspiegeln spielt,
Bevor die Nacht auch sie schwarz anlaufen läßt.

Denn die Nacht ebbt näher, sie scheucht uns das letzte Tagesbunt
        fort.
Sie deckt alle Gestalt zu. Mag das alles bis morgens vergessen
        sein!
Mag die ganze Familie, das Farbengesindel,
Im Elternhaus seinen Rausch ausschlafen!

Schutt

»Schutthaufen du«, sagt ein Mensch in der Nacht
Zu seinem Ich, das mit ihm wacht.
»Schutthaufen von Plänen, von Gefühlen,
Was muß ich ewig in dir wühlen?
Was ist es, das im Abbruch einer Welt
Dich alten Schutt zusammenhält?
Warum wirst du am Ort belassen?
Wann wird denn dich die Schaufel fassen?
Du Schutt aus Träumen und aus Schwüren,
Kann nichts dich von der Stelle rühren?
Wo doch die großen Reiche fallen,
Will dich der Sturm nur dichter ballen?«

Dann spricht der Mann: »Hör es, Vernichter:
Dies ist mein Schutt, ich bin sein Dichter.«

Die Toten

In unseren Gesprächen
Kommen die Abgeschiedenen wieder,
Die Erde hat sie genommen oder das Feuer.
Aber wir ziehen ihre Geister heran.
Wir gehen mit ihnen um
Wie die Söhne und Töchter Sodoms
Mit den erdgeneigten Engeln.
Wir ringen mit ihnen
Und sie verrenken die Lende unseres Geistes.
Was sie gedacht haben, ist noch nicht zu Ende,
Wir wissen vielleicht den nächsten Ring
In der feurigen Kette.
Und wir brennen weiter
In ihren Fegefeuern.
Wir haben neue Zeit für sie,
Ihrer Herzen unausgeführte Pläne
Zu ernähren,
Ihren hinterlassenen Kindern
Obdach zu geben.
Wer wird es tun, wenn nicht wir?
Wir nehmen uns die Mühe,
Uns von ihnen verdrängen zu lassen.
Ja, auch wenn sie unsern Atem verzehren!

Der Fliederstrauß

Als ich den Fliederstrauß in meinem Zimmer
Mit Würmern und mit Spinnen überlaufen fand,
Wachte ich häßlich auf – und sah im Mondlichtschimmer,
Daß mein Flieder unbelästigt, rein beim Fenster stand.

Und beruhigt hab ich mich dem Schlaf zurückergeben –
Sah jedoch sofort das Schreckbild noch einmal:
Spinnen hingen dran in dichten Reben
Und fraßen lautlos meinen schönen Flieder kahl.

Ich lag schlafgelähmt und konnte nicht verwehren,
Was ich dulden durchaus nicht gewollt:
Dieses stumme, hastig-schäbige Verzehren,
Spinne über Spinne steigend, Wurm an Wurm gerollt.

Ach, ich stemmte mich, ich schrie, in Schweiß gebadet,
Hob mich endlich hoch, es galt das Seelenheil:
Ja, da stand der Flieder, meines Traumes unbeschadet,
Schön und rein, und nahm an meiner Todesangst nicht teil.

Das Ebenbild

O einen, einen einzigen Augenblick
Unschuldigen Vertrauens, einen
Der Kindheit ähnlichen!
Doch wird er niemals mehr erscheinen
Nach diesem Übermaß an Grauen! Keinen
Werd' ich erwarten und erweinen,
Keinen, keinen
Kindlichen Augenblick.

Nie wieder wird dies Herz sein Ebenbild,
Nachdem es in der Hölle war, erschauen.
Nie mehr verwindet es das Übermaß an Grauen!
Niemals wieder
Schaut es der Menschheit wieder heile Glieder.
Schwellen sie jemals wieder?
Verstümmelt bleiben sie für je,
Bis ich mit meinem Wissen untergeh,
Mit mir auch das entstellte Ebenbild,
Das sich vor einer Ewigkeit
Nach Gott gebildet glaubte,
Bis sich der Mensch, im Raube, selbst beraubte
Und dieses Aug' erlosch, dies Ohr ertaubte.
Nie, niemals wieder, nein,
Werd' ich, was ich gewesen, sein.

Der Verräter

Wüschest du dein Gesicht
In den Wechselströmen von Licht,
In des Dunkels grundloser Schale:
Du verwäschst nicht die häßlichen Male,
Den Schaden, den du dir getan.

Verlierst du erst Haar und Zahn,
Dann siehst du im wortkargen Spiegel
Die Schrift deines Lebens, die Sigel
Des Stenogramms, dein Diktat
Von Verlust und Verrat.

Es drängt dich, das Bild fortzuwischen,
Schon um das Glas zu erfrischen.
Wär auch, wenn all dies verschwände,
Gläserne Leere das Ende,
Es wäre doch besser bestellt
Um dich, um das Glas, um die Welt.

Die Erde

So sind wir nie allein,
Denn das Gestirn ist immer über uns.
Die Erde trägt,
Sie ist der Betschemel,
Der Henkerblock,
Das Brautbett,
Die Schulbank,
Das Schlachtfeld,
Die Schutthalde,
Die buschige Wiese mit der Quelle,
Der Meeresstrand,
Die Seehütte,
Die Oase in der Wüste,
Der Aussichtsturm,
Der Spielplatz,
Die Arena,

Die Bühne,
Der Markt,
Das Spital,
Der Operationstisch,
Die Börse,
Das Parlament,
Das Gefängnis,
Der Richterstuhl,
Die Kanzel,
Die Opiumhölle,
Das Bordell,
Das Kloster,
Der Konzertsaal,
Der Rennplatz,
Die Tribüne,
Das Panoptikum,
Die Morgue,
Das Museum,
Die Sternwarte,
Die Werkstätte,
Die Milchhalle,
Der Speisesaal,
Das Hotel,
Die Kaserne,
Die Folterkammer,
Die Todeszelle,
Der Richtplatz,
Der Dom,
Die Dorfkirche,
Der Flugplatz,
Das Tollhaus,
Der Spielsaal,
Das Laboratorium,
Sie ist der staubige Weg,
Der Ort des Rendezvous.
Und wo auch immer die Wehen
Ein Weib überfallen,
Da kommt das Kind heraus;
Und wo auch immer ein Mann umsinkt,

Ist Platz zum Sterben.
Und für das Staunen
Und die Langeweile
Beginnt allüberall
Unendlichkeit,
Und wohin auch immer
Der Traum uns entführt,
Er kann die Erde nicht verlassen.
Die Erde ist immer da,
Solange wir von ihr essen.
Überall wächst etwas.
Überall wimmelt und winkt es
Von Kräutern und Tieren.
Sogar unser Inneres
Ist voll damit.
Myriaden!
Eine Orgie der Zahl.
Und in jedem Augenblick
Wird alles versucht,
Was Mensch und Tier vermögen.
Nie ist die Erde müßig.
Immer kreißt sie,
Gebiert, was verrecken wird.
Erzeugt Notdurft,
Die sich an ihr befriedigt.
Öffnet Mäuler,
Die sie stopfen wird.
Streckt Organe aus,
Fühler, Krallen,
Schuppt sich, Fell wächst
Und fällt aus,
Augenlider heben sich, sinken,
Ohren spitzen sich,
Das kriecht, das springt,
Das fliegt, das schwimmt,
Taucht auf und unter,
Atmet, um nicht zu ersticken,
Erstickt, wo kein Atem mehr ist.

Wann werden wir allein sein?

Der Spiegel

Vor unserem Spiegel meisterhaft
Vertauschen wir das Ebenbild.
Ein jeder sich sein Antlitz schafft,
Das Glas ist hart, das Glas wird mild.

Es hat noch nie ein Mensch gewagt,
Zu sehen sein eigenes Gesicht.
Und wenn es doch am Ende tagt,
Dann gibt er auf das Augenlicht.

Prozession der Chimären

Mangel nicht an falschen Lehren
Hat das Menschenvolk geplagt.
Holten sie aus allen Sphären,
Nichts, was trügt, blieb ungewagt.

In den Tempeln, auf Altären
War kein Opfer zu gering.
Eine Wanderung von Chimären
Über diese Erde ging.

Und in diesem Pilgerzuge
Sahn wir manche Holdgestalt.
Balsam floß aus manchem Kruge –
Und nie ward das Feuer kalt.

Pflanzen gaben ihren Segen,
Schierling und der milde Mohn,
Zu erlösen und zu pflegen.
Süßer als der Liebe Lohn

War der Lüge reiche Löhnung.
Und zum letzten Friedensschluß
Fehlte nichts als die Versöhnung
Des Mangels mit dem Überfluß.

Die Sprache

Wenn du, statt an die Macht,
Dich in die Sprache drängst,
In ihr die Lebenspracht,
Die Lebensangst umfängst;

Um keinen Atemzug
Sie Tag und Nacht betrügst:
Erst das ist dir Betrug,
Wenn du auch sie belügst;

Was heimlich an dir nagt,
Gestehst du ihrem Ohr;
Was öffentlich dich plagt,
Bringst du ihr stündlich vor;

Der Knabe hat's gewußt,
Als er zuerst begann;
Er lag an ihrer Brust,
Sein Werk ward sie dem Mann;

Und als das Leben schwand,
Ihr war es zum Gewinn;
Noch im Verfehlen fand
Sie Wahrheit, Wert und Sinn;

Sie wurde zum Ertrag,
Was immer wir versäumt;
Sie fing den schwersten Schlag,
Sie hat sich aufgebäumt;

Ja, auf der Menschenjagd
Ward sie mit uns gehetzt;
Als eine treue Magd
Dient im Exil sie jetzt;

Zu trösten gern bereit,
Zu schmeicheln nie gewillt;
Gegen Verlust gefeit,
Sie unsre Tränen stillt,

Doch läßt sie nimmer Ruh,
Wenn sie die Fehler sucht,
Sie flüstert sie uns zu,
Sie hat uns laut geflucht;

Die Zukunft muß sie schaun
In der Vergangenheit;
Und da wir schon ergraun,
Plant sie die neue Zeit;

Wenn wir vorm Grabe stehn,
Stößt sie uns rauh hinein;
Doch wird sie weitergehn
Und unser Bote sein.

Den eingelebten Ton,
Wenn wir vergangen sind,
Vielleicht hört ihn ein Sohn,
Vielleicht ein Enkelkind;

Der es dann besser weiß,
Als wir es je gewußt:
Wir, Knechte unterm Preis,
Er, frei und selbstbewußt!

Was unser Trotz kaum hielt
Ergriffen scharf am Rand,
Er eignet es, schon spielt
Damit die junge Hand.

Wo in der Zelle hier
Wir bitterlich gefront,
Ihm wuchs sie zum Revier,
Das freies Volk bewohnt.

Ob er uns dann verlacht
Oder freundlich empfängt,
Die wir, statt an die Macht,
Uns in das Wort gedrängt?

Tage und Nächte

Es lebt in mir eine tiefere Schicht,
Die schreibt bei Nacht ihren Tagesbericht.
Wenn ich's am hellen Tage gelesen,
Dann wußte ich: ja, so ist es gewesen.

So war es mit mir; mehr will das nicht sagen.
Mit euch ging's anders in euren Tagen.
Was ich schrieb, wird, wie ich selbst, erbleichen,
Doch andre mögen's mit sich vergleichen.

Da denken sie: dies war seine Stunde,
So heilte, so heilte nicht seine Wunde.
Bei Tage wollt' er es anders wissen,
Nachts hat er es so schreiben müssen.

Unter uns Menschen

Was bleibt? Die eine Geste,
Als du, im Gehen schon,
Mir noch das Päckchen Zigaretten
Ans Bett hinreichtest, wissend,
Ich würde rauchen wollen, wenn,
Wie schon so oft, allein mit mir geblieben,
Obwohl das Rauchen mir den Schlaf vertreibt,
Was du für schlimm hältst. Trotzdem
Reichtest du mir das Päckchen Zigaretten hin.
Und die zweite Geste, wie du mir die Zigaretten
Ein andres Mal wegnahmst, die schädlichen,
Dem unvernünftigen Kind sein Spielzeug
Zur Schlafenszeit entziehend.
            Da gabst du mir nicht nach.

Doch beides, Nachgeben, Nichtnachgeben,
Beides war die Sprache der Liebe
Unter uns Menschen.

Vorüber

Du hast gelebt, Mensch,
Vorüber.
Du hast geliebt, Mensch,
Vorüber.
Du hast gelitten, Mensch,
Vorüber.
Du hast gesprochen, Mensch,
Vorüber.
Du hast geschwiegen, Mensch,
Vorüber.
Weiter gehen wir,
Vorüber,
Wo du liegst, Mensch,
An dir vorüber!
Hast du je gelebt, Mensch?
Vorüber.

Der Lebenslauf

Ich warf meine Kerze in die Nacht,
Das konnte die Nacht nicht entflammen.
Ich dachte mir: bald ist's vollbracht
Und alles ist dunkel mitsammen.

Erst war ein Weg, über den ich sprang,
Aber man geht nicht verloren.
Ich gedenke der Amme, die mir sang,
Sie hatte mich nicht geboren.

ERINNERUNG, DIE SPINNE

Goering

Ein dicker Mann steht vor dem Weltgericht:
Seht! Zwei Gesichter bilden ein Gesicht:

Weltkugel ist sein Bauch und alles fressend,
Rund um den Umfang fast drei Bäuche messend.

Ja, dort hat er in grausen Niederungen
Europas Fleisch zu seiner Zeit verschlungen.

Ihm wuchs der Wanst, sich dreist zu überheben.
Europa war dem Würger preisgegeben.

Er lebte hoch, so vieler Würden Träger:
Ein Stellen-, Pfründen-, Orden-, Menschenjäger.

Leutseliger Herr, lächelnder Folterknecht,
Marschall und Diebsgesell, Karpfen und Hecht.

Singvögel hielt er, hold zu übertönen
Des Volkes Seufzer und der Opfer Stöhnen.

Der reichste Unternehmer, Wirt und Planer.
In jeder Art Geschäft der kundigste Thebaner.

Protektor des Theaters und der schönen Künste,
Brandstifter, ein verliebter Kenner aller Brünste.

Sammler von Köpfen, Bildern, Uniformen,
Medaillen auf dem Busen, dem enormen.

Und fand doch Zeit, die Luftflotte zu rüsten,
Städte in Schutt zu legen, Länder zu verwüsten.

Wir sahn, wie er in München sich die Hände rieb,
Als die betrogene Welt ihr Todesurteil unterschrieb!

Falstaff und Massenmörder: zwei Gesichter!
Zieht *einen* Strich durch beide, o gerechte Richter!

Der Werdende

In die Dinge vorgetreten
Bis an ihren schärfsten Rand,
Hat er aufgehört zu beten,
Hat gefunden, was ihn fand.

Hat verlernt, was ihn vergessen,
Hat erinnert, was erst kam.
Und sein Pulsschlag lernte messen,
Was ihm oft den Atem nahm.

Immer näher, immer bunter
Floh ihn die vollbrachte Zeit.
Ging sein bestes Lieben unter,
Ward ihm oft der Weg zu weit.

Weiter half ihm da sein Hassen,
Brannte ihn wie Liebesnot.
Ach, im Nein war zu erfassen,
Was sich als Versagung bot.

Haß wie Liebe, beide schwinden,
Wenn sie ihren Dienst getan.
Mögen seine Kinder finden
Die von ihm verfehlte Bahn!

Eingewirkt ins äußere Handeln
War das innerste Gefühl;
Tätig-leidendes Verwandeln
Zwischen heiß und kalt und kühl.

Keiner blieb an seinem Orte
Unversehrt und unvertauscht.
Und aus jedem unserer Worte
Hat ein neuer Sinn gelauscht.

Werden war die schönste Tugend,
Unser einziges Gedeihn.
Wir verschwendeten die Jugend,
Um im Alter jung zu sein.

Die Karawane

Wo keiner wach war als nur ich –
So sprach ein überalter Mann –,
Hört' ich, wie schwer mein Atem schlich
Bergab, bergan.

Das war gewiß kein anderer.
Es konnte keiner sein, nur er.
Mein Atem war der Wanderer
Und ging so schwer.

Er brauchte meinen Puls als Stab,
Klopfte damit den Weg entlang.
So gingen sie zu meinem Grab
Und gingen bang.

Auf diesem Weg nicht Baum, noch Strauch,
Frostig schien eine Sonne hier.
Doch fühlt' ich meinen Schweiß, er auch
Wachte mit mir.

Nun waren wir mehr Leute schon:
Ich selbst, mein Atem, schwer und träg,
Der kalte Schweiß, der harte Ton
Des Pulses auf dem Weg.

Die ganze Karawane da,
Strebten wir schrittweis, Tag wie Nacht,
Dem Ziele zu, das Ziel schien nah,
Näher als ich gedacht.

Ich werde rasten, Atem sprach;
Der Schweiß: ich werde trocknen dort.
Der Puls: wart nur, bis ich zerbrach –
Du bist am Ort.

So spät

So spät ist es noch nie gewesen
Und noch nie so früh.
Die Zeitung und die Uhr zu lesen,
Lohnt nicht mehr die Müh.

Es hat die neue Zeit begonnen
Und die alte ging.
Am künftigen Tage wird sich sonnen
Raupenpelz und Schmetterling.

Es läuft das Garn von mancher Spule,
Wie es immer lief.
Sind Knaben auf dem Weg zur Schule,
Einem sitzt die Mütze schief.

Säumt nicht, die Wälder aufzuforsten,
Die der Kriegsbrand fraß!
Dort, wo die Erde aufgeborsten,
Wächst schon wieder Gras.

Ach, von den Jungen, von den Alten
Wer nimmt dann meinen Platz?
Einer wird die Rede halten,
Und ich hör keinen Satz.

Schnee

O weh, o weh,
Die Welt ist bald voll Schnee.
Die Schaufeln werden scharren,
Die Wagen Schneelast karren.
O weh, o weh,
Mein Bett ist bald voll Schnee.

Noch hab ich junge Glieder.
Der Sommer, der kommt wieder.
Wir siegten gegen die Gewalt,
Doch nun sind meine Glieder kalt.
O weh, o weh,
Bald bin ich selber Schnee.

Spätes Epigramm

Wer älter wird, sieht die Welt
Jünger werden,
Die nicht mit ihm vergreist.
Alt war sie einst dem Knaben,
Ur-uralt: er sah sie
Bevölkert mit Ichthyosauren.
Disteln waren Könige von Gog und Magog,
Wolken drohende Riesen, auf einem Beutezug begriffen,
Wie sie da hinzogen, und jede Nacht
Das Chaos vor der Geburt des Lichts.

Die Narrenjacke

Die Narrenjacken der Zeit, mit Seide auswattiert,
wir haben sie voll Stolz getragen.
Zwangsjacken wurden draus, mit Blut beschmiert,
in den herangewachsenen Tagen.

Spinnweb

Spinnweb, Spinnweb, o verbinde
Wunden, mir zu früh geschlagen,
Mir wie jedem Menschenkinde
In vergessenen Kindheitstagen!

Spruch

Immer müssen wir auf der Hut sein!
Was mir so leicht ward, sollte das gut sein?
Wo ich mich aber am schwersten bemühte,
War, was gelang, von nur halber Güte.

Die Sommerreise

Nachhause geht die Sommerreise.
Da fahr ich wieder die Geleise,
Die ich zurückgelassen habe,
Zurück – gelassener – zu Grabe.

Spruch von der Vergeltung

Vergeltung wandert oft auf lahmem Fuß,
Umwege nimmt die Rache, wenn sie muß.
Die Schalen Recht und Unrecht in der Welt
Zögern, eh Gleichgewicht den Zeiger stellt.

Besser geschäh es aber später als nie!
Wer Recht sucht, fürchte falsche Harmonie,
Und lieber dulde er langen Verzug
Als friedenswilligen Selbstbetrug.

Zerstörte Stadt

Heimkehrer erkennen die Stadt nicht mehr,
Sie blicken hin, sie raten her,
Welcher Schutthaufen welcher Palast gewesen.

Die Zeit nimmt aber ihren Besen
Und kehrt gewaltig die Trümmer hinaus:
»Da, Zukunft, baue du dein Haus!«

Die Wiederkehr

Nichts holder als die Wiederkehr,
So pfiff der Vogel Nimmersatt.
Der Draußenweg war weit und schwer,
Nun nähert sich die alte Stadt.

Spur weißen Schnees und schmutzigen Schnees.
Die Straßen sind's, die ging ich oft.
Es ist die Stadt des Jugendwehs.
Hier habe ich umsonst gehofft.

Nichts schlimmer

Nichts schlimmer als ein hastiger alter Mann.
Sogar ein Wüstling mit ergrautem Haupt
Ist allen Ansehns nicht so sehr beraubt,
Wie er, der seinen Schritt nicht zügeln kann.

Was rennt er denn, als wäre Feuersnot,
Als brennten seine Kleider, seine Haut,
Als wäre ihm die schnellste Botschaft anvertraut?
Er kommt ja doch zurecht zu seinem Tod.

Ruhiger Schlaf

Das tiefste Schlafglück meiner Tage
barg jener Zehnminutensaum.
Auch nicht der Anhauch einer Plage
fand im gelösten Atem Raum.

So ausgeglichen hing die Waage,
als zögen die Gewichte kaum.
Die Zeit genas vom Uhrenschlage,
auf dem Gewissen wuchs ein Flaum.

Die Kinder

Was haben unsre Kinder gesehen
und sind daran nicht erblindet!
Wir können nicht, was sie denken, verstehen
und wie ihr Herz es begründet.

Das wächst jetzt weiter in ihnen und treibt.
Sie bleiben. Wir aber sterben.
Wir haben es ihnen einverleibt.
Nun gehn wir. Sie sind die Erben.

Wir hatten es warm, sie haben es kalt.
Sie wohnen in unsern Ruinen.
Und haben sie unsre Schulden bezahlt,
wieviel bleibt dann ihnen?

Der Heimgekehrte

Daß sie vergessen,
Was sie verbrochen haben,
Erregt seine Verwunderung,
Kann er doch nicht vergessen!
Aber die Vergeßlichen
Sind auch die Lebendigen.
Und er sieht ihnen zu,
Wie sie aus den Trümmern hervorkriechen
Und wieder zu bauen beginnen.
Er kam, um Abschied zu nehmen,
Kam zurecht, ach,
Zu seiner eigenen Grablegung.
Sie aber sind im Begriff aufzuerstehen
Mit all ihren Sünden!

Judengrab

Nicht in Jerusalem
Will ich gebettet sein.
Nicht am Berg Horeb
Raste mein Gebein.

Nein, in der Welt zerstreut,
Auf fremden Wegen
Soll man mich unbesorgt
Irgendwo niederlegen.

Nicht wo mein Vater blieb,
Nicht wo die Söhne wandern,
Begrabt mich, wo ich sterbe,
Bei allen andern.

Grabspruch

Geh vorüber, denn hier liegt ein toter Jude.
Schon im Leben war er nur ein toter Jude.

Jetzt im Tode ists, als ob er lebte,
er, der immer nur gestorben lebte.

Aber geht vorüber, fremde Füße!
Immer sah er nur die fremden Füße,

die ihm übers Herz empfindlich gingen,
es war besser, wenn sie weitergingen.

Schrecklich war es, wollten sie verweilen,
und so soll'n auch jetzt sie weiter eilen.

Lerchentod

Von einem Tode träumte ich, der stieg
Als eine Lerche trillernd in die Luft.
Zu diesem Tode sprach ich: Vogel, flieg
Und dreh mich ohne Atemnot aus dieser Gruft.

Leih du mir deinen grauen Lerchenflügel
Und hebe mich mit dir empor,
Bis ich die Erd und meinen Grabeshügel
Auf luftiger Spur aus Blick und Wunsch verlor.

1950

Sie sagen, das Jahr sei neu –
aber es ist das alte,
das von Flüchen schallte
und von Kriegsgeschrei.

418

Schöngegend

Wo saß der Mord, gedungen als ein Knecht,
Auf welchem Baumstrunk der geliebten Wälder?
Blutspur der Opfer führte auch durch diese Felder.
Geschlossnen Auges standen diese Hügel da.
Schneeberge übten sich im großen Schweigen.
Und dennoch wissen wir, was hier geschah,
Und grauenhafte Schreie hören wir im Frühlingsreigen.

A.E.

Auch du, Bitterer, hast sterben gemußt,
ertaubt, atemberaubt,
mit welken Schläfen.

Daß wir beide uns noch einmal träfen,
hab ich gehofft, uns auszusprechen,
ohne uns auszureden, unserer gegenseitigen Schwächen
weise bewußt, zwei Indianer wir,
Häuptlinge, ohne der Kriegsbemalung Zier,
nur alt, nur weise,
ein Stelldichein vor unserer letzten Reise.

Aber wie das so geht:
Es war bereits zu spät.

Kindergebet

Das Jahrhundert drehte sich um
Und zog eine blutige Spur.
Ich war ein Kind und betete stumm,
Erschreckend schlug die Uhr –

Betete um Abel, den Sohn
Von Adam, dem ersten Mann.
Und Kains Schatten kam näher schon.
Und das erste Menschenblut rann.

Betete um Isaak, den Sohn
Von Vater Abraham.
Und ich sah das Opfermesser drohn,
Eh es Gott aus der Hand ihm nahm.

Der Knabe weinte, der Opferstein
Ward von seinen Tränen naß.
Ich lag im Bett – mein Herz schlug allein –
Und die große Angst war das.

Betete um Joseph, Jakobs Sohn,
In einem Scharlachrock,
Von den Brüdern verkauft um billigen Lohn,
Und sie schlachteten einen Bock.

Und von dem Bocksblut war durchnäßt
Josephs Scharlachgewand.
Und Jakob hielts an die Brust gepreßt,
Und es bebte die alte Hand.

Betete um Daniel: die Löwin war
Ihm furchtbar freundlich gesellt.
Ihre Lefze spielte an seinem Haar.
Fühlt sie: er ist Gottes Held?

Betete um Moses – es schüttelt der Wind
Das Schilf, das ihn bedeckt.
Moses, du bist ein Königskind,
Wenn die Pharaonin dich weckt.

Und Mirjam, die Judenschwester, stand
Und hielt am Ufer die Wacht.
Sie hört' der Prinzessin Schritt und Gewand –
Ich hörte es auch in der Nacht.

Betete um Simson, den Blinden, der singt
Und die schreckliche Mühle dreht.
Eines Stieres Schnauben und Stöhnen dringt
Sein Lied in mein Gebet.

Betete um David, den Flüchtling: er lauscht
In der Höhle, wo er ruht.
Ist es der Sturm, der da draußen rauscht
Oder seines Königs Wut?

Des Königs Atem ist es, Saul ruht
In der Höhle vom Schlaf gefällt.
Und David schont seines Königs Blut,
Den der Schlaf in Fesseln hält.

Und der schwere Atem des Königs stieg
Und fiel in meiner Nacht.
Und ich weinte über Davids Sieg.
Großmut schlug diese Schlacht.

Und ich betete um den Menschensohn,
Der ein König der Juden hieß.
Und ich sah ihn erleiden der Menschen Hohn,
und den Landsknecht, der ihn durchstieß. –

Das Jahrhundert drehte sich um und um
Und zog eine blutige Spur.
Ich war ein Kind und betete stumm.
Und erschreckend schlug die Uhr.

Wien, episch

Endlose Gänge durch die Nächte
Einer kleinen, halbitalienischen Stadt,
Des innern Wien. Die Wälle sind geschleift,
Doch fühlst du ihren Schutz noch.
O diese Frühlings- diese Sommernächte
Sie schienen unerschöpflich. Unerschöpft
Trug uns die Lebenswelle in den Morgen,
Bis daß die großen Bauernpferde ihre Wagen
Bedächtig Schritt für Schritt zum Markte zogen.
Voll mit Gemüse, Blumen, Frauen
In Kopftüchern, die Zügel hingen schlaff,
Die Männer auf dem Bocke schnalzten
Mit ihren Zungen, brauchten keine Peitsche.
Wenn dann die Stadt erwachte, schliefen wir
Bis in den hohen Mittag, ohne Traum,
Zu tief erschöpft, als daß wir Träume hielten.
Im Wachen war geträumt bis auf den Rest,
Der zu gering war, um ihn einzuholen.

Die endlosen Gespräche dieser Nächte!
Wortkämpfe, Schwärmereien, Illusionen.
Wir wußten damals um den Untergang
Der Welt, in der wir Knaben leben sollten.
Wir sahn kein Amt und kaum einen Beruf
In diesem Reiche, das dem Tod geweiht war.
Die vielen Kirchen standen heimlich offen,
Wir traten manchmal in ihr Dämmer ein
Als fremde Gäste, sahen Frauen knien,
Auch Männer knieten, einer warf sich hin,
Andere kamen rasch und sanken nieder,
Schlugen ihr Kreuz, erfrischten sich in Eile
Und liefen wieder in den Tag zurück.
Auch hörte man ein Schluchzen, halblaut floß
Die Litanei des Priesters am Altare
Wie eine öffentliche Brunnenquelle.
So flossen viele Brunnen in der Stadt,
Und viele Pferdehufe klapperten

Die andere Litanei, die des Verkehrs.
Wir aber hörten's nur mit halbem Ohr.
Die Schule schwänzten wir. Latein und Griechisch
Schien uns vertraut, kaum daß wir daran nippten.
Homer und Caesar, Livius, Xenophon.
Schicksale des Odysseus und Aeneas,
Der Umgang zwischen Göttern und den Menschen,
Die ihren Göttern leidenschaftlich glichen
In Gier und Eifersucht, in heißem Neid.
Das nahmen wir wohl auf, uralte Kämpfe,
Leichter verständlich als das wirre Siechtum
Des Reiches, das wir langsam sterben sahen.
Wir scharten uns um seinen Widerpart.
Besuchten beides: Das Arbeiterheim
In Favoriten, wo am Sonntag die Familien
Der Proletarier sich gesellig trafen.
Wir fühlten uns wie Gracchen. Aber dann
Wie Alkibiades, wo die Zigeuner
Der reichen Kundschaft in die Ohren geigten,
Halbnackte Frauen auf kleinen Marmortischchen
Mit den berauschten Offizieren Czardas tanzten,
Und jener Eierschädel mit dem Geierschnabel,
Des welke Hand an jeden Busen griff,
War ein Graf Czaki: Der Champagner floß.
Wir kamen von den Arbeitergesichtern,
Die nicht von rosigen, gedämpften Lampen,
Doch von der Zukunft angeleuchtet waren
Und fester standen in der weiten, wiener Luft.
Die würden's übernehmen, wenn der Kehraus erst
Des ewigen Walzerfaschings ausgetanzt war.
Doch das ging uns zu langsam. Nein, wir glaubten
Nur an die Hochzeit heißeren Vollzuges!
Die wenigen Tage des Urchristentums,
Wie das römische Reich verworfen ward
Im Jahre eins, von ein paar Fischerleuten.
Von da an nichts bis zur Revolution,
Dem Jahre eins aufrauschend in Paris
Wieder nur wenige Tage feurigen Vollzuges,
Wo Geist und Macht, durch einen Blitz gereinigt,

In eins verschmolz, woraus die Tat entsprang,
Die erst das Leben wahr zum Leben machte.
Wir aber lebten im verfallenden Athen.

Wir hatten unsern Sokrates, den Satyr,
Geteilt in zwei. Der eine war ein Dichter,
Epigrammatiker des leichten Lebens
Im griechischen Sinne, der es liebte, lobte,
Zugleich verwarf. Der auf allen Plätzen
Zu sehen war; der in den Bordellen
Die Mädchen tanzen lehrte; und die Damen
Im Kurpark nach dem Sinn der Liebe fragte;
Sich hingab an die kindliche Gestalt
Als ein verzückter Schwärmer; dann in Hohn
Und Haß als ein Diogenes
Laut eifernd dieses eitle Treiben schalt,
Das seinen Dichter als den Kuppler zahlte:
Der mit dem Schoß der Frau, dem Schoß der Stunde
Sie eifernd einigte, sie anzugeilen;
Der sich verlachte, weil er ihnen diente,
In seinem Zorn ein Hanswurst ihrer Laune.
Er wußte um die Armut, doch die Reichen
Hatten die Schönheit inne und die Muße,
Sie zu genießen, aber nicht den Geist.
Sie zu ertragen, ihren Müßiggang,
War nur dem Trinker möglich, und er trank
In eifernder Verzückung sich zutode.
Der Krieg verschlang das Scheinen dieser Welt.
Ein blutiges Ende kam der Faschingslaune.
Im trüben Nachher tauchte noch die Glatze
Des Sehers bleich empor, wie eine Nachtlampe
Am trüben Tage, bis auch sie verlosch.
Ein Grieche und ein Urchrist – ach, ein Wiener.

So suchte jener zu verklären, zu heiligen
Den allerletzten Augenblick.
Besinnung und Genuß in Wechselschauern,
In Explosionen, anfallsweise.
Ein Diätetiker des Leibes und der Seele,
Ein Eremit im härenen Kleide,

Ein Marat und ein Bordellbesucher,
Ein Kavalier, dessen Champagner andre zahlten,
Ein Lyriker, ein Bettler, armer Vetter
Des Kapitals, das hohe Zinsen abhob,
Im Abhub der Gesellschaft ein Prinz Heinz,
Der nie zur Macht kommt; ein Hauslehrer,
Der vor den unmündigen Töchtern
Die Harfe schlug: ein sublimierter Sünder:
Das Sittlichkeitsverbrechen seiner Klasse,
Die sich am Gut und Leib des Volks vergriff,
Ward in ihm Schönheitskult und Bußpredigt,
Bevor er zu Gericht geladen wurde,
Zum Weltgericht!

Sumpf des Vergessens

Vor dem Vergessen
Kann nichts mich erretten,
Es wächst um mich, ein Sumpf,
Und frißt mich mit Stiel und Stumpf.

Vergessen sollst du sein,
Hör ich es glucksen
Und wag mich nicht zu mucksen,
Am Ende schlaf ich ein.

Erst schlafen die Füß ein, der rechte, der linke,
Während ich tiefer im Sumpf versinke.
Dann lähmt es mir die beiden Hände,
Der Mund, die Augen machen das Ende.

Hier war einer, noch gestern, noch vor Stunden,
Seines Weges wird keine Spur gefunden.
Meide, meide, Geselle,
Die Mensch gewesene Stelle.

Straßenecke in Wien

Wenn ich hier im Schwarm verloren gehe,
Wo der Knabe einst verloren ging,
Komm ich plötzlich still in seine Nähe
Drüben schleicht er, an Gestalt gering;

Jener Knabe, dem ich damals glaubte
Wie mir selbst, denn er war ich,
Als er durch die noch nicht so beraubte,
so verarmte Straße schlich.

Ja, dort seh ich ihn mit der Matrosenmütze
Von vorzeitigen Gedanken schwer.
Ohne Acht tritt er in eine Pfütze,
Blickt dabei nicht zu mir her.

Gerne möcht ich seinem Vater schreiben,
Der mein eigner Vater war.
Dieser Brief wird ungeschrieben bleiben,
Adressat wohnt im verfallenen Jahr.

Schad, jetzt könnte ich dem Vater sagen,
Was der Knabe einst verschwieg.
Bin mit Stummheit länger nicht geschlagen,
Führ nicht länger mit dem Vater Krieg.

Nicht mehr eingemummt in trotziges Zaudern,
Wie es einem Knaben frommt,
Könnten jetzt wir beiden Alten plaudern
Über das, was war, und das, was kommt!

Auf dem Weg zurück, aus fremden Zeiten
In nur immer fremdern angelangt,
An der Straßenecke der Vergangenheiten,
Wo dem Vater wie dem Sohn gebangt,

Sind's jetzt beide, die ich in mir habe,
Der ich so wie sie verloren ging,
Bin der Vater, bin zugleich der Knabe,
Sehe mich hier schleichen, an Gestalt gering.

Wiener Pflaster

Ich trete Wiener Pflaster,
es kennen's meine Schuh.
Rundbogen und Pilaster
sehn mir gelassen zu.

Die feisten Karyatiden,
die auf den Sockeln stehn,
sie scheinen es zufrieden,
daß sie mich wiedersehn.

Verödet sind die Gärten,
ich wag mich nicht hinein,
des Kinderlandes Fährten
führen durch Wüstein.

Tritonen und Najaden
im bauchigen Steingewand,
zwar manche litten Schaden,
doch viele hielten stand.

Pestsäule ragt am Graben,
von Bomben unversehrt.
Nicht alle Seuchen haben
den Rücken uns gekehrt.

Heute ist Schnee gespreitet,
nahm lautlos überhand,
und weiße Unschuld breitet
sich über Stadt und Land.

Erinnerung, die Spinne

Schließt mich nicht aus, Zukünftige,
weil ich Vergangenheit aus meinem Leibe ziehe,
den dünnen Faden, ich,
Erinnerung, die Spinne.

Laßt mich auf euren Rosenhecken laufen!
Erschlagt mich nicht, nur weil das Sprichwort sagt,
daß ich am Morgen Sorgen bringe.

ANHANG

Editorische Notiz

Über den Editionsplan, einige Prinzipien und Voraussetzungen der Berthold Viertel-Studienausgabe in vier Bänden informiert die „Editorische Notiz", 323-326, des ersten Bandes, „Die Überwindung des Übermenschen". Der vorliegende dritte Band vereinigt unter dem Titel „Das graue Tuch. Gedichte" die vier von Berthold Viertel zu seinen Lebzeiten selbst herausgegebenen Gedichtbände („Die Spur", 1913; „Die Bahn", 1921; „Fürchte dich nicht!", 1941; „Der Lebenslauf", 1946) mit vier vom Herausgeber zusammengestellten Sammlungen aus dem Nachlaß und aus Zeitungsdrucken („Frau im Traum. Gedichte bis 1921", „Aus Lebenden und Toten. Gedichte 1922 bis 1938", „Schlaflosigkeit. Gedichte 1939 bis 1945", „Erinnerung, die Spinne. Gedichte 1945 bis 1953"). Die Titel dieser Sammlungen wurden jeweils nach dem Titel eines der in ihnen enthaltenen Gedichte gewählt. Der Titel des Bandes wurde dem Gedicht „Das graue Tuch" (aus dem Abschnitt „Österreichische Elegie" in „Fürchte dich nicht!") nicht allein deshalb entlehnt, weil dieses Gedicht für Viertels im Rückgriff vorwärtsschreitende Lyrik charakteristisch ist (zumindest in thematischer Hinsicht), sondern auch darum, weil die Vorstellung von der Materiatur eines rauhen und doch wärmenden Tuches spezifischen Qualitäten der Lyrik Viertels gemäß scheint.

Viertel hat wiederholt Gedichte, die er in früheren Sammlungen bereits veröffentlicht hatte, in seine späteren Sammlungen unter anderen Titeln und mit Kürzungen und Veränderungen wiederaufgenommen. Solche Gedichte sind in diesem Band nur in der früheren Fassung abgedruckt; auf die späteren Fassungen und deren Abweichungen wird im Glossar verwiesen.

Orthographische Eingriffe in die Texte waren kaum erforderlich. Die Schreibweise der Versanfänge wurde nicht vereinheitlicht. Während in den von Viertel publizierten Gedichtbänden eine Verszeile immer mit einem Großbuchstaben beginnt, hielt sich Viertel in den Handschriften, vor allem in den späteren Jahren, immer weniger an diese Konvention.

Berthold Viertel hinterließ insgesamt etwa 2.500 Gedichte, Gedichtfragmente und -variationen nicht eingerechnet. 481 der Gedichte sind in diesem Band versammelt. 365 stammen aus den vier Gedichtbänden Viertels, 116 aus dem Nachlaß und aus Zeitungsdrucken. Der Herausgeber erhebt nicht den Anspruch, mit seiner Auswahl alles Wertvolle aus dem lyrischen Nachlaß Viertels publiziert zu haben.

Von den etwa 2.500 Gedichten ist eine beträchtliche Anzahl nur bedingt publizierbar. Viertel hat es nie verschmäht, Gelegenheitsgedichte zu schreiben, zu Geburtstagen oder Theaterpremieren; die meisten von ihnen haben heute nur mehr dokumentarischen Wert. Mitunter jedoch wurde Viertel die Gelegenheit zum Anlaß, und es entstand in weiterer Bearbeitung ein wirkliches Gedicht. Außer auf viele mit gutem Gewissen zu vernachlässigende Gelegenheitsgedichte mußte auch auf Gedichte verzichtet werden, in denen großartige Verse neben Unfertigem und Beiläufigem stehen, Gedichte also, die noch einer Bearbeitung oder eines Kommentars bedürften. Dazu kommen die Gedichte, die starke thematische Parallelen zu anderen, bereits veröffentlichten Gedichten aufweisen. Dennoch verbleiben viele Gedichte im Nachlaß, deren Aufnahme in diesen Band nur aus Platzgründen nicht möglich war.

Mit vielen seiner Gedichte hat Berthold Viertel durch Jahrzehnte weitergearbeitet, sie in neue Zusammenhänge gestellt, kritisch revidiert, auf den poetische Kern reduziert, verworfen und wieder aufgenommen. Viertel füllte daher nicht einfach ein Gedichtheft nach dem anderen, sondern hat seine Gedichte immer wieder selbst in neuen Heften zusammengeschrieben.

So sind die Gedichte in den im Nachlaß vorhandenen Heften meist schon von wo anders abgeschrieben. Nur in manchen Fällen kann der Weg eines Gedichts weiter zurückverfolgt werden, zu früheren Gedichtheften etwa, oder zu Entwürfen in den Tage- und Notizbüchern, oder zu erhalten gebliebenen Aufzeichnungen auf losen Blättern.

Oft bearbeitete Viertel die Gedichte, die er in neuen Heften zusammentrug, schon beim Abschreiben weiter; häufig sind zusätzliche Änderungen und Korrekturen in den Heften vermerkt. Die Tendenz zum Festhalten und Weiterentwickeln bestimmter Gedichte konkurrierte bei Viertel mit der Neigung zu zyklischen Entwürfen, die ohne rasche Vollendung der einzelnen Gedichte nicht verwirklicht werden konnten.

Viertel schrieb, wenn er an einem Gedichtzykus arbeitete, in wenigen Wochen Dutzende Gedichte. Freilich hat Viertel jeden seiner rasch fertiggestellten Gedichtzyklen später wieder in seine Bestandteile aufgelöst; kein einziger von ihnen ist veröffentlicht.Die rasche Folge der ersten Entstehung bedeutet jedenfalls nicht, daß Viertel das Gedichteschreiben leicht von der Hand ging. Der weitere Gang der Herausentwicklung war mühsam, erstreckte sich über Jahre und manchmal über Jahrzehnte; und viele Gedichte Viertels sind nie zu einem Abschluß gekommen.

Wahrscheinlich hat Viertel, wenn er neue Gedichthefte anlegte, das eine oder andere ältere Gedichtheft ‚aufgelöst', d.h. vernichtet. Dadurch entstehen Schwierigkeiten der Datierung, denn Viertel hat seine Gedichte nur ausnahmsweise datiert. Die Datierung der Gedichthefte selbst, soweit sie überhaupt erfolgte, richtete sich aber eher nach dem Zeitraum der Zusammenstellung. Z.B. ist das Heft „Gedichte. Gesammelt 1930" sicher im Jahr 1930 begonnen worden, doch enthält es viel früher entstandene Gedichte neben solchen, die frühestens 1933 entstanden sein können. Die Datierung eines Gedichtheftes sagt daher nur sehr bedingt etwas über die Entstehungszeit der einzelnen Gedichte aus.

Die bisher bekannt gewordenen Gedichthefte sind bis auf ein Heft Liebesgedichte, das nicht eingesehen werden konnte, im Deutschen Literaturarchiv als Depositum Elisabeth Viertel-Neumanns verwahrt. Daneben existieren, wie bei den „Autobiographischen Fragmenten", zahlreiche Typoskripte, mit und ohne handschriftliche Korrekturen und Zusätze Viertels.

Für Unterstützung, Rat und Hilfe dankt der Herausgeber in erster Linie Siglinde Bolbecher und Elisabeth Viertel-Neumann, dann Johann Holzner und dem Fonds zur Förderung der wissenschaftlichen Forschung in Wien, Friedrich Pfäfflin und den MitarbeiterInnen des Deutschen Literaturarchivs, Emmerich Kolovic und der Hermann Hakel-Gesellschaft, Wien.

Im Glossar und Nachwort gebrauchte Abkürzungen

B.V. – Berthold Viertel

DLA – Deutsches Literaturarchiv, Marbach am Neckar

DLA/Deposit – Depositum Elisabeth Viertel-Neumann im DLA

DuD – Berthold Viertel: Dichtungen und Dokumente. Hg. von Ernst Ginsberg. München: Kösel-Verlag 1956

DÜdÜ – Berthold Viertel: Die Überwindung des Übermenschen. Exilschriften. Hg. von Konstantin Kaiser und Peter Roessler in Zusammenarbeit mit Siglinde Bolbecher. Wien: Verlag für Gesellschaftskritik 1989. (Berthold Viertel-Studienausgabe. 1)

E.N. – Elisabeth (Viertel-)Neumann

H. – Heft

Hg., hg. – HerausgeberIn, herausgegeben

KeC – Kindheit eines Cherub. Autobiographische Fragmente. Hg. von Siglinde Bolbecher und Konstantin Kaiser. Wien: Verlag für Gesellschaftskritik 1991. (Berthold Viertel-Studienausgabe. 2)

Nachlaß H.H. – Nachlaß des Schriftstellers Hermann Hakel, Wien

Nr. – Nummer

P – Premiere

S. – Seite, Seiten

S.V. – Salka (Salomea) Viertel

Die Jahrgänge von Zeitschriften sind immer in römischen Ziffern angegeben. Die Wendung „in diesem Band" verweist immer auf den vorliegenden Band 3 „Das graue Tuch" der Berthold Viertel-Studienausgabe. Die Anführungszeichen »...« sind dann eingesetzt, wenn im Original bereits vorhandene Anführungszeichen wiedergegeben werden sollen. Als wahrscheinlich wird im Glossar bezeichnet, was mit ziemlicher Sicherheit feststeht; als vermutlich, wofür einzelne Indizien sprechen. Ist eine Stelle in einer im Glossar zitierten Strophe oder Verszeile fett hervorgehoben, weicht sie von der im Textteil gedruckten Fassung ab.

GLOSSAR

Die Spur

Die Spur. (Gedichte). Leipzig: Kurt Wolff 1913. 58 S. – Auf der Copyrightseite findet sich der Vermerk: „Dieses Buch wurde gedruckt im Oktober 1913 als dreizehnter Band der Bücherei ›Der jüngste Tag‹ bei Poeschel & Trepte in Leipzig".

Am 7.10. 1912 schrieb Viertel an den Jugendfreund Hermann Wlach: „Mein Lyrikbuch ist fertig und geht dieser Tage an den Verlag." Lektor des Buches war Franz Werfel. Das von B.V. vorgelegte Manuskript war erheblich umfangreicher als der ein Jahr später gedruckte Band. Das Buch fand Anerkennung, erzielte aber keine breitere Wirkung. Am 13.11. 1913 schrieb B.V. an Anton Wildgans und bat ihn, sich zu dem Gedichtband zu äußern: „Glauben Sie mir, ich bin ein Outsider! Die derzeitige Wiener Literatur hole ich mit meinen allzueinfachen Darbietungen hinter keinem Ofen hervor. Deshalb täte es not!!"

In der „Neuen Freien Presse" (Wien) schrieb Hugo Wolf: „Georg Trakl und Heinrich Nowak reichen schwerlich an Viertels Erwachsenheit und vornehme Bändigung. Man spürt: er kennt seine Erlebnisse durch und durch, er könnte den Grund der Dinge bis auf die kahlen Rippen entkleiden, aber er nützt seine Wissenschaft nicht aus, zart hebt er nur den Schleier und läßt wunderbare Zusammenhänge ahnen. Eine Verlorene küßt ihm nachts die Hand, einen alten Heuer findet er im Straßenkot und daran knüpfen sich – weiter, immer weiter – Erinnerungen, Philosophien, Mahnungen, Bedenklichkeiten, und auf einmal siehst du einen Vorhang, gestickt aus Freuden und Schmerzen, dünn, und zwischendurch schimmert das Unendliche, Unausgesprochene, Nieauszusprechende." („Neue Lyrik", 14.12. 1913, S. 35).

Gleichsam als Vorrede für eine Neuausgabe konzipierte B.V. vermutlich nach 1945 den in DuD, 319-321, unter „Autobiographische Fragmente" abgedruckten Text „Pro domo oder über meine Herkunft":

„... wenn mir ... heute ein schmales Gedichtbuch in die Hände kommt, das »Die Spur« hieß, und mein eigenes war: dann werde ich der merkwürdigen Stimmungen gewahr, die bereits vor dem ersten Weltkrieg die Gemüter – nicht nur meines – ergriffen hatten. Meine lyrischen Bekenntnisse, soweit sie veröffentlicht wurden, begannen mit der Lebensbilanz vierzehnjähriger Selbstmörder, die also dem Tod auf dem Schlachtfeld ein Prävenire gespielt hatten. Das war damals gut bürgerlich, als junge Proletarier hätten wir uns wohl dem Kampf des Lebens tatkräftiger gestellt. Der Bevorzugte, der Gymnasiast, empfand schon auf der Schule das »taedium vitae«, das Freud als ein »Unbehagen in der Kultur« prognostiziert hat. […] So traten wir unser humanistisches Erbe an, das Erbe der europäischen Kultur, die nicht nur unter unseren Füßen, die vorerst in unseren Köpfen zu wanken begonnen hatte. […] Wir fühlten uns eher als Anarchisten, ja als Nihilisten, denn als Verklärer eines Sonnenunterganges, den wir bereits als Untergang der Gesellschaft begriffen. Auch war uns die sozialistische Hoffnung auf eine fundamentale Erneuerung nicht fremd geblieben. Aber sie hatte uns nur gestreift. […] Als junge Männer, die mit beglaubigter Schulbildung ins Leben entlassen worden waren, lebten wir zwar nicht in der Gesellschaft, sondern an ihrem Rande, meditierende Spaziergänger an einem Abgrund. Wir entschlossen uns nur schwer, uns einzureihen und einen Beruf zu ergreifen, als ahnten wir die so nahe bevorstehende Unterbrechung. Die schmale Spur, die meine Gedichte damals zogen, war die eines solchen apokalyptischen Spaziergängers, eines früh Entfremdeten, der, wenn er segnen und lieben, nicht aber hassen und fluchen wollte, es nur zu einer halb sehnsüchtigen, halb abwehrenden Gebärde brachte, die mehr Angst als Hoffnung verriet. […] Dieses passive Erleiden war es, was ihn nicht auszeichnete; was ihn aber vorbereitete auf das, was kam.‘

17 *Widmung* – die Widmung für Grete V. gilt B.V.s erster Frau Dr. Margarete Ruzicka, die er am 24.11. 1912 geheiratet hatte.

21 *Vanitas* – (lat.) Vergeblichkeit. Handschrift im Heft „Frühe Gedichte … 1900 – 1922“, DLA/Deposit. Nr. XVII des Zyklus „Die Welt des Knaben (1900 – 1905)“. Der Zyklus umfaßt in der Handschrift 26 Gedichte. Von ihnen wurden in „Die Spur“ außerdem noch aufgenommen: Einsam (Nr. XXIV), Die Schlafende (Nr. XIII), Verfinsterung (Nr. XVI), Auch du (Nr. XXV). Erstdruck in: Herder-Blätter (1911/12), H.415, 20f.

23 *Gebet* – Handschriften in den Heften „Gedichte etc 1905/6“ und „Gedichte vor 1911“, DLA/Deposit. In „Die Spur“ nicht aufgenommen wurden die Strophen der Handschrift:
Ist mir noch mehr an Schande auferlegt?
So schnöde ahnte ich mir kein Mißlingen.
Gefehlt hab ich auch in den leichten Dingen
Und Lüge wie die Wahrheit selbst gehegt.

Mich selbst zu richten, nein, ich traf's nicht gut,
Von meinem Glück konnt ich das Aug nicht wenden.
Ich sah den Segen nicht auf den Geländen.
Die Ernte war bei mir in schlechter Hut.

24 *Vorfrühling* – Erstdruck in: Die Fackel XII, Nr.301f., 3.5. 1910, 36.

24 *Einsiedler* – Handschrift im Heft „1911", DLA/Deposit; datiert: 26.7. 1911.

25 *Vor dem Einschlafen* – Erstdruck in: Herder-Blätter (1911/12), H. 415, 20f.

26 *In der Nacht* – Erstdruck in: Simplicissimus (München) XVI (1911/12), 837.

26 *Die Stadt* – Erstdruck in: Simplicissimus XV (1910/11), 447.

27 *Pferderennen* – Erstdruck in: Die Fackel XII, Nr.303-304, 31.5. 1910, 34.

27 *Szene* – Handschrift in dem Heft „Gedichte vor 1911" unter dem Titel „Sonntagabend in der Großstadt", DLA/Deposit. Erstdruck (unter dem Titel der Handschrift) in: Die Fackel XII, Nr.307-308, 22.9. 1910, 25. Wiederabgedruckt in „Die Bahn", S.53, unter dem Titel „Der Greis" mit einigen nicht charakteristischen Änderungen.

28 *Einsam* – Handschrift in dem Heft „Frühe Gedichte ... 1900 – 1922". Erstdruck in: Die Fackel XII, Nr.334-335, 31.10. 1911, 37. Wiederabgedruckt in „Die Bahn", S.77, und zwar in der von Karl Kraus in seinem Aufsatz „Der Reim" gerühmten Kürzung auf die erste Strophe (Die Fackel, Nr.757-758, April 1927, 28). Wiederabgedruckt auch in „Fürchte dich nicht!", S.143; dort datiert: 1910. Die Zeile der zweiten Strophe „Elend frech mit Gift bewirten" ist durch eine charakteristische Zurücknahme verändert in „Elend **läßt sich** mit Gift bewirten".
Im Sommer 1951 las der Schauspieler Werner Hinz in einer in Salzburg aufgenommenen Radiosendung in Gegenwart von B.V. das Gedicht unter Auslassung der zweiten und der dritten Strophe – diese Lösung könnte als die von B.V. zuletzt gewünschte angesehen werden.
Vgl. „Heimkehr (4. Dezember 1948)" in KeC, 182-184, wo eine gewisse Distanzierung B.V.s anklingt: „Karl Kraus liebte und zitierte die erste Strophe des Gedichtes »Einsam«: ... Das verschaffte diesen vier Zeilen größeren Widerhall als dem ganzen Buch. Immer noch werden sie zitiert, auch von solchen, die damals jünger waren als der Autor. Sie tun auch heute noch, als gehörten sie einer Generation von Solipsisten an."

28 *Begegnung* – Handschrift in dem Heft „Gedichte vor 1911“. Erstdruck in: Die Fackel XIII, Nr.321-322, 29.4. 1911, 25. Gegenüber der Handschrift wurden in der Druckfassung manche zu ›starke‹ Ausdrücke abgemildert, z.B. „todeskalt“ durch „kalt“ ersetzt. Wiederabgedruckt in „Die Bahn“, S.60, mit einigen uncharakteristischen Änderungen.

29 *Bauernpferde* – Erstdruck in: Der Strom (Wien) II (1912), Nr.2, 53.

29 *Die Schlafende* – bezieht sich wohl auf B.V.s 1890 geborene Schwester Helene, mit der B.V. eine tiefe Freundschaft verband. Handschrift in dem Heft „Frühe Gedichte … 1900 – 1922“. Erstdruck in: Der Strom II, No.11, Februar 1913, 358f.

30 *Der Selbstmord* – Handschrift in dem Heft „1911“. Erstdruck in: Simplicissimus XVII (1912/13), 798.

32 *Der Morgen* – Erstdruck in: Simplicissimus XVI (1911/12), 252.

34 *Verfinsterung* – Handschrift in dem Heft „Frühe Gedichte … 1900 – 1922“. Vgl. „Heimkehr (4. Dezember 1948)“ in KeC, 182-184. B.V. zitiert die „ersten fünf Strophen, die als ein vollendetes Gedicht gelten können“, und kommentiert: „Ein anderes, kaum bekannt gewordenes Gedicht der »Spur« behandelte ein verfehltes erstes Rendezvous des Knaben bei der Stephanskirche. … Das erstarrte Nein [4. Strophe: und sah in dieser alten Stadt / die Leute, die mir Greise schienen / (wie jedes Antlitz Falten hat, / erstarrtes Nein in seinen Mienen)] löste sich nach der Niederlage. Und die deutsch-österreichische Republik baute neue Häuser wie den Karl Marx-Hof.“

37 *Liebe* – Handschrift in dem Heft „1911“, datiert: 31.7.1911.

39 *Auch du* – Handschrift in dem Heft „Frühe Gedichte … 1900 – 1922“.

42 *Die Insel* – Erstdruck in: Der Ruf V (1912/13), 26-28.

46 *Gloria* – Handschrift in dem Heft „Gedichte Sammlung Dezember 1906“, datiert: Wien, 21.9. 1906; W.F. gewidmet. Wiederabgedruckt in „Die Bahn“, S.29, und zwar ohne die ersten beiden Strophen. In der späteren Fassung der „Bahn“ verdrängt das Motiv der angeborenen Schuld die Lebensbejahung, die in der letzten Zeile der früheren Fassung zum Ausdruck kam – statt „Will ich mein Leben grüßen“ heißt es nun: Die Seele büßen.

Frau im Traum

Frau im Traum. Gedichte bis 1921 dokumentiert, zusammengestellt durch den Herausgeber, in Zeitungsdrucken erschienene und im handschriftlichen Nachlaß überlieferte Gedichte B.V.s, die aufgrund von Stileigentümlichkeiten (etwa dem satirisch-sarkastischen Ton von „Prag" oder „Der Pudel", der in der „Spur" und „Der Bahn" vermieden wurde) oder wegen ihres Inhalts (das betrifft vor allem die Kriegsgedichte, in denen sich B.V. von anfänglicher Kriegsbegeisterung zu zunehmender Ernüchterung bewegt) nicht in den veröffentlichten Gedichtbüchern B.V.s Aufnahme fanden.

49   *Eine Gouvernante* – Handschrift in dem Heft „In memoriam (Au contraire.) 1904", DLA/Deposit. In der Handschrift folgt „Eine Gouvernante" auf das Gedicht „Aus der Normandie kam sie zu ihm", welches in einer späteren Handschrift, in dem Heft „Gedichte vor 1911", selbst den Titel „Die Gouvernante" trägt. Das Gedicht schildert die Situation ungebrochener:

Kluger Knabe, du plauderst von Welten,

Wie dein junger Geist sie geschaut hat,

Plaudernd sanft mit dieser Fremden,

Die ruhig horcht.

[…]

Die still lächelnde

Schlanke Grazie,

Sie kam aus der weiten fernen Fremde

Den Weg zu dir.

Vgl. dazu auch das viel spätere Gedicht „Mon ami Pierrot", 328f., in diesem Band.

49   *Abend* – Erstdruck in: Der Merker (Wien) III (1912), Nr.8, 307.

50   *Rosenkranz* – Handschrift in dem Heft „Frühe Gedichte … 1900 – 1922" (unter dem Titel „Müdigkeit") und in dem Heft „Gedichte. Gesammelt 1930", DLA/Deposit.

50   *Tod in Akten* – Typoskript in dem Konvolut „Die Unbefleckten"/„An den Freund", DLA/Deposit. Das Gedicht gehört (wie auch das folgende Gedicht „Prag") dem Zyklus „Die Unbefleckten" an, von dem sich im Nachlaß 25 von 34 Blatt erhalten haben. Das Manuskript wurde von B.V. vermutlich vor 1910, zu einer Zeit, als er noch nicht Mitarbeiter der „Fackel" war und daher nicht unter dem unmittelbaren Einfluß von Karl Kraus stand,

zusammengestellt und mit einem Spiritus-Abzieher vervielfältigt, um es an präsumptive Verleger zu verschicken.

51 *Der Pudel* – Handschrift in den Heften „Frühe Gedichte … 1900 – 1922" und „Gedichte 1923", DLA/Deposit.

52 *Plänkler* – Erstdruck in: Die Muskete (Wien) XIX (1914/15), 178. B.V. diente ab August 1914 als Reserveoffizier, zuerst als Leutnant und ab November 1915 als Oberleutnant. Die K.u.K. Traindivision Nr.14, der er angehörte, war mit Nachschubaufgaben betraut. Nach dem am 15.12. 1917 abgeschlossenen Waffenstillstand mit Rußland wurde er im Dezember auf unbestimmte Zeit beurlaubt. Für seinen „unermüdlichen Eifer" im Dienst wurde B.V. mehrfach ausgezeichnet und belobigt. Vgl. zur Kriegslaufbahn B.V.s auch KeC, 165-179 und 334f.

53 *Die Frau* – Erstdruck in: Simplicissimus XIX (1914/15), 521.

54 *Kote 708* – Erstdruck in: Österreichischer Almanach auf das Jahr 1916. Hg. v. Hugo v. Hofmannsthal. Leipzig: Insel (1916), 182. Die Stimmung, in der B.V. dieses Gedicht schrieb, wird durch eine Stelle in einem Brief (aus Serbien, ohne nähere Ortsangabe) an Albert Ehrenstein vom 21.11. 1914 (also wenige Wochen vor dem Beginn des katastrophalen Winter-Rückzugs der K.u.K. Armee aus Serbien) illustriert: „Wir sind alle bereit, auszuhalten, da es ums Aushalten geht. Die Österreicher geben darin den Deutschen nichts nach, ich sehe erst jetzt, wie brav die meisten Kinder sind. Aber wenn der liebe Gott ein Einsehen mit Europa hat, macht er bald ein lehrreiches Ende." Es ist das Gedicht „Kote 708", das Karl Kraus in der „Fackel" (Nr.423-425, 5. Mai 1916, 22) kommentierte: „Welche Verschiebungen nebst allem anderen »des halben Jahres Krieg über die Erde gebracht«, mag das Beispiel eines aus der Fackel hervorgegangenen Lyrikers zeigen, der, als die Zeit plötzlich groß wurde, an jenem übelsten Ort, wo Blut sich mit Druckerschwärze zum Humor verbindet, ein Schützengrabengedicht abgelagert hat, worin er beteuerte, daß er nichts anderes im Sinn habe, als Wut gegen die »russische Kanaille« und Glut auf die »güldene Medaille«, und solchem Vorrat von Sehnsucht Rhythmus gab."

54 *Das tote Roß* – Typoskript im Nachlaß, DLA/Deposit. Entstanden vermutlich 1915.

55 *Nachtmarsch* – Erstdruck in: März (Wien) IX (1915), Nr.3, 140. (Untertitel: Von Berthold Viertel, z. Zt. im Felde).

56 *Feldfrühling 1916* – Erstdruck in: Simplicissimus XXI (1916), 134.

56 *Die Frau und der Dichter* – Erstdruck in: Die Schaubühne (Berlin) XII, Nr.12, 21.3. 1916, 280.

57 *Kreuzabnahme* – Erstdruck in: Die Schaubühne XII, Nr.15, 13.4. 1916, 357.

58 *Zerstörte galizische Stadt* – bezieht sich wahrscheinlich auf die ostgalizische Stadt Halicz, in der B.V. im Sommer 1915 stationiert war. Erstdruck in: Der Friede (Wien) I (1918), 286. – Ebenfalls in der Zeitschrift „Der Friede" erschien 1918 in Fortsetzungen ein Essay B.V.s „Galizien". Von B.V.s Galizien-Erlebnis zeugt auch eine Stelle aus einem Brief an Albert Ehrenstein vom 13.9. 1915: „Galizien ... ein viel lebendigeres und echteres Land! [...] ... hier, wo es kein Theater und kein Café gibt, bin ich endlich wieder dort angelangt, von wo ich nie hätte wegkommen dürfen, mit einem Wort, es geht mir gut!"

60 *Ungleiche Sanduhr* – Handschrift in dem Heft „Frühe Gedichte ... 1900 – 1922"; Typoskript, DLA/Deposit (vermutlich vor der Handschrift entstanden).

61 *Stadt im Sommer* – Handschrift in den Heften „Gedichte 1919" (Titel: Großstadt im Sommer. Anfangszeile: Ein armes Viertel! Jedes Fensterloch...), DLA/Deposit, und „Gedichte. Gesammelt 1930".

61 *Sonntag im Juni* – Handschrift in dem Heft „Der Lebenslauf. Neue Auswahl"; Typoskript in DLA/Deposit. – Zu der „Lebens-lauf" existiert neben dieser sehr umfangreichen Sammlung von etwa 130 handgeschriebenen Seiten in DLA Deposit noch ein zweites, dünneres Heft mit 42 beschriebenen Seiten, das in der Folge mit [2] gekennzeichnet ist. Auf der Innenseite des Um-schlages des zweiteren Heftes zitiert B.V. Friedrich Hölderlin: »... indessen dünkt mich öfters / Besser zu schlafen, wie so ohne Genossen zu sein, / So zu harren, und was zu tun indes und zu sagen, / Weiß ich nicht, und wozu Dichter in dürftiger Zeit?« – Beide Hefte sind undatiert; B.V. hat sie wahrscheinlich in den 40er Jahren angelegt.

62 *Kleiner Roman* – Typoskript in DLA/Deposit. Erstes Gedicht des Zyklus „Kleiner Roman". Die 13 Gedichte ohne Titel sind I-XIII numeriert.

62 *Warnung* – Handschrift in dem Heft „Frühe Gedichte ... 1900 – 1922"; letztes Gedicht des Zyklus „Die Welt des Knaben ..." (Nr. XXVI). Erstdruck in: Simplicissimus XV (1910/11), 807. In einer weiteren Handschrift in dem Heft „Gedichte 1923" mit 1905 datiert.

63 *Frau im Traum* – Zeitungsdruck, DLA/Deposit. Ein Gedicht gleichen Titels mit identischer Anfangszeile findet sich in „Fürchte dich nicht!", S.137 (in diesem Band S.273). Das Gedicht in „Fürchte dich nicht!" beruht offensichtlich auf dem früheren Gedicht, stellt aber eine völlig neue Version des Gedichts dar. Vgl. auch das Gedicht „Traum" in „Der Lebenslauf", S.89 (in diesem Band S.383). Das im Nachlaß erhaltene Gedicht „Traum" (mit der Anfangszeile: In meinen Traum kamst du schon oft…), das Ende September 1906 entstanden und A.S. (Anni Schindler) gewidmet ist, deutet auf einen biographischen Kern von B.V.s zahlreichen „Frau im Traum"-Gedichten.

64 *Wandlung* – Handschrift in dem Heft „Frühe Gedichte … 1900 -1922"; Nr. XVIII des Zyklus „Die Welt des Knaben …". Zeitungsdruck, DLA/Deposit.

65 *Die Seele der Reichen* – Typoskript, DLA/Deposit.

Die Bahn

Die Bahn. Gedichte. Hellerau: Verlag von Jakob Hegner MCMXXI (1921). 157 S.

Das Buch wurde spätestens im Jänner 1921 gedruckt.

Die in „Die Bahn" gesammelten Gedichte gehen vielfach auf Gedichtentwürfe zurück, die älter sind als die Gedichte des früheren Gedichtbandes „Die Spur". Frühe Gedichte finden sich in oft äußerst verknappter Form wieder.

Nach S.V. (in ihrer Autobiographie: Das unbelehrbare Herz. Reinbek b. Hamburg 1979, 104) nutzte B.V. 1919 „den Sommerurlaub, um an seinem Gedichtband ›Die Bahn‹ zu arbeiten". S.V. und B.V. wohnten im einem Haus der Dalcroze-Schule in Hellerau bei Dresden; auch der Verleger Jakob Hegner war in Hellerau ansässig.

Im „Berliner Börsen-Courier" vom 1.1. 1922 schrieb Oskar Loerke: „Die meisten Verse von heute sind prunkvoll ... In dieser Pracht wirkt die Einfachheit der Gedichte Viertels so ungewohnt, daß sie beinahe schon wieder Pracht ist. Man würde eine beabsichtigte, unnaive Schlichtheit argwöhnen dürfen, wäre der Band »Die Bahn« nicht in zwei Jahrzehnten geerntet worden. Häufig sind die kleinen Gebilde ganz Dasein, und dann sind sie ganz Gestalt; zuweilen lassen sie noch den Atem des Willens spüren, und dann sind sie Form ihres Gehalts, Paßform ... [...] Viertels Weg zu seinen Versen mag so gewesen sein, daß er das Leben mit seiner Fülle als Prosa empfand, die sich erst im Resultat, im epigrammatischen Gefühlsanteil in Poesie verwandelte und es nun blieb: damit hatten die Voraussetzungen ihre schöpferische Notwendigkeit verloren und brauchten nur noch angedeutet zu werden. [...] Die Verse fragen nicht: welchen Grades sind wir? Ihre Intimität und Stille ist von einer Art, die nicht verglichen sein will."

69   *Der fünfzehnjährige Selbstmörder* – Erstdruck in: Die Fackel XI (1910), Nr.298-299, 33 (Titel: Den fünfzehnjährigen Selbstmördern). Das Gedicht ist ein gutes Beispiel für die Methode der Verknappung, zu der Karl Kraus B.V. anleitete. Vgl. das Gedicht „Die Selbstmörder", Handschrift in dem Heft „Gedichte vor 1911":

Die Fünfzehnjährigen, die im Schreibtisch geladene Waffen haben,

sie hegen den Todbringer als bestes Gut.

Nachts träumen sie von ihrem bald erlösten Blut,

von den Leidtragenden, die den Selbstmörder begraben.
Nur wenige, die aus Pflicht hinkommmen.
Welch schmuckloser Abschied wird da genommen!
Sogar die Mutter flucht ihrem Kinde
und schämt sich ihrer Muttertränen.
Choräle singen die Winde –
Wie sich die jungen Träumer nach dem verbotenen Tode sehnen.

Ihr seid plötzlich erwacht –
war's Tag, war es Nacht?
Mit welchem Schmerz saht ihr ringsum, mit Beben –
die Rettung war in Eure Hand gegeben.
An Behagen
ergingen Eure erbitterten Fragen.
Eure Fragen, die um Antwort dringend baten –
da hörtet Ihr Stimmen in Euch selbst, die abraten.
Der junge Mensch besann sich vor seinem ersten Schritte,
und fröstelnd wiederrief er jede Bitte.

Ihr keuschen, schwachen Seelen, durchdrangt Euer Geschick
mit einem einzigen Kennerblick.
Welcher Hohn oft in Euren Augen aufflammte,
wie Euer Mund so hart verdammte.
Die da von besserer Demut reden,
mit weisem Schweigen maßt Ihr jeden.
Noch vor kurzem wart Ihr als lüsterne Jungen
im Sommerheu umhergesprungen.
Wer wußte von Euren Plänen – ?
Und keine Tränen.

Die trübe Morgenfrühe hat Euch nicht gebannt,
ein inneres Licht hat Euer Auge verbrannt.
Und alles Nächste war rettungslos ferne.
Was galten Euch Sonne, Mond und Sterne?
Was die allerklügsten Gedanken?
Kein Schwanken!
Ein Gott hat zu früh gebieterisch in Euren Herzen gesprochen,
ein Kuß im Traum hat euch zerbrochen.
Und grüßt Ihr die fliehenden Gestade,
geschiehts mit königlicher Gnade.

74   *Untreue* – Handschrift in dem Heft „Gedichte 1910", DLA/
Deposit; mit einer in „Die Bahn" gestrichenen Schlußstrophe:

So hab ich mich getroffen,
Ein schlechtes Spiel!
Oh selbstgemeuchelt Hoffen,
Oh irres Ziel!

76 *Qual des Lichts* – Handschrift (vermutlich die Handschrift S.V.s) in dem Heft „Gedichte 1919". Erstdruck in: Die Fackel XIII, Nr.324-325, 2.6. 1911, 49 (mit der zweiten Zeile des Gedichts als Anfangszeile). In der Handschrift eine in den Druckfassungen gestrichene Schlußstrophe:

Ich nun, ein von diesem Licht Bekriegter,

Wehre mich, ein schon Besiegter,

Mit meinem zerbrochenen,

In feiges Dunkel verkrochenen

Wortlos wertlosen Leben –

79 *Tränen* – unverändert wiederabgedruckt in „Fürchte dich nicht!", S.137.

80 *Der Passant* – Handschrift (vermutlich die Handschrift S.V.s) in dem Heft „Gedichte 1919".

80 *Die Seele* – Handschrift in dem Heft „Gedichte 1918/II" (Titel: Seele wendet sich), Erstdruck in: Der Friede I (1918), 405 (Titel wie Handschrift).

81 *Schildkröte* – Handschrift in dem Heft „Sonette an Salka", DLA/Deposit. – Die „Sonette an Salka" (Untertitel, bzw. Widmung auf der Innenseite des Umschlags: Das Bild der Frau. Sonette. Salome zueigen. Kolendziany in Galizien, Herbst 1917. Nulla dies sine carmine) scheinen in der Hauptmasse im September 1917 entstanden zu sein. Im Juli 1917 hatte B.V., aus Kolendziany kommend, Salomea Steuermann (S.V.), die er im November des Vorjahres in Wien kennengelernt hatte, in deren galizischem Heimatort Wychylowka besucht. – B.V. überlegte auch, die Sonette als „Sonette an Salome" zu sammeln und legte ein weiteres Heft mit diesem Titel an. – Die „Sonette an Salka" stehen als Sonetten-Zyklus im lyrischen Werk B.V.s ziemlich allein. In der Druckfassung der „Bahn" versuchte B.V. die strenge Strophengliederung optisch aufzulösen.

82 *Biene* – Handschrift in dem Heft „Sonette an Salka". Die sechste und letzte Strophe weicht in der Handschrift stark ab: Was rief dich aus dem Stock, **du Trunkenbold / Die Blume wo, die dir mit Süße diene. / Noch gestern war im Tag ein Rest von Gold.**

83 *Die kleine Frau* – Handschrift in dem Heft „Gedichte 1918/II".

85   *An der Ausgestoßenen Tisch* – Handschrift in dem Heft „Gedichte
      1919" (Titel: Mirakel; mit einer in „Die Bahn" gestrichenen
      zehnten Strophe: Ach, wir lachten beinah schon. / Ganz oben
      stand ein Geigenton.)

86   *Der Bräutigam* – Handschrift in dem Heft „Gedichte 1918/II".

86   *Der große Park* – Handschrift in dem Heft „Gedichte 1918/II"
      (Titel: Im Grase; Anfangszeile: Weich hingelagert, eine Frucht im
      Grase…) – Das Gedicht stammt aus dem „Kriegstagebuch",
      Halicz, 14.7. – 25.8.1915.

87   *Die runde Sonne* – Handschrift in dem Heft „Gedichte 1918/II"
      (Titel: Mythos).

88   *Amphitryon* – Handschrift in dem Heft „Gedichte 1918/II". – Vor
      der fünften Strophe stehen in der Handschrift zwei in der „Bahn"
      gestrichene Strophen:

Fühl den Gott in deinem Blut
Wie er dunkel dich bedrängt.

Ader glüht und Atem sengt,
All dein Leben schwillt wie Blut.

Die fünfte Strophe lautet in der Handschrift:

Welch ein **mächtiger Genuß**
Haucht den Seelen **Taumel** zu.

In „Die Bahn" ersetzt, der lebensskeptischen Tendenz des Buches
entsprechend, „dunkler Überdruß" den „mächtigen Genuß",
„Kühlung" den „Taumel".

89   *Der Morgen in meinem Zimmer* – die Zeile (in der sechsten
      Strophe) „Gute Reise! wünsch in mir vortags…" sollte vielleicht
      heißen: Gute Reise! wünsch **ich** mir vortags…

90   *Herbst* – Handschrift in den Heften „Gedichte 1918/II" und
      „Gedichte 1919". In der Handschrift noch eine zusätzliche, letzte
      Strophe:
      Der heiße Sommer hat gebraust, geschwärmt.
      Ich war ein schlechter Jäger ohne Beute.
      Nun fühle ich mich abgehärmt
      Und matt wie andre Leute.

91   *Vogelruf in der Frühe* – Erstdruck in: Simplicissimus XV
      (1910/11), 575.

94   *Der ungeliebte Mund ist stumm* – Handschrift in dem Heft „Ge-
      dichte 1918/II". Titel: »Der ungeliebte Mund ist stumm!« Drei-
      strophiges Gedicht, von dem in „Die Bahn" nur die beiden ersten

Zeilen der zweiten Strophe genommen wurden, die hier ausgelassen sind.

Kunstreicher Mund, man hört dich nicht!
So lasse doch die Zunge ruhn,
Der du noch immer sprichst und sprichst
Und kälter, frierend wird's um dich.
[...]
Da flammte deine Zunge süß!
Die Stunde stand und horchte heiß.

Hast du gemerkt nicht, wie du sprachst,
Daß sich die Sonne grau verpuppt?
Wie kurz und fremd die Tage sind?
Daß rings um dich die Welt vergreist?

95 *Kain* – Handschrift in dem Heft „Gedichte 1919". Die Schlußstrophe der Handschrift ist in „Die Bahn" weggelassen:
Und von seiner armen Stirn,
Die schrecklich der Gott berührte,
Leuchtet mir der Irrgeführte
Wie ein ewiges Gestirn.

95 *Jakob* – Handschrift in dem Heft „Gedichte 1919".

96 *Jakob und Rahel* – Handschrift in dem Heft „Sonette an Salka" (Titel: Hirtin Rahel). – Offenbar bedient sich B.V. des biblischen Gewandes, um von seiner Liebe zu S.V. zu sprechen. Das kommt in der Handschrift noch deutlicher als in der gedruckten Fassung zum Vorschein. Vgl. die zweite Strophe bis vierte Strophe, erste Zeile:
Das liebste Land liegt immer in der Ferne.
Der Fremde Fessel nur mein Sterben sprengt.
Ich wälze nicht den Stein von der Zisterne,
Vom Tiergeruch der Herden **heiß** umdrängt.

Ich bin nicht vom Geschlechte jener Riesen.
Doch du hast mich in Heimat unterwiesen –
Oh zweimal sieben Jahre **deiner** Huld.

100, 101, 102, 103 *Geburt eines Hengstes, Der Dank, An eine Genesende, Der Brief* – Handschriften in dem Heft „Gedichte 1918/II".

105 *Aus einem Briefe* – Handschrift in dem Heft „Sonette an Salka". Erstdruck in: Der Zwinger (Dresden) IV (1920), Nr.1

106 *Dein Wort* – Handschrift in dem Heft „Sonette an Salka".

109 *Das arme Land* – verkürzende Bearbeitung des Gedichtes „Ein Land", Erstdruck in: Die Schaubühne XII, Nr.31, 3.8.1916, 117.

Ich saß in einem Land, wo alle trauern.
Es trauert Herr und Knecht. Den Bauern drückt
Freudlosigkeit zur ungeliebten Erde.
Die Krume trauert. Horizont ist kahl –
Kein zweites Land zu ahnen hinter ihm.
Der Himmel, gähnend, deckt das Ganze zu.
Die Dörfer hocken in lichtlosen Falten.
Die Tiere öden sich. Die Wälder faulen.
Am Hinterfuße schleppt ein Bursch sein Schwein.
Ein Sarg fährt schwankend auf der rissigen Straße.
Vor ihm der Pfaffe schwankt und starrt ins Nichts.
Leidtragen hier: ist längst getragen haben
Und schauerlich gewöhnt sein solche Last.
Ein ewiger Regen, rinnen hier die Seelen.
Die Winternächte sind so schwarz gefärbt,
Daß selbst die Angst stirbt. Nichts lebt. Nur das Nichts.
Die Sterne sind – gewesene Welt wird Stern.

In solchem Lande war ich fremd, allein.
In solchen Nächten war ich ohne Schlaf.
Ich war ein leerer Brunnen, der da klafft,
Geräumig für das allgemeine Nichts.
Im großen Schwarz hing meine Stube klein.
Die Lampe reichte nicht, sie fronte schwer
Und seufzte an der Mühe, hell zu sein.
Mein Hund klagte im Traum, er lag kopfab,
Längst ohne Leben, ein geschossenes Wild,
So lag er da, als er sich stumm geweint.
Ich saß und saß und saß – und fühlte nicht,
Wie mir die linke Hand hing in das Nichts.
Da, auf dem Bauche, lautlos kroch heran
Das greise Einsamkeits-, das Farb- und Formlos-Tier
Und leckte mir die linke, tote Hand.

110, 112 *Bauernstube, Die Schlacht* – Erstdrucke in: Die weißen
Blätter III (1916), Nr.1, 164f.

113 *Haus im Schneesturm* – Handschrift in dem Heft „Gedichte
1918/II".

114 *Mythischer Abend* – Handschrift in dem Heft „Sonette an Salka
1917" (es handelt sich hier um ein weiteres Heft mit Entwürfen
der „Sonette an Salka"); datiert: 20.9.1917; Titel: Ukrainisch. –
Laut S.V. (Das unbelehrbare Herz, 93) beruht das Gedicht auf

einem Erlebnis im Juli 1917. B.V. hatte, von Kolendziany kommend, S.V. in Wychylowka besucht. „Berthold und ich verbrachten die zwei viel zu kurzen Tage mit Gesprächen und weiten Wanderungen übers Land. Wir kehrten auf einem ukrainischen Bauernhof ein, wo man uns mit Himbeermarmelade gesüßten Tee, selbstgebackenes Brot mit herrlicher (fast vergessener) Butter und Honig auftischte. Nach Sonnenuntergang musizierten und tanzten die Burchen und Mädchen im Gras. Die Burschen waren nur noch ein paar Monate unter dem Militärpflichtalter. Nur wenige von ihnen kamen aus dem Krieg zurück. Berthold hat in seinem Gedicht ›Mythischer Abend‹ dieses Erlebnis geschildert."

115, 116, 117, 118 *Blick, Spiele, Abend, Marie* (vgl. „[Marie]", KeC, 29-35), *Schüler, Brief* – Handschriften in dem Heft „Sonette an Salka". Nr. I, II, III, IV, V, VII des Zyklus „Kindheit (I-VIII)".

119, 120, 121 *Widmung* (Titel in der Handschrift: Deine Demut), *Schauspielerin* (in der Handschrift datiert: 16.9.1917), *Anrufung* (Titel in der Handschrift: Deinem Genius), *Paradiesisch* (in der Handschrift nur Entwurf), *Barbarisch* (Titel in der Handschrift: Die Locken) – Handschriften in dem Heft „Sonette an Salka".

125 *Die Bahn* – In einem Brief an S.V., New York, Herbst 1931, mißt B.V. diesem Gedicht besondere Bedeutung zu: „Die Bahn. Es begann in Kolendziany – u. es reichte bis Hellerau. Die Bahn begann mit Deiner Begegnung, sie wurde zum erstenmale bewußt in den Briefen an Dich – die in Prag modern – u. sie bekam ihren Namen von dem letzten Gedicht des Bandes, zugleich das letztgeschriebene Gedicht, das ich veröffentlichte."

„Das hat niemand verstanden, konnte wohl auch niemand verstehen: dieses grandiose Gefühl, dieses erschreckende Gefühl, daß meine Bahn nicht mehr vor mir liegt, horizontal, sondern vertikal, von der Himmelsmitte direkt auf meinen Scheitel herunterdroht! Die Bahn, die sonst in die Zukunft zeigt, zeigt wie ein Rufzeichen auf meinen Scheitel! – Dieses Gefühl hat mich seit damals, seit dem Jahre 21 (ich war 36 Jahre alt) bis heute nicht mehr verlassen – ich lebe 10 Jahre jetzt unter diesem Schwert, habe aber das »strenge Ja« noch immer nicht zu Ende geführt. Immer noch nervöses Suchen, Tasten, Vorbereiten!"

Aus Lebenden und Toten

Aus Lebenden und Toten. Gedichte 1922 bis 1939 dokumentiert, zusammengestellt durch den Herausgeber, in Zeitungsdrucken erschienene und im handschriftlichen Nachlaß überlieferte Gedichte B.V.s. Zwischen der Publikation von Viertels zweitem und drittem Gedichtband liegen, von 1921 – 1941, mehr als 20 Jahre. Die lange Publikationspause ist nicht allein den Zeitumständen und der persönlichen Arbeitsbelastung B.V.s als Theater- und Filmregisseur geschuldet. In den fünf Punkten der aphoristischen Notiz „Künstler-Gebote" (vermutlich aus den 30er Jahren, in Santa Monica geschrieben) kommt auch die allmähliche Neuorientierung des Lyrikers B.V. zum Ausdruck:

1.) Genug Außenwelt erwerben!

2.) Die innere Linie durchziehen!

3.) Katholizismus des Künstlers: er braucht genug Sünden, um beichten zu können.

4.) Das Politische nur ein Teil des geistigen Programms.

5.) Künstler, welche Realitäten stehen hinter dir?

129, 130 *Antwort der Eumeniden, Die Fron der Liebe ist die härteste Fron...* – Typoskripte im Nachlaß, DLA/Deposit.

131 *Curriculum vitae berolensis* – (lat.) etwa: Berliner Lebenslauf. Typoskript in DLA/Deposit, mit dem Vermerk: Berlin 1924 Zusammenbruch der »Truppe«. – Auf Anregung Fritz Kortners wurde im Sommer 1923 die Theatergruppe „Die Truppe" gegründet, deren künstlerischer Direktor B.V. war. Kortner verließ die „Truppe" bald im Streit. Sponsoren waren u.a. Richard Weininger, der Bruder des Philosophen Otto Weininger, Karl Kraus und der damals noch vermögende Ludwig Münz. Am 31.3. 1924 wurde die „Truppe" aufgelöst; B.V. hatte den SchauspielerInnen ihre Gehälter bis Saisonende zu bezahlen, den Geldgebern ihre Vorschüsse zurückzuerstatten. Es scheint, daß B.V. erst in seiner Hollywood-Zeit (1928-31) die letzten Schulden aus diesem fehlgeschlagenen Experiment abtragen konnte. Die Zuckerkrankheit, unter der B.V. bis an sein Lebensende litt, dürfte im Frühjahr 1924 ausgebrochen sein.

131 *Ammenmärchen* – Typoskript in DLA/Deposit.

132 *Wintermärchen* – Handschrift in dem Heft „Gedichte. Gesammelt 1930" und Typoskript in DLA/Deposit (mit der handschriftlichen Widmung: Für Bun, den Sohn der Iris Tree, Berlin 1932").

133 *Die Lehrer* – Handschrift in dem Heft „Der Lebenslauf. Neue
   Auswahl", DLA/Deposit. Erstdruck in: Die Schau (Wien) Nr.12,
   Juni 1953, 10. – Die erste Strophe des Gedichts bezieht sich auf
   Peter Altenberg, die zweite auf Karl Kraus.

133 *Peer Gynt* – Erstdruck in: Ziegeneuter (Wien) X (1976), Nr.30,
   11. – Vgl. „Heimkehr nach Europa" in KeC, 269-288.

134 *Der alte Bettler* – Typoskript mit handschriftlichen Korrekturen
   in DLA/Deposit; Vermerk: 20er Jahre. – Vgl. auch zu diesem
   Gedicht Henrik Ibsens „Peer Gynt". Ende 1927 inszenierte B.V.
   ein letztes Mal an den Kammerspielen des Deutschen Theaters in
   Berlin: Ibsens „Peer Gynt" (P: 6.1. 1928) mit Werner Krauß,
   Johanna Hofer, Blandine Ebinger u.a.

135 *Frau am Strande* – Handschrift in dem Heft „Notizbuch Holly-
   wood 1929", Nachlaß H.H., und Typoskript in Sammlung E.N.

135 *Die Ewigkeit* – Typoskript in Sammlung E.N., datiert: Hollywood,
   1930.

136, 137 *Berlin!*, *Abend* – Typoskripte in DLA/Deposit. – Vgl. zu
   „Abend" den Text „Die Kindheit" in KeC, 64-66. Biographisch
   bezieht sich das Gedicht auf B.V.s Schwester Helene. Es enstand
   vermutlich zusammen mit einer ganzen Reihe autobiographischer
   Gedichte.

137 *Kinder* – Handschrift in dem Heft „Gedichte. Gesammelt 1930";
   Typoskript in Sammlung E.N.

138 *Vater und Mutter liegen nun im Grabe...* – Handschrift in dem
   Notizheft DLA 69.3143/115. Entstanden vermutlich Jänner 1933.
   B.V.s Mutter Anna war am 25.3. 1932, sein Vater Salomon am
   30.12. 1932 in Wien gestorben.

138 *Die Ehe der Eltern* – Typoskripte mit handschriftlichen Korrek-
   turen in DLA/Deposit und Sammlung E.N.

139 *Der Liberale* – Handschrift in dem Heft „Gedichte. Gesammelt
   1930". Entstanden vermutlich nach 1933; das Gedicht reflektiert
   wahrscheinlich die Machteinsetzung Adolf Hitlers am 30.1. 1933
   und deren Folgen.

140 *Judenkindheit* – Handschrift in dem Heft „Gedichte. Gesammelt
   1930" und Typoskript in Sammlung E.N. Entstanden vermutlich
   nach 1933. – In der Handschrift findet sich vor der ersten Strophe
   die durchgestrichene Einfügung: All mein Ursprung war ein
   Hoffen, / Doch das liegt zu Tod getroffen.

141 *Zinken der Berge und der Kronen...* – Handschrift in DLA/
   Deposit. In Blockbuchstaben darüber gesetzt: ÖSTERREICHI-
   SCHE ELEGIE. Der Vierzeiler dürfte als eine Art Vorspruch zur

„Österreichischen Elegie" (vgl. den entsprechenden Abschnitt von „Fürchte dich nicht!" und die Anmerkungen im Glossar zu dem Band „Der Lebenslauf") konzipiert worden sein.

141 *Nie hat eine fremdere Hand* – Handschrift in dem Heft „Gedichte 1933 Paris", DLA/Deposit.

142 *Wieder knie ich in meiner Stube nieder…* – Typoskript in DLA/Deposit.

142 *In Cornwall* – Typoskript in Sammlung E.N. – Im März 1938 reiste B.V. mit der Schauspielerin Beatrix Lehmann, die in den Tage- und Notizbüchern und im folgenden Gedicht als Ariel figuriert, von London nach Cornwall.

143, 145, 148 *Ariel, Da geht die Zeit, geht wie ein großer Schuh…, Wenn ich fahre von dieser Stadt zu der andern…, Zeitgenossen* – Typoskripte in DLA/Deposit.

146 *Die neuen Pharaonen* – Erstdruck in: Die neue Weltbühne XXXV (1939) Nr.1, 22.

148 *Fahrwohl der Jugend* – Erstdruck in: Neue Freie Presse (Wien) 24.12.1937, 11.

149 *Aus Lebenden und Toten* – Typoskript in DLA/Deposit. – Das Gedicht dürfte jenem Kreis von Gedichten zuzuordnen sein, von dem B.V. in einem Brief an Günther Anders spricht: „Ich habe in diesem Jahr ein ganzes Buch Gedichte schreiben müssen, um mich halten zu können, davon keines veröffentlicht – es ist eine, für mich mindestens, ganz neue Art von Gedichten (wenn es überhaupt solche sind) – u. ich kann mir nicht vorstellen, wo u. wann sie, als kompakte Masse, heraus kommen sollen. Wahrscheinlich als … Nachlaß." (New York, 13.7. 1940). Ein Zitat aus dem Gedicht „Reinigung" (Typoskript im Nachlaß) zeigt, warum B.V. sich genötigt sah, diese „ganz neue Art von Gedichten" zu schreiben:

Die Zeit hat ihren blutigen Unrat
in unsere Gehirne entleert.
Das ist kein Stoff für balsamische Gedichte.
Aber das erstickte und beschmutzte Bewußtsein
hält sich an den Rändern scharf abgesetzter Zeilen fest,
und ich schüttle nur den Kopf, wenn ein Meister erklärt,
Gedankenflucht sei verboten.
Wohin denn sonst mit unseren Gedanken
als auf die Flucht?

„Fürchte dich nicht!"

Fürchte dich nicht! Neue Gedichte. New York: Berthold Fles 1941. 183 S.

Das dem Buch vorangestellte Zitat „… fürchte dich nicht, und dein Herz sei unverzagt vor diesen zween rauchenden Löschbränden…" (Jesaja, VII-4) ist Martin Luthers Bibelübersetzung entnommen. Angesichts des Aufmarsches feindlicher Heere gegen Jerusalem tröstet der „Herr" seinen Propheten Jesaja: „Denn also spricht der Herr: Es soll nicht bestehen noch also gehen [wie es die Feinde planen]."

Nicht in diesen Band aufgenommen wurde „Der gefesselte Prometheus. Fragment einer unbefugten Übertragung nach Aeschylos", „Fürchte dich nicht!", S.173-183, der eher den dramatischen Entwürfen B.V.s zuzuschlagen wäre.

Vorangegangen war ein von Günther Anders initiiertes Projekt eines gemeinsamen Gedichtbandes B.V.s, Ernst Waldingers und Günther Anders' mit dem Titel „In diesem Augenblick". Der Titel wurde vermutlich nach dem gleichnamigen Gedicht B.V.s gewählt. Ein Nachklang des schließlich aufgegebenen Projekts findet sich in der Vorbemerkung zu „Fürchte dich nicht!" Ganz zuerst wurde noch der Titel „Wandlung" erwogen.

B.V. steht dem Projekt zunächst skeptisch gegenüber. „Ich habe heute ernste Bedenken dagegen, ein paar hundert Dollar für Kunst zu verwenden u. sie den Unglücklichsten der Unglücklichen zu entziehen, für die sie einen – wenn auch noch so geringen – Anteil an ihrer Rettung bedeuten. Ferner: bei einem eigenen Buch konnte ich die Einheitlichkeit des Gehalts verantworten, auch war die Gesinnungs-Front, welche diese Gedichte einnehmen, dem Zeit-Aspekt gemäß: sie entsprach der Volksfront." Aber „die Gedichte, die ich seither geschrieben habe, würden … Widerspruch oder zumindest Zweifel erregen." (B.V. an Günther Anders, 6.7. 1940). Das von Anders vorgeschlagene Projekt dürfte B.V. jedoch angeregt haben, eine Publikation seiner neuen Gedichte in Angriff zu nehmen.

Am 21.4. 1941 schrieb B.V. aus New York an S.V. in Santa Monica: „Es besteht jetzt die Absicht, daß ich ein Buch von hundert Gedichten, sämtliche aus den allerletzten Jahren, herausbringe. Der Mann, der als Verleger fungiert, übernimmt immerhin mehr Risiko als bisher angeboten war, so daß es sich also nicht um einen Selbstverlag handelt."

„Auf Vermittlung von Hans Viertel, dem ältesten Sohn, kommt es im Mai 1941 zu einem Kontrakt mit dem literarischen Agenten Barthold Fles in New York, der auf Subskriptionsbasis und bei Teilung der

Herstellungskosten von geschätzten 450 Dollar einen 150 Seiten starken Band wagen will. Viertel hofft, seinen Druckkostenzuschuß durch Bestellungen wettmachen zu können. Schon am 30. Juni glaubt er sich am Ziel. Aber als das Buch im Dezember 1941, wenige Tage nach dem japanischen Angriff auf Pearl Harbour, herauskommt, belaufen sich seine Zuschüsse auf 360 Dollar." (Friedrich Pfäfflin: Berthold Viertel im amerikanischen Exil. Marbacher Magazin Nr.9/1978, 20f.)

Am 3.12. 1941 schrieb B.V. aus New York an E.N., die als Schauspielerin auf Tournee war: „… es [das Buch] ist seit Dienstag beim Buchbinder; Fles sagte mir, es würde sofort gebunden, kostet 169 Dollar, zahlbar bei Ablieferung. Auf meine Frage, wieviel er werde beisteuern können, sagte er: die Hälfte (unserem Vertrag entsprechend). Inzwischen zahlte ich Rosenberg aus (bis auf 60 Dollar, die erst in 6 Wochen zu zahlen sind), sonst hätte er die gedruckten Bogen nicht ausgeliefert. Heute, Donnerstag, läutet mich Sidney Kaufmann an, u. teilt mir mit, daß der Binder nicht anfange, ehe er nicht das Ganze (oder einen großen Teil) ausgezahlt bekommen habe. Fles besitzt nicht einen Pfennig. Was tun?"
In einem Brief an S.V., New York, 7.12. 1941, berichtet B.V., daß 500 $ von Subskribenten eingegangen seien, und bedankt sich, daß S.V. am Ende noch 100 $ beigesteuert habe.
Von allen Gedichtbänden B.V.s fand „Fürchte dich nicht!" den größten Widerhall, wenn auch in der beschränkten Öffentlichkeit des deutschsprachigen Exils. „Fürchte dich nicht!" ist nicht nur der umfangreichste von B.V. publizierte Gedichtband, er ist überhaupt der umfangreichste Gedichtband eines einzelnen Autors, der im Exil 1933-45 in deutscher Sprache veröffentlicht wurde.

Im New Yorker „Aufbau" vom 30.1. 1942 schrieb Hermann Broch: „Wenn irgendwo, so ist im Schaffen Berthold Viertels die moralische Grundhaltung des echten Künstlers vorhanden. Menschheitserkenntnis, Menschheitsvertrauen, Menschheitsmitleid, Menschheitsverantwortung, die Hauptqualitäten ethischen Künstlertums waren ihm von allem Anfang zu eigen … […] … unmittelbare Schlichtheit und schlichte Unmittelbarkeit, diese unbedingte Ehrlichkeit, blieb das Grundelement eines Lebenswerkes … Ethisches Künstlertum hebt mit künstlerischer Ehrlichkeit an und fußt ein für allemal auf ihr. Denn zum Wesen moralischen Seins gehört die unbedingte Objekttreue, gehört die Auslöschung des Subjekts, gehört seine Unterordnung unter den Forderungen objektiver Wahrheitssuche und einer Erkenntnis, die letztlich stets auf die Welttotalität und deren Unendlichkeit gerichtet ist. Das Subjekt, das Ich, das dichtende Ich, wird solcherart für den echten

Dichter ebenfalls nur ein Teil der Objektwelt, und die Aussagen, welche das lyrische Gedicht über dieses Ich macht, sind schlichte Wahrheits-aussagen, bar jener unehrlichen Sentimentalität, die der schlechte Dichter produziert, sobald er von seinem Ich und seinem Innenleben spricht."

Dem Band „Fürchte dich nicht!" ist eine Vorrede B.V.s, „New York, Sommer 1941", vorangestellt:

„*In diesem Augenblick* einen Band Gedichte veröffentlichen, noch dazu in deutscher Sprache, mag manchen Fühlenden als ein fragwür-diges Unternehmen erscheinen – im Vergleich zu dem, was gerade in diesem Augenblick geleistet werden müsse: Kampf und Hilfe. Trotz-dem sind viele dieser Gedichte in diesem Augenblick geschrieben worden, und zwar nicht ohne Empfinden, daß sie beides enthalten, freilich in geistiger Form: Kampf und Hilfe. Sie sind der Kampf eines Einzelnen gegen die zunehmende weltumfassende Verdunklung des Lebens und seiner Werte, und sie haben zunächst dem Ich dieser Gedichte geholfen, dem Ungeheuerlichen gegenüber bei Besinnung und bei Gefühl zu bleiben. Sie bedeuten die innere Gegenwehr, die Notwehr eines Menschen in der deutschen Emigration, eines durch Heimat und Herkommen, durch Klasse und Rasse bestimmten und verpflichteten Menschen dieses historischen Augenblicks.

Einer singt sich etwas vor im Dunkel, und es kling nicht lustig. Er will den Zusammenhang mit seinem Ursprung nicht völlig verlieren. Er trachtet sich zu erinnern, wie alles war; zu erfassen, wie alles so kam. Er forscht nach der Schuld an dem großen Unglück, die er nicht nur beim Gegner, sondern auch in sich selbst sucht. So ist, was ihm Beredsamkeit verleiht, immer wieder die Stimme seines Gewissens. Sein dringendes, unabweisbares Bedürfnis ist nicht Vergessen, sondern äußerste und innerste Vergegenwärtigung. Wer also die Erlebnisse unserer Zeit, unserer Menschenart loszuwerden wünscht durch Verges-sen; wer nicht gemahnt werden will, weder an das gleichzeitige Leid der anderen nach an die eigene Verflechtung und Verantwortung: der greife nicht nach diesem Buche.

Aber auch wer bereit ist, alles, was ihn bedrückt und quält, was ihn herausfordert und ihn in Frage stellt, noch einmal – als Bild in einem von der Herzensnot geschliffenen Spiegel – durchzumachen, mag Beschwerde erheben darüber, daß er in den Zeitgedichten mehr Frage als Antwort findet. Der Verfasser ist sich dieses Mangels bewußt. Jüngere mögen hoffnungsvollere, von der Vergangenheit weniger be-lastete, von der Gegenwart weniger bedrückte Lieder singen. Diesen Sprüchen einer Lebensreife, die nicht reifen durfte, die mit allem

Gewesenen auch das für die Zukunft Erträumte in Frage gestellt sieht, geht es – trotz aller äußeren Zerstörung – um eine innere Bewahrung, ohne die freilich sogar dem Siege der Gehalt dessen, worum gekämpft wurde, abhanden kommen müßte. Dabei treibt die Grellheit des negativen Geschehens alles Positive nur umso schärfer heraus, mit der plastischen Kraft des Zweifels und der Verzweiflung. Die Emigration zwingt ihren Opfern (und ihrem Betrachter) einen eigenen Stil der Lebensbejahung auf. Die Existenz unter den von ihr gewährten Bedingungen erzeugt täglich den unscheinbarsten Heroismus, dem, als ein Nothelfer, der Humor beispringt.

Neben der Abrechnung mit der Zeit stehen auch glücklichere Strophen, Dank sagend für ungestörtes Erleben, dessen Erinnerung unzerstörbar ist. Ohne solche Zeugnisse einer „geretteten Freude" hätte kein Lebender den Mut, für das Leben selber – das heute so allgemein bedrohte – einzustehen. Der schöne Augenblick fragt nicht nach seinem Ursprung und nicht nach seinen Folgen. Er ist auch die Wurzel der Elegie; er gibt dem Nachruf seine Wärme, dem Abschied das Gewicht und der Hoffnung ihren Sinn."

153 *Legende* – Erstdruck in: Die neue Weltbühne XXXIV (1938), Nr.14, 440f. – S.V. erzählt von einem Zusammentreffen mit Rainer Maria Rilke im Dezember 1918 in München (B.V. war aus Dresden gekommen, S.V. zu besuchen):

„Rilke muß damals Anfang Vierzig gewesen sein; er schien sehr scheu, doch ging eine gewisse Wärme von ihm aus, wenigstens Berthold gegenüber. Er sprach viel über Rußland und seinen Besuch bei Tolstoj. Der alte Riese hatte ihm solche Ehrfurcht eingeflößt, daß er ihm nicht ins Gesicht zu schauen gewagt hatte." (Das unbelehrbare Herz, 100f.)

159 *Österreich* – Handschrift in dem Heft „Gedichte 1923", DLA/Deposit.

159 *Das graue Tuch* – Handschrift in dem Heft „Notizbuch Hollywood 1929", Nachlaß H.H.

162 *Im Einschlafen* – Handschrift unter dem Titel „Ein Flügelschlag" in dem Notizheft DLA 69.3143/93 (London, 1938).

164 *Der Valentin* – Erstdruck in: Der Zwinger (Dresden) III, 15. Februar 1919, 89. – Erheblich sind, ab der zweiten Strophe, die Abweichungen des Erstdrucks von der Fassung in „Fürchte dich nicht!":

Ja, Einfalt, Mutterwitz, Livree:

Ein treuer Diener nur.

Hilf daß ich dein Couplet **versteh,**
Grundgütige Natur!

Des flotten Flottwells Schloß ward Staub.
Doch deine Hütte hält,
In Weltgericht und **Seelen**raub
Zur Zuflucht hingestellt.

Die Späne flogen her und hin,
Das Holz war **morsch! – Humor**
Verschönt dein Handwerk, Valentin,
So rührend wie zuvor.

Verschwender alle unerhört
Und Spieler ohne Glück,
Wir tappen bettelarm, verstört,
Zerzaust zu dir zurück.

Du hobelst – Weltkulisse fällt,
Doch dich erschlägt sie nicht.
Der Armen Blut! Das böse Geld!
Ein Tischlermeister spricht.

Die Fassung in „Fürchte dich nicht!" ist gegenüber dem Erstdruck stark aktualisiert und um die fünfte Strophe des Erstdrucks gekürzt. Die gewandelte Auffassung des „Kleinen Mannes" im Gewand der Figur des treuen Dieners in Ferdinand Raimunds „Verschwender" ist vor allem in der letzten Strophe zu spüren.

164 *Der Februar* – bezieht sich auf die blutige Niederschlagung des gegen die Errichtung einer austrofaschistischen Diktatur gerichteten Arbeiteraufstandes vom 12.-15. Februar 1934. – Vgl. „Zu Karl Kraus' sechzigstem Geburtstag", DÜdÜ, 17f., bzw. 328f.

166 *Die Mutter* – Handschrift in dem Notizheft DLA 69.3143/93.

168 *Karl Kraus* – Handschrift (Entwürfe) in dem falsch datierten Notizheft „Santa Monica 1939", DLA 69.3142/20. Das Notizheft enthält auf etwa 60 Seiten Skizzen und Gedichtentwürfe zu Karl Kraus, ausgelöst durch die Nachricht von Kraus' Tod (12.6. 1936).

171 *Zuhause* – Erstdruck unter dem Titel „Die Gräber" in: Die neue Weltbühne XXXIV (1938), Nr.46 (17. November), 1452.

172 *Auswanderer* – Erstdruck in: Das Neue Tagebuch (Paris) V (1937), Nr.23, 551.

173 *Lebensmüdigkeit* – Erstdruck unter dem Titel „Der Tod" in: Das Neue Tagebuch V (1937), 719. – In „Stefan Zweig und »Die Welt von Gestern« (Handschrift in DLA/Deposit, vermutlich 1951)

stellt B.V. dieses Gedicht als seine Antwort auf die Versuchung zum Selbstmord im Exil hin. Er erinnert an die Selbstmorde von Walter Hasenclever, Walter Benjamin, Stefan Zweig und Ernst Toller und schließt daran die Sätze: „Auch damals hatte sich in das Bedauern der Schicksalsgenossen ein Vorwurf, ja eine Art Entrüstung eingeschlichen. Bedeutete solch ein freiwilliges Aufgeben nicht einen Erfolg des Gegners, dem kein Sieg, und am wenigsten solch eine tödliche Fernwirkung, kein ihm so billig zufallender Triumph zu gönnen war. Ich hatte, als ich mich besonders vereinsamt und macht- und wehrlos fühlte, mir selbst zur Warnung die Strophen geschrieben: Lebensmüdigkeit. Die Depression, die, als Europa überrannt wurde, etwa beim Fall von Paris, auch den ins Exil geflüchteten, den vorläufig geretteten Europäer – und, wenn er feinfühlig war, gerade ihn – übermannen mochte, müßte als eine Wirkung des gegnerischen Aufwandes niedergekämpft werden. Sie verriet nicht nur Kleinmut und Charakterschwäche eines Einzelnen, die als eine Privatangelegenheit aufgefaßt werden konnten – sie war Verrat an den Feind. Das jeweils schwächste Glied der Kette, die wir im Ausland bildeten, wies, wenn es abriß, die Schwäche unserer ganzen Position auf." – Das Gedicht wurde von dem Komponisten Stefan Wolpe im April 1945 vertont. Die Vertonung wurde bei der zum 60. Geburtstag B.V.s organisierten Feier vorgetragen (New York, 29.4. 1945).

174 *Ich werde nie dich wiedersehen* – Handschrift in dem Heft „1940 Gedichte", DLA/Deposit.

176 *Ausgang einer Mutter* – Erstdruck in: Decision (New York) I (1941), H.6, 60; ebenda, S.61, eine englische Übersetzung von W.H. Auden: A Mother Goes Out (A Requiem).

180 *Tod eines Hundes* – die Widmung des Gedichtes gilt B.V.s jüngstgeborenem Sohn Thomas (geboren 1925 in Wien).

182 *Geschenk der Emigrantin* – bezieht sich auf die Schauspielerin Elisabeth Neumann, die B.V. im Sommer 1940 in New York kennengelernt hatte und die er, nach der Scheidung von S.V., 1950 in Wien heiratete.

183 *Heinrich Mann* – vgl. den Aufsatz „Heinrich Mann 75 Jahre", DÜdÜ, 219-225, bzw. 367f. Von der Verehrung B.V.s für Heinrich Mann zeugen auch noch zwei weitere gleichnamige Gedichte (Austro American Tribune, März 1944; Freies Deutschland, März-April 1946). 185 *Zeitgenosse* – Erstdruck in: Das Neue Tagebuch V (1937), 719.

186 *Haus in New York* – wiederabgedruckt in „Der Lebenslauf", S.33, mit dem Titel: Altes Haus in New York. Im Wiederabdruck sind die dritte und vierte Strophe weggelassen.

202 *Emigrantentheater* – bezieht sich auf eine von B.V. geleitete Leseaufführung von Szenen aus Goethes Faust II am Hunter College in New York, 18.5. 1942.

203 *Frau auf der Straße* – Handschrift unter dem Titel „Die Lastautos" in dem Heft „Gedichte 1933 Paris".

204 *Der Bauch spricht* – Erstdruck in: Decision I (1941), H.6, 62; ebenda eine englische Übersetzung von W.H. Auden: The Belly speaks to his Owner.

209 *In diesem Augenblick* – Erstdruck in: Das Wort (Moskau) IV (1939), H.1, 3ff.

211 *Quod demonstrandum est!* – (lat.) Was zu beweisen ist! Gewöhnlich in der Form „Quod erat demonstrandum" (was zu beweisen war) gebraucht. Durch die Abweichung von der sonst üblichen Redensart wird verdeutlicht, daß es sich nicht um einen Beweis, sondern um eine selbsterfüllte Prophezeiung handelt.

216 *tarpeischen Sturze* – Anspielung auf den Tarpejischen Felsen, den Westabhang des Kapitols in Rom. Der Felsabsturz soll zur Hinrichtung von Hochverrätern benutzt worden sein.

218 *In Schritt und Tritt* – dazu findet sich im Notizheft „1934", DLA 69.3142/13, eine Prosaskizze mit dem Titel „Aufs Herz treten", die mit den Worten beginnt: Es muß ein Genuß sein, auf ein Herz zu treten!

219 *Wachsein* – Handschrift in dem Notizheft DLA 69.3143/92 (London, 1936).

223 *Küfer* – Kellermeister (der die Fässer anzapft).

227 *Perambulator* – (engl.) Kinderwagen.

233 *Du bist eine Schauspielerin* – angesprochen wird vermutlich Beatrix Lehmann. Sie ließ sich trotz wiederholter Versuche B.V.s nicht bewegen, England zu verlassen und in die USA zu kommen. Insbesondere suchte B.V. sie für seine New Yorker Inszenierung von Max Catto's „They Walk Allone" (P: 12.3. 1941) zu gewinnen. Beatrix Lehmann hatte in B.V.s erfolgreicher Londoner Inszenierung des Stückes (P: Jänner 1939) die Hauptrolle gespielt.

235 *Die Pensionswirtin* – Elisabeth Wenzel war die Berliner Zimmerwirtin der Familie Viertel; bei ihr wohnte B.V. zuletzt bei seinem kurzen Aufenthalt in Berlin, Jänner/Februar 1933.

242 *Die neunte Symphonie* – vgl. das Gedicht „Beethovens Neunte. Erster Satz" (Typoskript in DLA/Deposit), das mit den Zeilen

beginnt: „Ich weiß, / Vorwärts müßt ihr, / Wohl oder übel. / Hinter euch drängt und stößt/ Mit ihren eisernen Wagen/ Die unaufhaltbare Zeit. // Wie ein großer Rückzug / Ist unser Vormarsch – / Ein Heer in Trümmern.“

243 *Einem Beethoven-Spieler* – Handschrift in dem Notizheft DLA 69.3143/93 (London, 1938).

247 *Denn Spanien* – Erstdruck in: Die neue Weltbühne XXXIII (1937), Nr.37, 1163. – Mit dem Widerstand (1936-39) der Spanischen Republik gegen den Franco-Faschismus hatte sich B.V. in einer Reihe von Gedichten identifiziert. Vgl. auch das Gedicht „Spanischer Spruch“ in „Der Lebenslauf“, in diesem Band S.374.

247 *Der Fall von Paris* – Handschrift in dem Notizheft DLA 69.3143/83 (New York, 1940).

264 *ein selbstgerechter Babbitt* – Anspielung auf den engstirnigen Mittelbürger Babbitt in Sinclair Louis' gleichnamigem Roman (1922).

266 *schreckgespenstigen Horen* – beim griechischen Dichter Hesiod (um 700 v.u.Z.) die drei Göttinnen der Gesetzmäßigkeit, der Gerechtigkeit (Schuldigkeit) und des Friedens.

267 *Der Treffer* – die Westminster Abbey, die im 13. Jahrhundert als Klosterkirche erbaute gotische Kathedrale in London; Grabstätte vieler bedeutender englischer Persönlichkeiten, einschließlich eines „Poets' Corner“; durch deutsche Bombenangriffe im Zweiten Weltkrieg schwer beschädigt.

268 *Kutusows Schatten* – der russische Marschall Michail Ilarionowitsch Kutusow gilt als Urheber jener Strategie eines Rückzugs in die Weiten Rußlands, an der Napoleons Rußland-Feldzug 1812 scheiterte. Da das Gedicht vor dem Überfall Hitlerdeutschlands auf die Sowjetunion entstanden ist, kann es nicht als verzweifelter Deutungsversuch der schweren Niederlagen, die die Rote Armee 1941/42 erlitt, gelesen werden.

269 *Heimkehr* – handschriftlicher Entwurf ohne Titel in dem Heft „Gedichte. Gesammelt 1930“ (entstanden vermutlich 1934).

272 *Kleine Schuhe* – die Widmung gilt B.V.s 1919 und 1921 geborenen Söhnen Hans und Peter. Vgl. „Das neue Haus“, KeC, 193-195.

272 *Der Weinende* – Handschrift in dem Heft „Gedichte. Gesammelt 1930“.

275 *Langsam zu sprechen* – Handschrift in dem Heft „Gedichte. Gesammelt 1930“. Das Gedicht geht zurück auf ein anderes

Gedicht „Auch die glückliche Liebe…", Handschrift in dem Heft „Roman einer Liebe in Gedichten" (Düsseldorf, 1926), Nr. XXV des Zyklus.

277 *Schulzeit* – Handschrift in dem Heft „Gedichte. Gesammelt 1930". – Vgl. die Darstellung des Konflikts mit dem Lehrer (über die Berechtigung des Weinens am Beispiel des Achill) in „Die Stadt der Kindheit" (Unterabschnitt „Aro"), KeC, 107.

278 *Der Judenknabe* – Handschrift in dem Notizheft DLA 69.3143/86 (New York, 1931). Erstdruck in: Jüdische Revue (New York-Prag-Mukaevo), Nr.10-11/1938, 585f.

280 *Der alte Jude* – Erstdruck in: Jüdische Revue, Nr.11-12/1938, 585.

281 *Abisag* – handschriftlicher Entwurf mit dem Titel „David und Abisag" in dem Notizheft DLA 69.3143/95 (London, 1938/39).

282 *Mannah* – Handschrift in dem Heft „Gedichte. Gesammelt 1930".

285 *Lied von der Galeere* – die Widmung des Gedichtes gilt dem englischen Schriftsteller Christopher Isherwood, mit dem B.V. seit 1934 befreundet war, und der, wie B.V., 1939 in die USA gekommen und zunächst in Kalifornien gelebt hatte.

285 *Der Kinderkreuzzug* – vgl. Bertolt Brechts 1941 entstandenes Gedicht „Kinderkreuzzug". B.V. plante schon 1933 einen Gedichtband „Kinderkreuzzug", wobei er gewiß auch an den französischen Kinderkreuzzug von 1212 dachte, der für die überlebenden Kinder in der Sklaverei endete.

286 *Das Dunkel der Nacht* – handschriftlicher Entwurf in dem Heft DLA 69.3143/95 (London, 1938/39).

288 *Der Engel Shelley* – handschriftliche Entwürfe in dem Heft „Santa Monica 1939", in welchem sich auch die Entwürfe zu dem Gedicht „Karl Kraus" finden.

290 *Full Speed* – (engl.) etwa: „Volle Kraft voraus!". Typoskript unter dem Titel „Eine Fahrt" in DLA/Deposit. Wiederabgedruckt in „Der Lebenslauf", S.116f., unter dem Titel „Traum von einer Meerfahrt"; weggelassen sind im „Lebenslauf" die Zeilen:
Vielleicht an barbarischen Ufern,
Nie begangenen Küsten,
Wo Altäre unser warteten,
Die nicht von Menschen gerüstet waren.

298 *Pax vobiscum, Der Trichter* – handschriftliche Entwürfe im Notizheft DLA 69.3143/95 (London, 1938/39).

301 *In der Hölle* – handschriftlicher Entwurf in dem Heft „Tagebuch etc. Okt. 1933", DLA/Deposit.

304 *Salomonischer Trost* – das Gedicht wurde unter dem Titel „Salo-
monischer Spruch" von dem Komponisten Stefan Wolpe im April
1945 vertont. Die Vertonung wurde bei der Feier zum 60. Geburts-
tag B.V.s vorgetragen.

Schlaflosigkeit

Schlaflosigkeit. Gedichte 1939 bis 1945 dokumentiert, zusammenge-
stellt durch den Herausgeber, in Zeitungsdrucken erschienene und im
handschriftlichen Nachlaß überlieferte Gedichte B.V.s. – Der Zweizei-
ler, S.305, „Auf heimatlichen Kissen ruhte ich in fremder Welt...",
wurde dem Gedicht „Die Kissen" entnommen, Typoskript in Samm-
lung E.N.; Erstdruck in: das silberboot V, H.2 (Dezember 1951), 85.

307 *Dreizehnter März 1938* – Erstdruck in: Die neue Weltbühne XXXV
(1939), Nr.12 (23. März), 373. – Am 13.3. 1938 verleibte sich
Hitlerdeutschland Österreich ein, ein Jahr später, am 15.3. 1939,
folgte die Besetzung der nach der Abtretung der sogenannten
sudetendeutschen Gebiete und der Trennung von der Slowakei
verbliebenen Resttschechoslowakei. Im Erstdruck ist das Gedicht
vor B.V.s Aufsatz „Gedenktage", der sich mit dem Schicksal der
Tschechoslowakei befaßt, gestellt und erinnert somit an das Ereig-
nis, mit dem Hitlers ungehemmte Expansion in Mitteleuropa
seinen Anfang nahm. – Vgl. auch (KeC, 86f.) die Beobachtungen
B.V.s im Zusammenhang mit seiner Rückkehr nach Wien, Dezem-
ber 1948: „So glaubte der Heimkehrende den Ausdruck der Ge-
sichter, der ihm das Herz bedrückte, hier schon im Sommer 1932
– zur Zeit der Weltkrise – erblickt zu haben: einen Kaspar-Hauser-
Ausdruck, der ihn fragen machte:»Was hat man dir, du armes Kind,
getan?« Schuldlos-schuldig sah mancher aus, von seinem Gewis-
sen belastet für etwas, das getan zu haben oder gewesen zu sein er
sich kaum erinnerte. Das Gedächtnis der Menschen gleicht oft
einem Einbrecher, der seine Spuren so gut verwischt hat, daß er sie
selbst nicht mehr aufzuspüren vermöchte."

307, 308 *Jenen Deutschen, Neudeutsche, Ein österreichischer Dichter*
– Handschriften in dem Heft „Der Lebenslauf. Neue Auswahl".

309, 310 *Tantchen, Auswanderer* – Typoskripte in DLA/Deposit.

310 *Der Spiegel* – Erstdruck unter dem Titel „In Rom" in: Die neue
Weltbühne XXXIII (1937), Nr.48, 1507; Typoskript in
DLA/Deposit, datiert: 1937. – Das Gedicht bezieht sich natürlich
auf Mussolini.

311 *Dem »Führer« zu Ehren* – Erstdruck in: Aufbau (New York), 24.4.
1942; Typoskript in DLA/Deposit.

311 *An jedem Morgen* – Typoskript in DLA/Deposit. Vgl. „Staling-
rad" in „Der Lebenslauf", in diesem Band S.365.

312 *Die Emigranten und das Bett* – Erstdruck in: Mit der Ziehharmonika (Wien) Nr.3/1993, 5; Typoskript in DLA/Deposit. – In Hampstead lebten sehr viele deutschsprachige Emigranten; in Hampstead befand sich auch der Sitz des von B.V. mitbegründeten Freien Deutschen Kulturbundes in Großbritannien. Die letzte Zeile des Gedichts „Kein Bett, sondern nur das Bettzeug zu tragen" spielt darauf an, daß viele Bewohner Londons in der Zeit der deutschen Bombenangriffe ab Sommer 1940 mit ihrem Bettzeug in die Stationen der Untergrundbahn schlafen gingen.

313 *Die Hymne* – Typoskript in Sammlung E.N.

314 *Jüdisches Vermögen* – Zeitungsdruck in Sammlung E.N.

314 *Camill Hoffmann* – Handschrift in dem Notizbuch „New York 1945", Nachlaß H.H.; Entwurf ohne Titel, erste Strophe: In Auschwitz also, dort vergast: / Camill, auch Du / Bist von den totgemachten Juden einer, / Und Irma: ja, vereinigt gingt ihr zur Ruh / Auf solche Weise gingt ihr eurem Tode zu – // …); Erstdruck in: Mit der Ziehharmonika Nr.4/1987, 9. – Mit Camill und Irma Hoffmann waren S.V. und B.V. seit der Zeit in Dresden befreundet. Hoffmann, Lyriker, Journalist, Übersetzer und von 1920-38 tschechoslowakischer Diplomat in Berlin, half zahlreichen deutschen Schriftstellern bei ihrer Emigration aus Hitlerdeutschland. 1944 wurden Irma und Camill Hoffmann im KZ Auschwitz ermordet.

315 *Ohne Decken, ohne Kohlen…* – Erstdruck in: Freiheit für Österreich (New York) Nr.12, Mid-June 1943.

316 *Was für ein Geraschel…* – Typoskript in DLA/Deposit.

317 *Das Unheil* – Erstdruck in: Die Schau (Wien) Nr.12, Juni 1953, 10.

317 *Der Tritt meines Hundes* – Handschrift in dem Heft „Gedichte. Gesammelt 1930"; Typoskript in DLA/Deposit, datiert: 3.1. 1931.

318, 319, 320 *Das Alter* (Datierung „1939" durchgestrichen), *Am Beginn der Woche* (ursprünglicher Titel: Beginn des Tages), *Die schwarze Kuh* – Typoskripte in DLA/Deposit.

320 *Das Nebelhorn* – Handschrift in dem Heft „Der Lebenslauf. Neue Auswahl", DLA/Deposit.

321 *Schlaflosigkeit* – Zeitungsdruck, Sammlung E.N.

321 *Smolensk* – Handschrift in dem Heft „Der Lebenslauf. Neue Auswahl"; datiert: 25.9.1943. – Im Nachlaß findet sich noch ein weiteres Smolensk-Gedicht, datiert: 7.8. 1941. Am 16. Juli 1941 hatten die Truppen Hitlerdeutschlands Smolensk eingenommen. Teile der Roten Armee waren vorher eingekesselt worden. Das

hier abgedruckte Gedicht entstand aus dem entgegengesetzten Anlaß: Am 25. September 1943 wurden die deutschen Truppen wieder aus Smolensk geworfen.

322 *Zwiesprache* – Typoskript in DLA/Deposit.

323 *Paß-Photo* – Handschrift beim Brief DLA 91.15.61/44 an E.N., (New York), 28.5.1944. – E.N. hatte B.V. ein „Paßbildchen" von sich geschickt, das er offenbar in den Spiegel gesteckt hatte.

323 *Die angenehmen Formen einer Scheune...* – Handschrift in dem Notizbuch „New York 1945"; datiert: Vermont, 3. Juli 1945.

324 *»Wir sind Gefangene«* – Typoskript in Sammlung E.N.; Erstdruck in: Austro American Tribune (New York) II, Nr.1, August 1944; Oskar Maria Graf gewidmet.

325 *Der Berg* – Typoskript in DLA/Deposit; Erstdruck in: Aufbau 17.4. 1942, 32. – Das Gedicht spielt auf E.N.s Haus am Grundlsee im Salzkammergut an.

326 *Tote auf Urlaub* – Typoskript in DLA/Deposit. – Von dem Gedicht existieren drei Fassungen, die wiederum etliche Varianten aufweisen. Das Gedicht war ursprünglich für „Der Lebenslauf" vorgesehen und mußte entfallen, weil seine endgültige Textgestalt trotz den oder gerade wegen den Bemühungen Bertolt Brechts und Wieland Herzfeldes nicht zustande kam. Im Juli 1945 hatte B.V. das Gedicht in Vermont mit Brecht durchbesprochen. Darüber schrieb B.V. am 14.7. 1945 an Herzfelde: „... worauf Brecht hinzielte, war, dem Gedicht eine allgemeinere Perspektive zu geben. [...] Er fand das Gedicht zu ausführlich, es ließe zu wenig zum Erraten übrig. »Freieres Wort sprach nie ein deutscher Dichter als Rosa Luxemburg vor ihrem Richter«, war Brecht nicht recht, weil er den deutschen Dichtern ... nicht einmal soviel zugestehen will. – [...] Zunächst brauche ich Tage, um mein eigenes Gefühl für das Gedicht wiederzufinden. So empfänglich ich auch für den Ton Brechts bin, so ist es eben sein Ton und nicht meiner." Wenige Tage später teilte B.V. Herzfelde mit, der Titel sei nun auf „Deutsche Juden" geändert. „Mir ging es bei alledem um eine genaue – möglichst genaue – Beschreibung der Vorgänge u. Charakterisierung der Menschen, Brecht geht es um die »Verfremdung«. (Brief vom 16./22.7. 1945). Gegen den Titel „Deutsche Juden" wiederum protestierte Herzfelde: „Damals haben nur die Völkischen (Rathenau, die Judensau) so feine Unterschiede gemacht ... Man sollte versuchen, es wieder aus der Mode zu bringen." (Brief an B.V., 17.8. 1945). Draufhin teilte B.V. am 23.8. 1945 Herzfelde mit: „Bei ›Tote auf Urlaub‹ bin ich ... großenteils

zu meiner ersten Fassung zurückgekehrt." Im nächsten Brief, am 27.8.1945, erläuterte er sein Vorgehen damit, daß „durch die Bearbeitung Brechts ein wesentlich anderes Gedicht, verschieden in Tonfall und Gehalt entsteht …; durch die sorgfältige Siebung von Zeilen, die rationelle Aussparung, entstünde auch der Eindruck des »Gemachten«. Aus einem persönlichen Bekenntnis würde ein politisches Dokument … Ich beschrieb die Persönlichkeiten, indem ich jene Züge hervorhob, die das Menschliche ausmachen. … Die Art, wie sie gekillt wurden, hatte mit ihrem Judentum zu tun; wieviel ihr jüdisches Minoritätsbewußtsein mit ihrer Entschlossenheit, für das Proletariat einzutreten, zu tun hatte, ist eine andere Frage. … Solange das [die rassistische Verfolgung der Juden] nicht aufgehört hat, muß ich mich zu den jüdischen Opfern bekennen. Ich habe es in diesem Buch zu wenig getan …"

327, 328 *Und das war halt Wien, ich würd es erkennen…*, *Die Pferdebahn*, *Mon ami Pierot* (datiert: 19.9. 1943) – Handschriften in dem Heft „Autobiographie in Versen", begonnen 13.9. 1943, in dem sich der unvollendete Zyklus „Ein Mensch meiner Bekanntschaft" findet. – B.V. hat sich mit dem Projekt einer „Autobiographie in Versen" im Zuge der Arbeit an seinen autobiographischen Fragmenten immer wieder befaßt.

330 *A.P.* – gemeint ist der Jugendfreund Alfred Polgar, der 1943 seinen 70. Geburtstag im New Yorker Exil feierte. – Vgl. „Ein Brief" in KeC, 232-239.

330 *Eine Fliege* – Handschrift in dem Notizbuch „New York 1945".

331 *Die Frauen* – Erstdruck in DuD, 58.

Der Lebenslauf

Der Lebenslauf. Gedichte. New York: Aurora Verlag 1946. 110 S. (Auflage 1.500). Weitere Ausgabe: Berlin: Aufbau-Verlag 1947. 125 S. (Auflage 10.000).

Das Exemplar im DLA (New York 1946) mit der handschriftlichen Widmung B.V.s: „Für Salka, heute wie immer, Berthold am Tage des Erscheinens, erstes Exemplar, 21. März 1946".

Dem Konzept nach geht der Band „Der Lebenslauf" dem fast fünf Jahre früher erschienenen Band „Fürchte dich nicht!" voraus. B.V. dürfte den Band seit Mitte der 30er Jahre geplant haben.

So verhandelte B.V. mit dem neugegründeten „Humanitas"-Verlag (Zürich) Anfang 1936 über einen Gedicht- und einen Prosaband. Der Verlag wünschte aber zuerst einen neuen Prosaband. (B.V. an S.V., London, 28.1. 1936).

Am 3.12. 1937 schrieb B.V. aus London an S.V.: „Mein Gedichtbuch erscheint nun endgültig bei Lanyi in Wien, 150 Gedichte auf 200 Seiten, genannt:»Der Lebenslauf«. Mein Druckzuschuß wird, in monatlichen Raten, von meinen Einkünften von den Wiener Häusern geleistet ..."

Am 24.12. 1937 meldet die Neue Freie Presse (Wien), daß im Frühjahr der Gedichtband „Der Lebenslauf" bei Richard Lanyi erscheinen werde, und bringt als Vorabdruck das Gedicht „Fahrwohl der Jugend" (in diesem Band S.148).

Mit dem „Anschluß" (13.3. 1938) mußte dieses Projekt aufgegeben werden: „Mein Buch, das soeben ausgedruckt werden sollte, muß natürlich aufgegeben werden." (B.V. an S.V., London, 15.3. 1938).

Im Dezember 1938 bespricht er mit Hermann Budzislawski in Paris, den geplanten Gedichtband mit Hilfe der „Weltbühne" wieder auf die Wege zu bringen. (B.V. an S.V., London, 28.12. 1938). Auch dieses Projekt zerschlägt sich oder wird vielmehr durch die Zeitereignisse zerschlagen.

Seit 1942 sondierte Wieland Herzfelde die Möglichkeiten zur Gründung eines deutschsprachigen Exilverlages in den USA. B.V. war in diese Bemühungen einbezogen. Am 21.10. 1943 schrieb er an Herzfelde: „Bei mir liegen, an Material, drei Bände ungedruckter Lyrik; ... Aber zwei Möglichkeiten schweben mir vor, wenn ich an den »Aurora-Verlag« denke: erstens ein Bändchen »Österreichische Elegie« (wovon einiges in »F.d.n.« erschien [vgl. den Abschnitt „Österreichische Elegie" in „Fürchte dich nicht!"]); zweitens bin ich dran, die unbefugte

»Prometheus-Übertragung« (-Bearbeitung), deren Anfang gleichfalls in »F.d.n.« zu finden ist, zu vollenden. Dazu rät mir Brecht sehr. Die österreichischen Gedichte fänden bestimmt nicht nur Leser, sondern auch Käufer." Herzfelde sagte „Österreichische Elegie" jedoch wenig zu. B.V. kam daher im Brief vom 8.1. 1944 auf den ursprünglichen Titel zurück: „Der Titel meines nächsten Bandes sollte lauten: »Der Lebenslauf«. Aber das würde ein starker Band sein, dem das Bändchen entnommen werden könnte, das Du mit 68 Seiten bemißt; dann wahrscheinlich unter einem anderen Titel."

Am 26.6. 1945 schreibt B.V. aus New York an S.V.: „Heute schließe ich mein Gedichtbuch ab."

„Der Lebenslauf" fand keine ungeteilte Zustimmung. So schrieb Franz Golffing in der Zeitschrift „das silberboot" (Wien): „Viertel war damals [zur Zeit seiner frühen Gedichtbände] – und ist, in geringerem Grade, noch heute – ein Meister der gesprochenen Sprache; er ist fast nie in Gefahr, geschraubt oder papieren zu werden. Seine Gefahr ist eine ganz andere: nämlich eine gewisse Redseligkeit und Weitschweifigkeit, ein Nachlassen jener Spannung, die sein erstes Buch so denkwürdig gemacht hatte. »Der Lebenslauf« enthält kein einziges Stück, das im selben Atem mit »Einsam« oder »Unschuld« genannt werden könnte, und gedanklich stehen die neuen Gedichte hinter den besten metaphysischen Stücken in der »Bahn« zurück. Es ist sehr schwer – vielleicht unmöglich – zu sagen, ob wir es hier mit einem definitiven Rückschritt zu tun haben oder mit einer Übergangsstufe, die zu einer neuen Konzentration führen wird. […] Wir legen das Buch mit dem Gefühl aus der Hand, daß »weniger« hier »mehr« gewesen wäre." (Vier österreichische Dichter. [Rezension von Büchern von Alexander Lernet-Holenia, Alma Johanna Koenig, Erika Mitterer und B.V.] in: das silberboot II, H.9/1946, 213-215).

Golffing dürfte mit seinem Unverständnis für die Entwicklung des Lyrikers B.V. in Österreich nicht allein gestanden haben.

In der New Yorker „Austro American Tribune" hob dagegen Günther Anders hervor: „Kaum Einer seiner Generation, kaum Einer aus der Nachkriegsepoche der »Oh-Mensch-Dichter« hat seine Unbedingtheit, seine Empörung, seine Menschen- und Weltfreundlichkeit über die Spanne von 25 Jahren so hinüberretten können wie er. Kaum Einer wie er es fertiggebracht, täglich mit keinem kleineren Übel zu paktieren oder auch nur sich zu versöhnen. Während sich viele seiner Generation, als der Schrecken von 1933 anhob, in Thematik und Ton ihres Schreibens bereits endgültig festgelegt hatten; während für sie die Katastrophe eher zur Störung als zum Inhalt ihrer Produktion wurde, hat er sie im täglichen und nächtlichen Dichten pausenlos begleitet. Noch heute steigt mit steigenden Jahren seine Widerstandskraft." („Schwermut und Gerechtigkeit. Bemerkungen zu Viertels neuen Gedichten", Austro American Tribune IV, Nr.9, April 1946, 9f.)

335 *Der Wunsch* – Handschrift in dem Notizbuch DLA 69.3143/94 (um 1934); Typoskript in Sammlung E.N.

335 *Kinderbildnis* – Handschrift in dem Heft „Der Lebenslauf. Neue Auswahl[2]". In der Handschrift E.N. gewidmet. Nach der fünften Strophe folgen die in „Der Lebenslauf" gestrichenen Strophen:
Geheimer Schwur war da noch nicht gebrochen
Der älteren Schwester, die dich eingeweiht
In Sprachen, die vor euch kein Mensch gesprochen:
Du lerntest sie für alle Ewigkeit –

Die kindischen Lippen wissen noch zu schweigen.
Als deine Schwester eure Welt verließ,
Blieb euer Eigentum nur dir zu eigen:
Du weißz von jedem Ding noch, wie es hieß.

338 *Der Haß* – das Gedicht bezieht sich auf Erika Mann und deren – nach B.V.s Meinung – ungerechtfertigt unversöhnliche Haltung gegenüber den Deutschen als solchen.

338 *Der Hund* – Handschrift in dem Heft „Gedichte. Gesammelt 1930"; entstanden wahrscheinlich im Dezember 1932.

340 *Die Landschaft* – Handschrift in dem Heft „Der Lebenslauf. Neue Auswahl"; Erstdruck in: Austro American Tribune II, Nr.4, Dezember 1943, 4. Im Erstdruck Liesl Polgar gewidmet.

341, 343, 348, 349, 351, 353 – *Der Haß des Bürgers, Kinderstimmen, Der Trommelschlag, Nach einem alten Lied, Sein und Haben, Die Liebe, Kalifornischer Herbst* – Handschriften in den Heften „Der Lebenslauf. Neue Auswahl".
In der Handschrift weist „Die Liebe" eine in „Der Lebenslauf" gestrichene vierte Strophe auf:
In der Zeit des großen Mordens
Konnte ich höchstens eine Spinne erschlagen,
Eine Schnecke zertreten, oder auf Rache und Recht sinnen.
Sonst konnte ich nichts, weder helfen noch raten,
Weder töten noch heilen –
Aber dir konnte ich noch weh tun.

355 *Die Heimkehr* – Erstdruck in: Austro American Tribune, Mai 1945, 9.

356 *Wer traurig sein will* – wurde vertont von Hanns Eisler unter dem Titel „Traurigkeit" („Ernste Gesänge für Bariton und Streichorchester", veröffentlicht 1962) mit einem von Hanns Eisler leicht veränderten Text, die den zukünftigen Leser des Gedichts real faßt, ihm und nicht den Zeitgenossen des Dichters die aktive Rolle zuspricht und das Gedicht damit gewissermaßen in die Vergangenheit verlegt. Eislers Version ist für die Zukunft eindeutiger optimistisch gestimmt. Das wird vor allem in Eislers Bearbeitung der zweiten Strophe deutlich:

Du solltest dich über die [B.V.: Wir wollen uns um unsre] Gründe
                   fragen
Der Traurigkeit, du Mensch der **besseren** [B.V.: späteren] Zeiten.
Die meinen wird dir die Geschichte sagen,
Die Jahresdaten meiner Traurigkeiten.

356 *Totengespräch* – Handschrift in dem Heft „Der Lebenslauf. Neue Auswahl[2]".

358 *Der Regisseur* – bezieht sich auf den Tod von Max Reinhardt, der am 31.10. 1943 in New York starb. – Im Nachlaß findet sich ein erheblich unkritischeres, da pietätvolles „Max Reinhardt"-Gedicht, entstanden unmittelbar nach Reinhardts Tod, das von Ernst Deutsch auf einer von B.V. präsidierten Max Reinhardt-Feier in New York am 2.12. 1943 vorgetragen wurde.

359 *No trespassing* – (engl.) etwa: Unbefugten ist der Zutritt verboten!

360 *»Poggfred«* – Epos von Detlev v. Liliencron, erschienen 1896.

361 *Totenmaske* – Handschrift unter dem Titel „Totenmaske eines Streiters. (Karl Kraus)" in dem Heft „Der Lebenslauf. Neue Auswahl".

361 *Upton Sinclair* – Erstdruck unter dem Titel „Upton. (Zum sechzigsten Geburtstag)" in: Die neue Weltbühne XXXIV, 6.10.1938, 1261. B.V. und S.V. waren mit dem US-amerikanischen Schriftsteller und demokratischen Politiker Sinclair (1878 – 1968) persönlich bekannt; insbesondere spielte diese Bekanntschaft bei der Finanzierung von Sergej Eisensteins Fragment gebliebenem Mexiko-Film eine Rolle.

362 *Alter Propagandafilm* – es geht ziemlich eindeutig hervor, daß das Gedicht auf den Leni Riefenstahl-Film „Triumph des Willens" (1934) gemünzt ist.

362 *Rostrum* – (lat.) eigentlich: Schiffsschnabel; auf dem Forum Romanum als Rednertribüne benützt.

362 *Ein Fetzen Papier* – Handschrift in dem Heft „Der Lebenslauf. Neue Auswahl". In der Handschrift untertitelt: (Dem Andenken

Rudolf Leonhards). – Der Schriftsteller Rudolf Leonhard (1889 – 1953), ein Mitbegründer der „Deutschen Freiheitsbibliothek" in Paris, wurde 1939-41 im Lager Le Vernet interniert und überlebte die deutsche Besetzung Frankreichs im Gefängnis von Castres. Offenbar glaubte B.V. bei der Niederschrift des Gedichtes, Leonhard sei von den Nazis ermordet worden.

366 *Konzert in New York* – vgl. dazu die Auseinandersetzung mit Richard Wagner in „Deutsche Kultur in Vergangenheit und Zukunft", DÜdÜ, S.174ff. und 352f.

372 *Eines Tages* – Erstdruck in: Austria Libre (Mexico) IV, Nr.12, Dezember 1945, 6.

373 *Ode an Deutschland* – Erstdruck in: Freies Deutschland (Mexico) IV, Nr.12, Nov.-Dez. 1945.

376 *Gedenkstein* – Erstdruck in: Austro American Tribune, Mai 1945, 9,

377 *Farewell* – Handschrift unter dem Titel „Devise" in dem Heft „Frühe Gedichte … 1900 – 1922"; erstes Gedicht des Zyklus „Die Welt des Knaben …".

379 *Die Umarmten* – handschriftliche Entwürfe in dem Notizbuch DLA 69.3143/53 (Hollywood, um 1930) und in dem Heft „Der Lebenslauf. Neue Auswahl" (das Gedicht ist hier auf 1926 datiert).

380 *Die Tote* – Handschrift in dem Notizbuch „Tagebuch etc. Okt. 1933".

382, 383, 384 *Im Schlafe, Traum, Ein Vater, Sokrates* – Handschriften in den Heften „Der Lebenslauf. Neue Auswahl".

384 *Späte Wissenschaft* – Handschrift in dem Heft „Der Lebenslauf. Neue Auswahl"; entstanden vermutlich 1932. Erstdruck in: Austro American Tribune, Mai 1945, 9.

386 *Der Klavierstimmer* – Handschrift in dem Heft „Gedichte Santa Monica, 1930".

392, 393 *Spiegel an der Wand* (entstanden vermutlich 1932), *Du kommst heim, Ein toter Schmetterling, Der Fliederstrauß* – Handschriften in den Heften „Der Lebenslauf. Neue Auswahl".

406 *Der Lebenslauf* – vgl. dazu das gleichnamige Epigramm (Handschrift im Nachlaß) mit seiner (umkehrenden) Anspielung auf die bekannte Stelle in Friedrich Nietzsches „Also sprach Zarathustra":
Der Lebenslauf ist ein Gespenst,
Das sich mit unseren Taten kränzt.
Er läuft dem blühenden Fleisch entgegen.
Er wird sich schließlich niederlegen.

Erinnerung, die Spinne

Erinnerung, die Spinne. Gedichte 1945 bis 1953 dokumentiert, zusammengestellt durch den Herausgeber, in Zeitungsdrucken erschienene und im handschriftlichen Nachlaß überlieferte Gedichte B.V.s.

B.V. war am 4.12. 1948 nach Wien zurückgekehrt. Anknüpfend an seine Versuche, eine „Autobiographie in Versen" zu schreiben, entwickelte B.V. 1949 den Plan eines „Wiener Brevier in Vers und Prosa", zu dessen Bestandstücken „Gedichte der Emigration und der Wiederkehr, mit rückwärts- und vorwärtszielender Abrechnung" gehören sollten (vgl. KeC, 317f.). Der Plan wurde nicht realisiert.

Auch der Band „Dichtungen und Dokumente", um den sich der Schauspieler und Freund B.V.s aus der Zeit in Düsseldorf Ernst Ginsberg bemühte, kam erst nach Viertels Tod 1956 heraus. Obwohl B.V. die Bemühungen Ginsbergs unterstützte, kann der Band „Dichtungen und Dokumente" (mit Gedichten von S.13 – 141, die zum Großteil den früheren Gedichtbänden B.V.s entnommen sind) nicht als eine von B.V. zusammengestellte Sammlung seiner Texte angesehen werden.

409 *Goering* – Handschrift in dem Notizbuch „New York 1945".

410 *Der Werdende* – Typoskript in Sammlung E.N.; Erstdruck in: das silberboot V, H.2 (Dezember 1951), 85.

411 *Die Karawane* – Erstdruck in: Austro American Tribune V, Nr.11 (Juli 1947), 7.

412 *So spät* – handschriftliche Entwürfe in dem Notizbuch „New York 1945". In der Handschrift wird ein anderer Titel erwogen: Die neue Zeit.

412 *Schnee* – Erstdruck in: DuD, 140.

413 *Spätes Epigramm* – Zeitungsdruck, Sammlung E.N.

413 *Die Narrenjacke* – Typoskript in DLA/Deposit.

414 *Spinnweb* – Handschrift in dem Notizbuch „New York 1945".

414 *Spruch*, *Spruch von der Vergeltung* – Erstdruck in: Aufbau (Berlin) VI (1950), H.2, 144f.

415, 416 *Zerstörte Stadt*, *Ruhiger Schlaf* – Handschriften in dem Notizbuch „New York 1945"; Erstdrucke in: Die Schau (Wien) Nr.12, Juni 1953, 10.

415 *Die Wiederkehr* – Typoskript in DLA/Deposit.

415, 417 *Nichts schlimmer*, *Der Heimgekehrte*, *Judengrab* – Erstdrucke in: DuD, 137, 134, 51.

416 *Die Kinder* – Erstdruck in: Lynkeus (Wien) Nr.2, 6.

Nachwort: Das Exilerlebnis in Berthold Viertels Lyrik

„Wir gingen ins Exil wie entthrohnte Könige". Mit diesem erstaunlich provokativen Satz beginnt Berthold Viertel, Regisseur, Kritiker, Schriftsteller und Lyriker im Exil, eine seiner kurzen autobiographischen Fragmente. Er vergleicht also sich und seine aus der Machtsphäre des Dritten Reiches entflohenen Exilgenossen mit „entthrohnten Königen", stellt aber dann gleich, halb zurücknehmend, fest: „Einige von uns hausten tatsächlich wie solche an der Riviera. Andere würgten das Brot der Armut und Knechtschaft" (KeC, 211). Also auch an Armut und Knechtschaft hatten viele Emigranten mit unterdrücktem Stolz zu „würgen". Und schon im nächsten Satz ist Viertel darauf bedacht, sich selbst von dem inklusiven „wir" und „uns" der ersten Aussagen auszuschließen, wenn er sagt: „... Ich verließ kein Königreich. Meine Arbeit hatte bereits im Triebsand zerbröckelnder Verhältnisse begonnen. Sie blieb provisorisch ..." Ist Viertel nun wirklich ein Teil dieser exklusiven Emigrantengruppe, oder ist er es nicht? Hat er das Recht, sich wie ein entthrohnter König zu fühlen, oder hat er es nicht? Welche historische Realität steht hinter jenen poetisch einsichtsvollen, aber doch sehr vereinfachend zugespitzten Aussagen Viertels? Und welche Zusammenhänge bestehen zwischen dieser Realität und Viertels lyrischem Werk?

Berthold Viertel selbst hat nie an der Riviera residiert – auch nicht im idyllischen Fischerdorf Sanary-sur-mer, wo solch wohletablierte Autoren wie Lion Feuchtwanger und Franz Werfel sich niedergelassen hatten, um die hoffentlich kurzlebige Nazizeit zu überstehen –, aber er hatte in der Tat als Regisseur in den Filmstudios von Hollywood einige einträgliche Jahre im sonnigen Strandbadeort Santa Monica verbracht, im schönen Haus an der Mabery Road, wo im Garten die Feigen und Aprikosen reiften und der Blick auf den Pazifik sich weitete, und das noch bevor dann eben jene etablierten Autoren und andere berühmte Flüchtlinge, wie etwa Thomas und Heinrich Mann, Bertolt Brecht und Alfred Döblin, nach und nach in Kalifornien, ihrem endgültigen Zufluchtsort, eintrafen. Gleich entthrohnten Königen im Exil hatten diese illustren Flüchtlinge viel von ihrer öffentlichen Geltung verloren, dazu auch ihren kulturellen und sozialen Wirkungskreis und einen

großen Teil ihrer loyalen Anhänger, aber ungleich jenen abgedank-
ten Majestäten hatten sie meist weder Pensionsgeld noch ererbten
Familienreichtum zum standesgemäßen Lebensunterhalt. Sie
lebten jetzt vorwiegend von der Hand in den Mund. Werfel, Feucht-
wanger und Thomas Mann hatten guten Erfolg mit Übersetzungen
ihrer Werke und erreichten wieder einen gewissen Grad von Wohl-
stand und Ansehen. Andere Schriftsteller vergrößerten ihren Wir-
kungskreis und ihr Einkommen indirekt durch Mitarbeit an Dreh-
büchern für die Filmindustrie, so etwa Bertolt Brecht, mit wech-
selndem Erfolg, und besonders auch Berthold Viertels Frau Salka,
die damit viele Jahre lang den Unterhalt für sich und die Familie
verdiente. Einige allerdings, so auch Döblin und Heinrich Mann,
konnten sich kaum über Wasser halten mit Hilfe wohltätiger
Spenden von Freunden, von Verwandten (Thomas Mann half
seinem Bruder Heinrich), vom „European Film Fund"[1] und anderen
Flüchtlingsorganisationen. Auch die einjährigen Filmautorenkon-
trakte für $100 die Woche, die etwa einem Dutzend der Exilautoren
von den großen Filmstudios zur Einreisebürgschaft gewährt
wurden, sind als wohltätige Spenden anzusehen. Soviel über
„Reichtum" und „Armut" der literarischen „Könige" im Exil.

Was die „Knechtschaft" anbelangt, so war keiner der bekannten
Exilautoren, von denen viele schon im fortgeschrittenen Alter stan-
den, dazu fähig oder willens, sein Brot mit einfacher Hand- und
Dienstarbeit zu verdienen, wie das Generationen von Einwanderern
getan hatten – höchstens ihre Frauen sahen sich hie und da zur
einfachen Handarbeit genötigt: Frau Jellinek, zum Beispiel, und
Frau Wechsberg arbeiteten zeitweise als Näherinnen in Kleiderfa-
briken[2]. Berthold Viertels eigene Situation in Hollywood ist wohl
das beste Beispiel dafür, was er mit dem Wort „Knechtschaft" zum
Ausdruck bringen wollte. Im Jahr 1928 war er aus Deutschland
nach Hollywood gekommen mit einem Dreijahreskontrakt als
Filmautor und Regisseur für die Fox Film Corporation. Sein wö-
chentliches Gehalt sollte in den drei Jahren von $600 auf $800 und

1 Siehe E. Bond Johnson, „Der European Film Fund und die Exilschriftsteller in
Hollywood", in: Deutsche Exilliteratur seit 1933, Bd. I (Kalifornien), Teil 1, Hg.
John M. Spalek und Joseph Strelka (Bern: Francke 1976), 413-146.
2 Siehe Eugene F. Timpe, „Oskar Jellinek" und Uwe K. Faulhaber und Paul
Wimmer, „Joseph Wechsberg", in: Deutsche Exilliteratur seit 1933, wie oben, 416
und 635.

$1.000 steigen, ein sehr respektables Einkommen zu jener Zeit. Doch die Arbeit in der komplexen, festgefügten Hierarchie des Studio-Systems, wo so viele ihm dazwischenreden konnten, wo die Rücksichtnahme auf Geldgeber, freiwillige Zensur, finanzielle Erfolgschancen und momentanen Publikumsgeschmack fortwährend seine künstlerische Gestaltungsfreiheit beschränkten, frustrierte ihn derart, daß er Fox vorzeitig verließ, noch bei zwei weiteren Filmgesellschaften arbeitete, ohne daß ihm dabei wohler wurde, und sich schließlich im Sommer 1932 wieder in Europa einfand mit Plänen für neue, künstlerisch unabhängigere und anspruchsvollere Filmproduktionen.

Obwohl diese Kette der Frustration hier etwas vereinfacht dargestellt ist, so wird es doch klar, daß Viertel sich vor allem vor einer geistigen, künstlerischen „Knechtschaft" fürchtete. Diese hatte er also schon vor dem Beginn des Dritten Reiches erfahren. Ihr zu entkommen, war einer der Gründe für seine Rückkehr nach Europa gewesen. Doch bald sollte er erfahren, was Knechtschaft und Exil im krassesten Sinne bedeuteten.

Als Viertel Ende Januar 1933 zu neuer Arbeit mit der Europa-Film in Berlin eintraf, kam er gerade zurecht, um Augenzeuge von Hitlers Machtübernahme und den damit verbundenen schicksalhaften Ereignissen zu werden. Die neuen politischen Machthaber in Berlin verweigerten dem „österreichischen Juden" die Arbeitserlaubnis als Regisseur einer Verfilmung von Hans Falladas *Kleiner Mann, was nun?*, obwohl Viertel bereit gewesen war, einen deutschen, nichtjüdischen Regisseur als obligatorischen Partner zu akzeptieren. Offensichtlich war selbst ein solches Zugeständnis unzweideutiger ethnischer „Knechtschaft" nicht genug der Demütigung, um das neue Regime in Deutschland zufriedenzustellen. Dies war ein entscheidender Augenblick für Berthold Viertel. In einem Brief an Salka Viertel, Berlin, 15. Februar 1933, beschreibt er seine unsichere Situation in Deutschland und Europa, kündet seine baldige Ankunft „zuhause" in Santa Monica an und fügt hinzu:

Es war notwendig, Bescheid zu wissen, dazu mußte das alles mit eigenen Augen gesehen, mit eigenen Ohren gehört werden! Nun ist die Richtung im Leben, Arbeiten, Schreiben festgelegt.[3]

3 Siehe das Faksimile von Viertels Brief in: Viertels Welt. (Katalog der Ausstellung „Viertels Welt"). Wien: Österreichisches Theatermuseum 1988 [auch erschienen als Nr. 4/1988 von: Aufrisse. Zeitschrift für politische Bildung], S.29.

Es ist als hätte Viertel absichtlich seinen Kopf in den Raubtierkäfig gesteckt, hätte diese Konfrontation mit dem offiziellen Antisemitismus des Naziregimes geradezu gesucht, um sich von seiner Realität zu überzeugen und seinem Leben und Arbeiten eine klare Richtung zu geben. Es war Zeit, den Staub Deutschlands von den Füßen zu schütteln und den Kampf gegen den Nationalsozialismus aufzunehmen. Von jetzt an konnte er sich ohne Zögern als legitimer Exilant bezeichnen oder, wie er gern zu sagen pflegte, als Emigrant *honoris causa* (DuD, 391).

Viertel liebt solche klugen, mit vielseitiger Bedeutung befrachteten Formulierungen. Ebenso wie das leicht ironische und vieldeutige Bild der „entthronten Könige" mit seinen verschiedenartigen Assoziationen von luxuriöser Dekadenz, verblichenem Glanz, ohnmächtigem Stolz, verbohrter Nostalgie, Verlassenheit im Alter und erbärmlicher Not, so ist auch die Idee des Exilanten oder Emigranten *honoris causa* ein vieldeutig schillernder Begriff. *Honoris causa* oder *h.c.* ist die Bezeichnung für die Ehrendoktorwürde oder andere Ehrentitel, die nicht auf reguläre Weise sondern aufgrund außerordentlicher öffentlicher Verdienste oder Leistungen erworben werden. Der Zusammenhang, in dem Viertel an der zitierten Stelle diesen Ausdruck benützt, deutet vorwiegend auf die Tatsache, daß er Deutschland freiwillig schon Jahre vor der erzwungenen Emigration verlassen hatte. Andere mögliche Aspekte dieses Ausdrucks, die vielleicht in Betracht kommen könnten, sind: 1) daß er es als eine Ehre betrachtete, von den Nazis exiliert zu werden; 2) daß er es auf sich genommen hat, seine Ehre und die einer „besseren" deutschen Nation oder Kultur zu bewahren angesichts der Greuel des Naziregimes; 3) daß er seinen Titel als Exilant durch ungewöhnliche Umstände oder besondere Verdienste im Kreis der Exilanten erworben hat, und endlich 4) daß er sich durch lebenslange Erfahrung zum „Experten" in Sachen des Exils und der Emigration jeglicher Art herausgebildet hat.

Viertel nahm seinen selbstverliehenen Ehrentitel zu Herzen, er folgte der „Richtung", die er eingeschlagen hatte. Er konnte und wollte sich nicht im sonnigen Kalifornien entspannen, sondern ging zurück nach London, dem Vorposten, wo er den furchterregenden Ereignissen auf dem Kontinent am nächsten sein konnte und sie begierig am Radio und in der Presse verfolgte. Während er dort als Filmregisseur bei Gaumont British und später als Theaterregisseur am Shaftesbury Theatre tätig war, benutzte er jeden ruhigen Augenblick und manche schlaflose Nachtstunde zum Schreiben, und so entstanden mehrere Dutzend Artikel und Hunderte von Gedichten des Protests, der Warnung, des Aufrufs, von denen viele in Exilzeitschriften wie etwa *Das Neue Tagebuch* und *Die neue Weltbühne* veröffentlicht wurden.

Viertels wichtigster Beitrag zur deutschen Exilliteratur sind zwei eindrucksvolle Gedichtbände, *Fürchte dich nicht!* (1941) und *Der Lebenslauf* (1946) mit insgesamt 233 Gedichten, von denen er einen Großteil nicht nur *im* Exil sondern auch *über* das Exil geschrieben hat. Sie sind also vorwiegend für seine „Gefährten im Exil" (in diesem Band S.335ff.[4]) gedacht. Die Gedichte sollen ihnen Hilfe und Zuspruch erteilen im Kampf gegen die Mächte der Finsternis von außen sowohl als vom Innern. Der Titel *Fürchte dich nicht!*, ein Zitat aus Jesaja VII, 4, ein Ruf der Ermunterung von Gott an den bedrängten König von Juda, erweckt – und beruhigt gleichzeitig – das sich steigernde Gefühl der Angst und des Schreckens während der Jahre der Nazi-Herrschaft und -Expansion. Wie Viertel in seiner Einleitung betont, sucht er nach den Wurzeln dieses Übels nicht nur im Lager der Feinde sondern auch in seinem eigenen Innern, seinem eigenen Gewissen, seinem nationalen und sozialen Hintergrund.

Entsprechend führt uns der erste Gedichtzyklus dieses Bandes, „Österreichische Elegie", zurück in Viertels Wiener Kindheitswelt – aber mit höchst ambivalentem Resultat. „Zurück, zurück, ein Kind zu sein! / Schon hüllt das graue Tuch mich ein", ruft der Autor in „Das graue Tuch" (S.159). Er hüllt sich wortwörtlich in die Geborgenheit, das „security blanket", der herzerwärmenden Kindheitserinnerungen, die sich für ihn mit dem Gedanken an das große graue Umschlagtuch der Köchin Marie verbanden, von der er die vielen deutschen Volkslieder und Balladen lernte, während er in ihr Tuch gewickelt auf dem Küchenschrank lag. Marie war katholisch, und das war gut und richtig, soweit es die Geborgenheit in den großen, alten kulturellen Traditionen Wiens und Österreichs repräsentierte. Aber der Katholizismus war auch gefährlich, wenn er nämlich den starren Konservatismus, die Bigotterie, den Antisemi-

---

4 Im folgenden beziehen sich Seitenzahlen ohne sonstige Angaben immer auf das vorliegende Buch, „Das graue Tuch".

tismus repräsentierte, wie das in dem Gedicht „Österreich" (S.159)
zum Ausdruck kommt:

> *Zwischen katholischen Hügeln*
> *Mit ihren grünen Waldflügeln*
> *Sitzen*
> *Dürre Kirschturmspitzen,*
> *Die den Himmel anritzen.*
> *Österreichisch bellen die Hunde.*
> *So ging eine Welt zu Grunde.*

Es ist ein bitterer, spöttischer kleiner Schüttelreim, in dem das Wort
„sitzen" eine ganze Zeile für sich allein einnimmt, wohl um zu
zeigen, wie fest und unverrückbar die spindeldürren Kirchturmspitz-
zen in die Landschaft eingesetzt sind, so daß sie selbst den großen
und heiligen Himmel „anritzen" und zerkratzen. Und die Hunde
bellen mit österreichischem Akzent. Sie beschwören Bilder der
Aggression und Verfolgung herauf im Zusammenhang mit dem
Ländlich-Bodenständigen des lokalen Dialekts. In den Augen des
landvertriebenen Dichters hat sich die liebliche österreichische
Landschaft in einen bedrohlichen Alptraum verwandelt.

Eine ähnliche Verwandlung von der Kindheitsnostalgie zum
Alptraum vollzieht sich, wenn auch mehr allmählich, in dem
Gedicht „Schultafel (1934)" – wobei die Jahreszahl als ein Teil des
Titels zu lesen ist (S.160). Es beginnt mit der liebevollen Erinnerung
an eine Schultafel, säuberlich gefüllt mit den sorgfältig „mit Haar-
und Schattenstrichen" geschriebenen Worten des Lehrers, Worte
die dazu bestimmt sind, den Schüler in eine wohletablierte, sicher
strukturierte Welt der Erwachsenen einzuführen. „Erst war das
Wort", sagt der Dichter in offener Anspielung auf das Johannes–
Evangelium. Doch bald endeckt er, daß man mit Worten spielen
kann, daß man sie manipulieren kann – und jetzt, im Rückblick,
verflucht er diese Biegsamkeit und Fügsamkeit des Worts:

> *Verfluchte Hexerei! Denn alles Elend*
> *Stieg aus dem Wort, die große ewige Lüge,*
> *Betrug der Völker, jedes Recht entseelend!*
> *Und daß sich jeder Satz dem Unrecht füge –:*
> *Ein langes Leben hat es uns gelehrt!*

Schultafel! Gebt
Mir einen Schwamm, der naß darüber fährt:
Da greif ich's, daß der Schwamm vom Blute klebt!

Das alte, überkommene, wohlbegründete Vertrauen in das „Wort" – die Bibel, die Klassiker, die ethischen Werke, die Weisheit der Konventionen – ist hier zutiefst erschüttert; ja, das „Wort" wird als die Wurzel alles Elends, als die „große ewige Lüge", als der „Betrug der Völker" verschrieen. Seine Gefügigkeit zum Mißbrauch und Unrecht macht es höchst verdächtig. Somit hat sich die Haltung des Autors zu seiner literarischen und sprachlichen Tradition völlig umgewandelt, von Bewunderung und Respekt zu Mißtrauen und Ablehnung. Er ist bereit, alles von der Tafel zu wischen, vielleicht gar von neuem zu beginnen. Und hier kommt die letzte, alptraumhafte Wendung im Gedicht: der Schwamm, nach dem er greift, „klebt" vom Blut. Ein ekelhaftes, rätselhaftes und vieldeutiges Bild.

Es ist eher ein traumartiges Symbol als eine gedankliche Metapher, doch bieten sich einige mögliche Interpretationen an: 1) der Dichter riskiert sein eigenes Lebensblut, wenn er versucht, sein literarisches und sprachliches Erbe auszulöschen; 2) der Dichter trägt selbst mit an der Blutschuld und Verantwortung für den Verderb seiner Sprache, oder er muß Blut lassen und leiden, wenn er diese Verantwortung ernst nimmt; 3) Millionen von Menschen mußten sterben um des „Wortes" willen. Wie dem auch sei, das schauerliche Bild vom blutgetränkten Schwamm steht im krassen Gegensatz zu der heimeligen Schulstundenatmosphäre am Anfang des Gedichts.

In seine früheren Gedichtbände *Die Spur* (1913) und *Die Bahn* (1921) hat Viertel viele nostalgische Gedichte aus seiner Kinder- und Schulzeit aufgenommenen, und manche sprechen von Alpträumen, Ängsten, Furcht vor dem Dunkeln, Schuldgefühlen und gar auch Selbstmord, aber keines davon ist so bitter ironisch, nirgends schlagen die Gefühle so schroff um wie in den hier besprochenen Gedichten. Heimweh und Kindheitssehnsucht sind natürliche Gefühle für alle, die weit von der Heimat leben, aber für Menschen im Exil sind sie notwendigerweise gemischte Gefühle aus Liebe und Haß, Anziehung und Ablehnung. Für nichtjüdische politische Exilanten wie Bertolt Brecht bestand immerhin die Möglichkeit, daß sie ihren Haß gegen die Nazis und ihre Ideologie richteten anstatt gegen die ganze deutsche Bevölkerung. Brecht sieht

Deutschland mehr als ein Opfer und weniger als willigen Mittäter bei den Naziverbrechen: „Das erste Land, das Hitler eroberte, war Deutschland, das erste Volk, das er unterdrückte, das deutsche."[5]. Ähnlich hätten manche ja auch gern die Österreicher entschuldigt. Viertel jedoch, der Deutschland und Österreich verlassen mußte, weil er jüdischer Herkunft war, sah, daß der Nazismus einen weitverbreiteten Antisemitismus nicht erst hervorbrachte sondern lediglich legitimierte, daß dieser Antisemitismus schon über viele Generationen in der lokalen Bevölkerung und Kultur bodenständig geworden war. So fiel es ihm nicht so leicht, seine von Haß und Liebe gemischten Gefühle so sauber zwischen den „bösen" Nazis und den „guten" biederen, rechtschaffenen Bürgern aufzuteilen. Selbst der einfache Arbeitsmann war für ihn nicht ohne Fehl. In „Der Valentin" (S.164) zeigt Viertel, daß selbst ein guter Bürger wie Valentin, der Handwerker und „Biedermann", der das berühmte „Hobellied" in Raimunds Märchenspiel *Der Verschwender* singt, dieser gefährlichen Naziideologie nichts werde entgegensetzen können. „Wird Gott dir helfen, Valentin, / Wenn keiner dich beschützt?" fragt der Autor, und er muß zu dem Schluß kommen: „Es überließ dich Gott und Welt / Dem Dritten Reich". Der Fehler, die Schwäche des einfachen Bürgers ist seine Passivität, sein geduldiges Hinnehmen, sein Schweigen angesichts empörender Gewaltakte. In dem Gedicht „Das Wiener Schweigen (13. März 1938)" (S.170) wird dieses Schweigen zum bitteren Symbol. Anläßlich der Erklärung des Anschlusses Österreichs an Deutschland werden zwei Minuten Schweigen eingelegt, ehe die feiernden Sprechchöre den vorgeschriebenen Text deklamieren, mit anderen Worten, die Massen halten den Mund und sagen dann nur, was vorgeschrieben ist.

Nach Viertels Ansicht sollte das Schweigen sicherlich nicht die Antwort des Dichters auf die erschreckenden Ereignisse unter dem Hitlerregime sein. Während viele Autoren verstummten, sei es aus Angst, Schmerz, Schock, Verachtung oder Verzweiflung, nahm Viertels lyrische Produktion an Quantität und Intensität zu. Auch er fragt sich oft, wie zum Beispiel in „Legende", dem allerersten Gedicht des Bandes: „Darf man Gedichte schreiben / Heute noch … ?" (S.157). Und die Antwort aus dem Munde Tolstojs ist: „Wenn es denn sein

---

5 Bertolt Brecht, Gesammelte Werke in 20 Bänden (Frankfurt a.M. 1967), Bd.18, S.219.

muß – Freund – / Schreiben Sie – / Ihre Gedichte." (S.158). Viertel gibt zwar zu in „Der Schmuggler": „Was jetzt geschieht, entzieht sich allem Sagen", und daß es vielleicht ein Jahrhundert dauern könnte, bis diese Ereignisse durchdacht und sagbar würden, aber fährt dann fort: „Doch, jetzt schon, heute, brauchen wir ein Wort, / … / Ein Kennwort" (S.244). Endlich, in „Das zu Sagende", betont der Autor: „Gleichgültig, beinahe gleichgültig, *wer es sagt; / … /* wichtig ist nur, / *Daß es gesagt wird,* – nicht, von wem!" (S.241)

Und so folgt Viertel seinem Drang – seiner Pflicht – zu sprechen im Protest gegen die Gewalt, im Mitleiden für die Verfolgten, in Warnungen vor der nahenden Katastrophe. Diese Gedichte, typisch für die Jahre von Hitlers Machterweiterung, sollen träge Bürger aufrütteln, sie zu Tränen rühren, sie zum Handeln drängen. Die Dringlichkeit der Mitteilung zerbricht die traditionellen poetischen Formen, deren sich Viertel bisher mit großer Virtuosität bedient hatte. Strophen, Zeilen und Versmaß werden unregelmäßig. Dramatische und erzählende Sprechweisen treten hervor, lyrische treten zurück. Monologe, Dialoge, Tiraden, Lamentationen, Balladen, Anekdoten, Legenden, Sagen: alle verfügbaren Ausdrucksformen stehen im Dienst dieses Kampfes zwischen dem „Wort" und der totalitären Gewalt, die sich über Europa ausbreitete. Eines der wirkungsvollsten Gedichte in diesem Kampf hat den Titel „In Schritt und Tritt" (S.218) und benutzt das Bild der im Gleichschritt vorwärtsmarschierenden Militärstiefel, die alles unter sich zermalmen, was ihnen in den Weg kommt:

Tritt aufs Herz, tritt aufs Herz, tritt aufs Herz,
Deinem Feinde, dem Menschen, aufs Herz,
Seiner Ehr, seiner Würde aufs Herz,
Der Milde, der Gnade aufs Herz,
Dem Mitleid, dem Herzen aufs Herz.

Dies sind nur die ersten fünf von 34 parallel geformten Zeilen mit dem unaufhörlich wiederholten Kommando, auf das „Herz" des Feindes, des Menschen, und aller Aspekte seiner Menschlichkeit, zu treten, auf seine Körperteile oder Gefühle, auf moralische oder kulturelle Werte, auf Individuen oder ganze Völker, auf alles was dem menschlichen Herzen wert und teuer ist. Der schwere Trommelschlag des anapästischen Metrums (xxx|xxx|xxx) erzwingt den unerbittlichen, unaufhaltsamen Gleichschritt der Truppen, so auch die häufigen Wiederholungen der Wörter, Phrasen und Strukturen, die überhaupt typisch sind für Viertels drängenden, appellierenden Stil zu jener Zeit. Sobald die Wiederholungen in diesem Gedicht monoton zu werden drohen, peitscht eine Variation oder Zusammenballung sie wieder auf, so zum Beispiel in der letzten Zeile des Zitats der Befehl, „dem Herzen aufs Herz" zu treten, oder weiter unten im Gedicht, wo es heißt „Auf Liebe, die lieben muß, tritt", eine Zeile die, wie keine andere in dem Gedicht, später noch einmal wortwörtlich wiederholt wird. Diese „Liebe, die lieben muß", obwohl man auf sie tritt, bezieht sich auch auf die fast perverse, widersprüchliche Liebe des Exilanten für sein Heimatland, das er lieben muß, obwohl es ihn ausgestoßen hat.

Obwohl – oder vielleicht gerade weil – Viertel viele Schrecknisse des Kriegs und der Verfolgung nicht persönlich miterlebt hat, bemüht er sich immer wieder, sich in die Leiden der Opfer hineinzuversetzen, sich mit ihnen zu identifizieren. So wird er, der äußerlich Verschonte, zum Sprecher für die anderen, denen die Worte im Halse steckenbleiben. Auch ist sein Einfühlungsvermögen eine empfindliche Antenne für das, was manche Abgestumpfte gar nicht mehr spüren. Das Gedicht „Gemurmel in schlafloser Nacht (23. Mai 1940)", beginnt mit einer leidenschaftlichen Beschwörung menschlicher Schmerzen:

Die in den Tanks lebendig verbrennen,
Deren Pein die großen Kanonen überbrüllt,
Hängen sie nicht ihren Fluch über die Landschaft? (S.257)

Der Autor kann sich gar nicht denken, daß die Schreie der brennenden Soldaten in den Tanks ohne dauernden Einfluß auf die Umwelt sein sollen, daß sie nicht „ihren Fluch über die Landschaft" verhängen. Er weiß, ihn selber bewegen solche Weltereignisse zutiefst, selbst wenn sie räumlich und zeitlich entfernt sind. So sagt er in dem Gedicht „Wachsein (1936)":

Wachsein: ich höre das eiserne Näherrollen
Das Großen Krieges. Die Flüsse der Erde, von Blut geschwollen,
Steigen in meinen Adern, brausen in meinen Ohren. (S.219)

Nicht nur kann er das Kommen dieses großen Kriegs voraussagen, er kann körperlich fühlen, wie das Kriegsblut in seinen Adern steigt.

In der Tat scheinen Viertels persönliche Lebenskrisen oft den Gang wichtiger Weltereignisse widerzuspiegeln, die sich um ihn entfalten. So sind zum Beispiel die Liebesgedichte, die wir zwischen den Aufrufen, Mahnungen und apokalyptischen Visionen der Londoner Zeit eingestreut finden, vorwiegend Ausdruck einer unglücklichen, ungleichen, fast zwanghaften Liebe. Da weint, in „Der Weinende" (S.272), der neue Liebhaber schon im voraus über das kommende Liebesleid, und auch in „Langsam zu sprechen" (S.275) wird glückliche Liebe als ein Vorspiel der unglücklichen Liebe gesehen. Das Gedicht „Das Dunkel der Nacht" (S.286) schildert die Gefühlsschwankungen zwischen Widerstand und Hingabe, Trauer und Tröstung und endet mit der Zeile: „Ich brach das Brot deiner Liebe, es weinend zu essen". In „Die Uhr schlug eins" (S.294)) ist der Liebende allein in der Nacht und bittet um Verzeihung, aber er erhält keine klare Antwort außer dem immer gleichen Schlag der Uhr. Alle diese gespannten, ambivalenten Liebesgedichte erscheinen zu einer Zeit, da Viertel die Liebe des Exilanten zu seinem Heimatland mit der Zeile charakterisiert: „Auf Liebe, die lieben muß, tritt!"

Beide emotionale Sphären, die weltpolitische und die persönliche, scheinen zu verschmelzen in dem Abschiedsgedicht „Ich werde nie dich wieder sehen" aus dem Zyklus „Auswanderer":

Unendlich wie der Bogen
Der Sterne, die am Himmel gehen,
Komm ich, um dich betrogen,
Dir ewig nachgezogen.
Ich werde nie dich wiedersehen.

Wie ist um dich mir bange.
Wie konnte das vorübergehen?
Sah ich dich denn zu lange?
Ich werde nie dich wiedersehen.

Ich werde nie dich wiedersehen
Und muß zum Tode niedergehen.
Ich fühl dich atmen in der Ferne
Und zieh dir nach wie Stern dem Sterne.   (S.174)

Dieses ergreifende Abschiedsklagelied von der unglücklich Geliebten – äußerlich ein Abschied für immer, obwohl die einseitig gewordene innere Bindung an die Geliebte nie gelöst werden kann – ist auch zu lesen als schmerzvoller Abschied vom geliebten heimatlichen Land, das man als Ausgestoßener vielleicht für immer verlassen muß, obwohl man sich innerlich nie ganz von ihm trennen kann. Sowohl der Liebhaber als der Exilant fühlen sich „betrogen" und gleichzeitig „bange" um die Geliebte bzw. das geliebte Land. Das eindrückliche Bild vom Stern, der ewig einem anderen fernen Stern folgt im täglichen Kreislauf des Firmaments, betont das Schicksalhafte dieser Liebeskonstellationen.

Viertels endgültige Abreise von Europa nach New York und Santa Monica fällt fast genau mit dem Ausbruch des Zweiten Weltkriegs zusammen. Somit war eine größere physische und emotionelle Distanz zu Europa und der kulturellen Heimat geschaffen; Untergangsvisionen wurden ersetzt durch die Realität des Krieges und die Hoffnungen auf ein erfolgreiches Kriegsende. Viertels enger Blickwinkel auf Hitlerdeutschland weitete sich und erlaubte ihm die genaue Beobachtung seiner Exilumgebung und die Entwicklung eines mehr distanziert und objektiv betrachtenden Realismus in seinen Gedichten. Dabei wurde ihm klar, daß er sich nie ganz wohl fühlen konnte in der scheinbar „unrealen" Atmosphäre Kaliforniens, die er sehr treffend beschreibt in den Gedichten „Der schöne Herbst (Santa Monica, 1939)" (S.222-225) und „Kalifornischer Herbst" (S.353). Er zog nach New York, um Europa ein bißchen näher zu sein, und besonders auch näher bei den kulturellen und beruflichen Möglichkeiten dieser kosmopolitischen Stadt. Viele Pläne und Anstrengungen, sowohl englische Theaterstücke als auch ein deutsches Emigrantentheater auf die Bühne zu bringen, brachten nur beschränkte Erfolge. Bald „würgte" auch er „das Brot der Armut" wie die meisten seiner Exilgenossen in New York. Eine junge Emigrantenschauspielerin aus Österreich, Elisabeth Neumann, die er später heiratete, leistete ihm viel praktischen Beistand und half ihm, seinen häufig aufkommenden selbstzerstörerischen Pessimismus zu überwinden. Sie ist die „Emigrantin" aus dem Gedicht „Geschenk der Emigrantin":

Sie schenkte ihm mit ihrer kleinen Hand
Den großen Fluß. Besaß sie sonst auch nichts,
Die Ausgewanderte, die Landvertriebene …   (S.182)

Mit liebevollen Details beschreibt der Autor dann das Haus am See, das sie verlassen mußte, und den breiten, geschäftigen Fluß (den Hudson) mit seinen Booten und Brücken, den sie dafür in Besitz genommen hat. Der Fluß spiegelt die bunten Lichtreklamen der Weltstadt, seine schwarze Wellen locken aber auch „mit einem kühlen Friedensangebot". Doch anstatt diesem Selbstmordangebot zu folgen, schenkt sie ihrem Freund „das all und eine, das sie noch besaß: / Den Fluß und sich." Viertel hat in der Tat die Einladung angenommen, sich diese neue Exilumgebung zu eigen zu machen. Die Großstadt New York ist Thema und Hintergrund für Dutzende seiner Gedichte aus dieser Zeit und bleibt, wie London und Wien, eine Quelle der Inspiration für den Rest seines Lebens. Während London oft den Hintergrund für Schauergeschichten und apokalyptische Visionen bildet, ist das Bild von New York in Viertels Werk meistens das einer Stadt voller Leben, gefährlich vielleicht, aber immer kräftig, aktiv und vital. Viertel ist offensichtlich ein Geschöpf der Großstadt, und New York ist für ihn die Metropole par excellence.

Trotz Viertels neuer Einstellung zu seiner Exilumgebung hat er keineswegs sein heimatliches Land und den Krieg um dieses Land vergessen. Doch wie der neue Gedichtband *Der Lebenslauf* (1946) zeigt, hält er es nicht mehr für seine Pflicht, die Nazi- und Kriegsgreuel im schockierenden Detail zu schildern – dazu waren die Nachrichtenmedien da – sondern die tieferen Gründe des Krieges und des Nazismus aufzudecken und zu bekämpfen. In diesem Zusammenhang erwähnt er ein paarmal pflichtbewußt die „guten" Kriegsgründe: den Kampf um Freiheit, Gerechtigkeit und Brot – so in „Die Frage" (S.237) und „Gedenkstein" (S.376) –, aber für Viertel ist der Urgrund aller Kriege und Aggressionstaten „der Haß", und zwar in allen Schattierungen, vom Vorurteil und der Xenophobie bis zum Völkermord. Es ist der Haß, der die „Auswanderer" (S.172) aus dem Lande treibt und die Hunde auf „österreichisch" bellen läßt. Im Gedicht „London da drüben (November, 1939)" werden die Luftangriffe als „Eisensaat" beschrieben, gesät vom „… Auskomm zweifelhafter Politik, / Dem Massenhaß der Rassen und der Klassen" (S.227). In „Der Haß des Bürgers" (S.341) wird der kleinbürgerliche Haß als besonders langlebig dargestellt:

Der Haß des Bürgers ist der längste Haß,
Der Bürger kaut ihn ohne Unterlaß.
Wer einmal in die Krone ihm gefahren,
Dem wird er seinen treuen Haß bewahren.

Wer je einen solchen rechtschaffenen Bürger zu reizen wagt, dem bewahrt er treulich seinen Haß, „kaut ihn" unablässig. Ein anderes Gedicht mit dem einfachen Titel „Der Haß" (S.338) beschreibt eine junge Frau mit ausgehöhlten Wangen als die wahrhafte Personifizierung des Hasses, da sie in ihrer Unduldsamkeit das Todesurteil über die Massen ausspricht. Unveröffentlichte Tagebucheinträge vom 7.11. 1939 deuten darauf hin, daß Viertel dabei an die Vergeltungsmaßnahmen dachte, mit denen manche Exilanten das deutsche Volk zu bestrafen hofften. Besonders bei diesen Diskussionen über die deutsche „Kollektivschuld" war Viertel immer auf der Seite derer, die eine Generalverurteilung ablehnten.

Ja, es war sogar Viertels besonderes Anliegen, daß wir alle nach den Wurzeln des Übels in unserer eigenen Seele forschen sollten, bevor wir andere anklagen. In dem Gedicht „Der Hitlertod" (S.230-232) etwa ermahnt er uns:

Seht ihn genauer an, den Hitlertod …
[…]
Hat er nicht Züge, die uns peinlich vertraut
Anmuten, manche unheimliche Ähnlichkeit, Züge
Von jedem von uns, die uns äffen? …
[…]
… Ihr grabet besser
Nach den Wurzeln dieses Giftkrauts in eurem eigenen Herzen!

(S.231f.)

Er spricht von einer peinlichen Verwandtschaft und Ähnlichkeit zwischen dem Tod, den Hitler verbreiten kann, und dem, was in unseren eigenen Herzen schlummert. Besonders groß ist die Gefahr, so meint Viertel im Gedicht „Denen, die nicht sahen, was sie sahen" (S.252), wenn wir nicht sehen wollen, was uns mit bloßen Augen sichtbar ist.

Interessant ist in Viertels Gedichten oft der Zusammenhang zwischen Gefühlen der Schuld und Unschuld und Themen des Exils, der Heimkehr und des Heimwehs. So zum Beispiel in „Du kommst heim" (S.392), wo ein bequemes, heimeliges Zimmer seine Würde und seinen guten Charakter erhalten hat, während der zurückkehrende Bewohner im Laufe des Tages kleine Sünden und Vergehen aller Art begangen hat. Troztdem bietet das „langmütige" Bett ihm Zuflucht „bis zurück in [seine] Kindheit". Ähnliche Verbindungen zwischen Schuld und Exil zeigt auch das Gedicht „Farewell", ganz bewußt als frühes Gedicht vom Jahr 1900 gekennzeichnet, wo ein junger Mann, der seine Ehre „befleckt" hat, ausruft:

… fahr hin,
Du Kindertraum vom Ehrenschild!
Ans Steuer greife, starke Hand!
Und steuere mutig, denn es gilt
Die Fahrt durch keines Freundes Land!   (S.377)

Vom Bewußtsein seiner Schuld und seines Irrtums getrieben, trifft er die Entscheidung, Kindheit und Kindertraum hinter sich zu lassen und ein unfreundliches Exil zu suchen.

Aber im Gegensatz zur Rückkehr in ein unverändertes Zimmer nach des Tages Geschäften ist es unmöglich, in seine Kindheit zurückzukehren, ja, oft nicht einmal in das Haus seiner Kindheit; wie Viertel es in seinem Epigraph zum Zyklus „Österreichische Elegie" ausdrückt: „Ich will nachhause – doch das Haus ist fort!" (S.159). Das Kindheitsparadies ist verloren. Selbst wenn das heimatliche Haus noch da ist, so ist es oft nicht mehr dasselbe, oder doch nicht mehr, wie wir es uns vorgestellt hatten. Viertel meint in der „Litanei der Vertriebenen" (S.344f.), daß viele Menschen im Exil nach einem Traumland suchten, nach Utopia, nach dem mythischen Land Thule, und zwar oft schon lange bevor sie aus dem Heimatland ausgestoßen wurden:

Wir sind nicht aufgewachsen in Thule,
Nicht im Reich der rechten Gesetze,
In unserem Lande waren wir nie.
[…]
Ausgewandert, eingewandert,
Auch das neue Land war alt.

Nirgends war Thule, keine der Inseln
War das Reich der rechten Herrschaft,
Nirgends fanden wir unser Land.

Viertel selbst war solch ein Sucher nach Thule, einem Heimatland, das er nie besessen hatte, das er aber nach bestem Vermögen zu erreichen strebte. Er war ein Fremder im eigenen Land, wo immer er dieses Land zu sehen glaubte, und er sagt das selbst in dem autobiographischen Fragment „Exil", das schon am Anfang dieses Aufsatzes zitiert wurde: „Nirgendwo war ich daheim, mich einzureihen vermochte ich nicht …" (Kec, 211)

Wie ambivalent Viertels Gefühle für Österreich und Wien auch gewesen sein mögen, er hörte nie auf, sich um seine heimatliche Welt und Kultur zu sorgen, obwohl er wußte, daß er sie bei seiner möglichen Rückkehr nie so auffinden würde, wie er sie verlassen hatte. Ja, so äußerte er sich gegenüber Salka vor seiner Rückkehr nach Wien, die Reise dorthin erscheine ihm „wie eine zweite Emigration oder wie die Rückkehr zu einem einst sehr lieben, jetzt durch eine schreckliche Krankheit entstellten Wesen"[6]. Doch er kehrte zurück, und er brachte mit sich seine Erfahrungen und Inspirationen aus den drei großen Exilzentren London, Hollywood und New York, denn er hatte sich dort nicht isoliert, sondern hatte so viel wie möglich in sich aufgenommen, und er mühte sich bis in seine letzten Stunden, dies alles an sein österreichisches und deutsches Publikum weiterzugeben. Viertel war ein Experte des Exilerlebens, des Lebens im Exil geworden, ein Emigrant *honoris causa* im besten, ehrenvollsten Sinne des Wortes.

Eberhard Frey

---

6 Siehe Salka Viertel, Das unbelehrbare Herz (Hamburg: Claassen 1970), S.447.

Alphabetisches Verzeichnis der Gedichttitel

492

57,- DM   71,95

29,15 EUR